准点公交 ZHUNDIAN GONGJIAO
实践与探索 SHIJIAN YU TANSUO

陈　蛇　曾　鹦◎著

四川大学出版社
SICHUAN UNIVERSITY PRESS

项目策划：蒋姗姗
责任编辑：蒋姗姗
责任校对：宋彦博
封面设计：墨创文化
责任印制：王　炜

图书在版编目（CIP）数据

准点公交实践与探索 / 陈蛇，曾鹦著 . — 成都 ：
四川大学出版社，2021.11
　　ISBN 978-7-5690-5185-8

　　Ⅰ．①准… Ⅱ．①陈… ②曾… Ⅲ．①公共交通系统
—研究 Ⅳ．①U491.1

中国版本图书馆 CIP 数据核字（2021）第 240505 号

书名	准点公交实践与探索
著　　者	陈 蛇 曾 鹦
出　　版	四川大学出版社
地　　址	成都市一环路南一段 24 号（610065）
发　　行	四川大学出版社
书　　号	ISBN 978-7-5690-5185-8
印前制作	四川胜翔数码印务设计有限公司
印　　刷	郫县犀浦印刷厂
成品尺寸	170mm×240mm
印　　张	19.5
字　　数	364 千字
版　　次	2021 年 12 月第 1 版
印　　次	2021 年 12 月第 1 次印刷
定　　价	86.00 元

◆ 读者邮购本书，请与本社发行科联系。
　电话：(028)85408408/(028)85401670/
　(028)86408023 　邮政编码：610065
◆ 本社图书如有印装质量问题，请寄回出版社调换。
◆ 网址：http://press.scu.edu.cn

四川大学出版社
微信公众号

代　序

用"阴—阳"观念研究中国企业变革

中国的道教文化用"阴—阳"的概念解释世间万物变化的规则和模式，强调人类活动与环境变化的和谐统一。"阴—阳"学说有三个核心原则：整体性、动态性和二元性。道教认为"阴—阳"学说适用于社会思想和行动的各个层面。同时，道教哲学认为现实是动态变化的，世间万物彼此关联，各层面的变化相互调节和约束。在这样的连续变化过程中，下一步行动会受到前一步行动的影响，就像一辆以 100 公里/小时行驶的汽车如果要停下来或者转向，必须经历一个逐渐慢下来的过程一样。

根据"阴—阳"的思维逻辑，变革者需要整体考虑环境可能发生的变化以发现最有效的行动方案，并在此基础上展开积极主动的变革。然而，促使改变的力量总是受制于所处环境中的约束力量。如果促使改变的力量大于约束力量，就会形成对变革有利的发展势头，反之，则会形成阻碍变革的势头。处于有利的"势"时，变革者通过应势来抓住时机；处于不利的"势"时，变革者通过造势，即有目的地改变环境因素而不是变革本身，进而创造出有利变革的情境。最后，当人们的行动和环境约束不再对立时，便达到了道教所宣称的"道"的境界。

"阴—阳"视角对于变革过程有两个基本观点：

第一，强调人们的行动和外部环境共同决定变革结果，行动和环境的力量需要有效协调。

第二，"无为"并不是指什么都不做，而是指避免无意义的行动，耐心等待并为下一步行动积蓄能量。道教常言："上善若水。"水流看似微弱，却可以冲蚀石头。所以，"阴—阳"视角认为人在组织变革过程中的能动性具有灵活性和权变的特点，需要学会"在正确的时间做正确的事"。

案例研究

我们跟踪研究了一家经历了巨大变革的公司：成都公交集团。我们运用

"阴—阳"文化视角，以及"势""应势""造势"和"无为"等概念阐述了变革者如何利用和创造势来进行变革。

成都公交集团是一家位于四川省成都市的大型国有企业。2006年，成都市政府任命陈蛇担任集团董事长，并要求其在三年内将成都公交集团变革成一家在中国公交行业处于领先地位的企业。我们研究的数据主要通过对面试和二手资料的整理获得。五个关键情境和事件表征了成都公交集团的整体变革过程，每个变革阶段的结果是通过定量（财务、营运表现等）和定性（受访者的意见）的分析结果共同测量的。

早年，成都公交集团由五家子公司（两家国有独资公司、三家合资公司）组成，也属于中国较大规模的城市公交企业，拥有3866辆巴士和14800名员工。每家子公司经营的公交线路分别有其独立的专用停车场、车站、维修店、广告等部门和设施，子公司之间高度竞争、缺乏协作导致了集团效率的低下。整个城市不同线路的运营利润率有显著差异，而各线路每辆公交车每公里的运营成本基本一致，因此各子公司在高利润线路的分配上有重大分歧。合资企业专注于高利润线路，迫使作为国有企业的成都公交集团，必须花费更大气力在低利润线路上进行投入。

司机和售票员等一线员工需要在艰苦的条件下从事繁重的工作，压力很大、士气低落，一次持续三天的司乘人员罢工给成都公交集团造成了非常负面的社会影响。同时，当时的分配制度被认为是不公平和低效的，因为它只考虑了司机的载客量，而未考虑不同区域和线路上司机的工作量基本相同这一现实因素。

中国"阴—阳"理论的应用

成都公交集团的董事长陈蛇在变革过程中采取了不断递进的方法，"如果同时进行所有改革，我将无法控制来自员工的阻力和压力，员工也需要间歇性适应变化了的环境"。更重要的是，每个阶段的变革结果会影响下一阶段变革的情势。他认为，"每一变革阶段的背后有相互关联的逻辑，每一阶段都应该通过其对其他阶段可能造成的影响进行设计"。这点的积极意义在于，正如多米诺效应或蝴蝶效应所揭示的，变革开始的一个小动作有可能触发后续的变革进程产生很强烈的连锁反应。因此，虽然每一阶段的变革效果可能是逐渐涌现的，但其对后续阶段的变革会产生重大的影响。

事件1：降价和回购外部股权

陈蛇在上任伊始便运用"造势"的策略将公交票价减半以创造出有利的"势"。尽管其他管理者认为这样会使公司的财务状况恶化，但是陈蛇坚持认为出于对社会公众利益的考虑，该决定必须推行。推行的结果是：

其他企业忍受不了成都公交集团降价带来的财务负担，纷纷将持有的公交股权卖给了成都公交集团。

事件 2：优化公交线路

子公司之间的竞争消除之后，陈蛇"应势"而为，开始优化公交线路。成都公交集团通过重新划分区域以降低不同线路的竞争，通过推行 IC 卡售票等方法收集乘客数据，最终确定取消 40 多条线路，降低了劳动力的需求。同时，集团在一些新的、不太赚钱的路线上增加了更多的公交车，使得交通系统更加便捷、乘客的平均等待时间缩短。这些措施的成功实施为后续的变革提供了财力和合法性保障。

事件 3：重新设计组织结构

成都公交集团在完成上述两个步骤后展开了一系列的组织结构重组，如将所有公交车辆维修站整合成一家公司，允许出故障的公交车到最近的维修站维修。广告公司也被整合在一起以增加谈判时的议价能力，结果公交巴士车身上的广告位价格随之增长了 7 倍。在一次马拉松式的会议之后，集团下属单位和子公司的管理人员接受了财务整合的决定，集团也在第一时间推行了该项改革。

事件 4：工资制度的改革

陈蛇认为："要改变现有不公平的分配制度，一个有利的情势至关重要。"为此，他实施了公司之间管理层晋升和轮换计划。在各自的新职位上，管理者了解了其他公司和部门面临的困境。在这样的环境下，陈董事长授权这些管理者制定和执行新的分配制度，而他自己并不需要直接参与。

为了消除频繁的公共汽车事故，集团将工资与"安全里程累积"挂钩，该制度规定每当发生交通事故时，将下调当事司机的安全公里数，自然就影响到其工资收入，并且与管理者的职位变动相挂钩。在这一制度的刺激下，事故率明显降低，每辆公交车的保险花费平均下降了 74.7%。

事件 5：提高公众形象

为了建立"公开、公平、公正"的组织文化，陈蛇"应势"而为，推出了统一的奖金和福利制度等政策。他主动深入一线了解员工工作状态、听取员工意见和建议，这一行为也很快被其他管理者效仿。成都公交集团的公众形象也伴随着员工士气提高而越来越好。成都公交集团宣布所有报站采用中英文双语报站，在全国首次推行"两小时"免费换乘的惠民政策，在公交车上安装电子读卡设备以减少乘客上车时间。

变革的结果

成都公交集团启动变革三年后效率和盈利大幅度提升，员工幸福感增加了，工作表现更好，服务和安全的意识得到显著改善，大大提高了成都公交集团的公众认同度。

对组织变革的启示

许多组织问题是由组织自身与其所处的外部环境共同作用形成的。一个变革的问题必须结合其情境来考虑，可以借助其所处的环境来解决。例如，成都公交集团通过管理者职位轮换来解决内部分配不公的问题，通过改变竞争对手的讨价还价能力来解决线路过度竞争的问题。基于"阴—阳"的文化视角和对成都公交集团的分析，我们对变革管理提出以下五点建议：

1. 通过"势"在时间维度上的变化节奏，来考虑"造势""无为"和"应势"策略的同步推行。

2. 在有利的"势"的情境下采取"应势"的策略。

3. 在不利的"势"的情境下采取"造势"的策略，以改变当前的发展势头。

4. 在实施"造势"策略时可以对变革目的保密，在实施"应势"策略时需要对变革目的公开。

5. 在不利的"势"向有利方向转变时，采取"无为"策略来等待时机。

总之，在连续性变革过程中，变革者并不是唯一的变革推动者，"势"在其中也扮演着重要角色。因此，认知和战略行动至关重要。当面临不利的"势"时，变革者采用"造势"策略来主动改变环境因素，引导组织内部为改变目前"势"而努力。当"势"变得有利时，变革者会采取快速、直接行动以达到"应势"的目的。在连续的变革过程中，变革的总体目标是复杂和模糊的，变革者需要将变革过程划分为几个连续的阶段。这里，为整体变革制定渐进目标是一门精妙的艺术，需要在每个变革阶段的行为和情境之间达到微妙的平衡。

——摘自《组织管理研究》期刊上发表的《组织变革的'阴—阳'模型：成都公交集团的案例研究》。作者：井润田（上海交通大学安泰经济与管理学院教授、副院长、教育部长江学者奖励计划特聘教授），Andrew H. Van de Ven（明尼苏达大学卡尔森管理学院组织创新与变革领域 Vernon H. Heath 讲席教授）。

井润田

2021 年 10 月

前　言

城市公共交通是城市经济发展的"动脉"，是联系社会生产、流通和人民生活的纽带，是城市功能正常运转的基础支撑和提升城市综合竞争力的关键。城市公共交通发展水平体现了一个城市的发展质量和文明程度，更能反映一个城市政府的执政能力和居民幸福指数。北京、成都这类典型的单中心城市，随着城市化进程加快推进，如何解决好人民群众最关心的"出行难"、能源浪费严重以及空气质量下降等问题，实现城市交通与社会经济协调发展，是城市管理者需要关注的重要课题，也是城市公交企业崇高的使命。

一、城市交通系统的再认识

要解决好城市交通拥堵问题，首先须对城市交通系统有一个深入、科学的认识。交通参与者为获取更高的出行效率，彼此之间存在相互干扰，次干道路"车不让人"、主干道路"车不让车"的现象普遍存在。由于这种相互干扰现象的存在，城市道路拥堵程度与小汽车保有量之间呈非线性正向关系。换言之，在城市机动化进程中，道路拥堵随车辆的增加而加剧，但当车辆数达到一定饱和量之后，小汽车出行者将"急不择路"，拥堵程度将会呈几何级数递增，城市交通会更加无序。因此，不断新增上路的小汽车，随时可成为压倒城市交通的最后一根稻草。

二、公交优先是城市缓堵保畅的科学方略

当斯定律告诉我们，城市交通须进行有效管控。新建的道路设施会诱发新的交通需求量，而交通需求总是倾向于超过交通供给。正如城市交通的布雷斯悖论所揭示的那样：在一个交通网中增加路径可能导致新网络中的均衡交通流的通行时间不降反升，得到与预期相反的结果。换言之，单凭增加道路资源，是无法满足不断增长的小汽车出行需求的。城市政府应主动采取有效管控措施，积极引导公众选择整体效率更高、人均资源占用更低的公共交通出行方式。世界先进城市的公交出行分担率一般在60％以上，而我国绝大多数城市公交出行分担率不足50％。鉴于此，可以按照理想点法进行城市交通的战略管理，公共交通、小汽车以及自行车等出行方式分担率应达到某一标准的理想状态，并以此为目标，科学构建以公共交通为主体、其他出

行方式为补充的有序城市交通体系。

三、进一步升级城市公交服务的产品属性

众所周知，城市公交由于服务价格远远偏离其价值本身，具有准公共产品属性。为提高城市公交出行分担率，可进一步赋予城市公交公共产品新的属性，逐步实现其从准公共产品向公共产品提升。在这方面，国际 FPT（Free Public Transport）组织各成员开展了大胆且有益的尝试。免费公交成为爱沙尼亚塔林市国际化宣传标志，波兰、瑞典等欧洲国家的部分城市也在推行 FPT 项目上取得显著发展。FPT 项目实践证明，当公交运力投入充足，管控措施得当，免费公交也可以实现运行平稳、秩序井然，并不会出现客流"爆棚"的唯一结果。在精准服务的前提下，包括有车族在内的广大市民能够得到有保证的免费公交服务，这有助于提升城市整体交通效率，是实现城市发展"帕累托改进"的有效举措，对城市交通创新、协调、绿色、开放、共享发展具有重要意义。

四、推动公交优先发展的重要举措

就具体如何促进公交优先发展，笔者提出以下几项值得关注的举措：

一是以准点公交的新理念、高起点找准行业发展定位。2005 年，行业发布《郑州宣言》，全国公交行业共同承诺以公交优秀赢得公交优先发展的社会环境。当下，在新的发展环境下，如何评价又如何建设优秀的城市公交呢？在公交行业追求的众多目标定位中，要数"准点"目标最为贴切，也最为复杂，可作为行业发展的终极目标加以确定，进而精准引导城市公交的发展方向。

二是加大公交生产要素的配置。各地政府要在路权、用地、资金、能源等保障条件方面给予大力支持，创造公交优先发展必备的良好外部环境。具体说来，在符合条件的城市道路开设公交专用道并且联通形成快速公交路网，确保公交路权优先，形成公交出行效率比较优势；前瞻规划并落实公交场站用地，满足公交车辆运营需求，为线网优化提供硬件支撑；建立公交长效财政补贴（偿）机制，保证公交车辆购置、员工待遇提升所需资金，巩固并进一步提升公交优质服务水平；加强公交能源保障，配套建设公交专用燃料（充电）加注点，实现公交车优先、就近便捷加油（气）、充电。

三是营造理性出行的需求环境。要提高公共交通出行比重，在做好公交自身优质服务工作的同时，对公众公交出行意识的培养也至关重要。特别地，儿童时期是培育和树立良好行为习惯的关键时期。若实行 3~6 周岁儿童与一名成年监护人共同免费乘坐公交车辆的票价政策，加强幼儿园对幼儿的节能减排教育，可有效引导孩子、促进家人、带动社会形成首选公交出行

的交通自律意识和公交出行文化氛围，实现城市缓堵保畅。

四是提倡组合搭乘公交。为缓解有车族对普通公交方式的不适应，可采取电招公交车的方式，提供组合搭乘公交服务，以满足市民对公交服务多样化、分层次的需求。市民通过电话、微博、微信、QQ等方式告知其出行需求，公交收集并汇总需求信息后，统筹进行线路设计，开行公交通勤车。公交通勤车按照定时发车、定点停靠的方式上下客，满足乘客"点对点"快速直达的要求。这不仅可充分体现"以人为本、以客为尊"的服务理念，满足特定人群的个性化需求，也符合新时代公交服务规律。

五是加强公交行业管制。从城市公交公益性的行业属性出发，可按照"网运分离"的思路重塑公交行业管理模式。譬如，由特定区域单一线网主体统一制订发班计划与服务标准，各营运单位按计划负责安全行车与优质服务，弱化甚至取消对驾驶员经济任务的考核，从而在城市公交升级服务项目的公共属性后，仍能有效保障其服务质量。

我们相信，只要一以贯之地坚持公共交通优先发展、科学发展，我国城市交通的可持续发展之路一定能走得更稳、走得更好。

目　录

第一篇

ZONGLUN

总　论

第1章 概 论

城市公交的准点服务，是行业服务的短板，更是改革发展的方向。借助现代技术、管理创新，加以公交行业监管改革模式的创新，解决好人民群众最关心的"出行难"问题，实现城市交通与经济社会协调发展，是城市管理者亟待破解的重要课题。

1.1 选题背景与研究意义

本书是国家社科基金项目课题"城市公交事业深化改革与科学监管研究"（项目编号15XJY008）的研究成果。

1.1.1 研究问题

城市公共交通应全面建成适应经济社会发展和公众出行需要、与我国城市功能和城市形象相匹配的现代化城市公共交通体系，并立足新时期公共交通发展面临的新形势和新要求，着力做好公共交通发展的顶层设计。与此同时，我国快速城镇化、机动化带来的大城市交通和环保管理困局也迫切要求优先发展城市公交。优先发展城市公交是缓解城市交通拥堵、治理城市灰霾的有效途径。

显然，与自来水、地铁、电力、煤气和供热等城市公用事业相比，城市地面公交存在投资门槛低、经营主体多、生产分散、线路资源的自然垄断性、道路资源的开放性以及需求多样性和冷热不均等复杂属性的多重叠加和相互作用，城市公交事业的自然垄断属性更加明显，导致市场失灵的现象更为突出，亟须加快深化改革、促进科学监管体系建设。当前，学界对金融、食品、国有资产等领域，重视强调政府监管作用的研究，而城市公交作为唯一具有上述显著特点的公用事业，政府直接授权经营管理代替监管，学界鲜有对政府放权及放权后的监管进行研究。

在城市公共交通行业回归公益属性成为广泛共识之后，作为实现"公交优先发展战略"的载体——公交企业，其主体性质学界一直争论不休，在

"国进"和"国退"之间不断反复。"国退"是缺乏竞争、浪费严重、效率低下使然;"国进"是公益性缺失、民生所需、发挥政府主导作用所迫。这种体制上的反复变革,其核心原因在于公交企业成本核算缺乏科学标准,政府公益性补贴无法或难以到位。公交企业是典型的复杂系统,制约公交优先发展的要素很多,尤其是对公益效益动态投入的效率评价,更是复杂的系统科学问题。实践中,政府审计补贴、成本规制、锁定利润率等办法,也仅是建立了一些"赛慢马"的考核机制,成效甚微,不足以成为财政公益性补贴的核算依据。一方面,公交企业生产核算体系的不健全导致政府投入缺乏依据;另一方面,技术手段落后、缺乏科学管控引发公交企业漏洞大、浪费大、服务不可靠和管理瑕疵多等问题。因此,双重因素导致公交行业在优先发展战略实施中难以优先发展,存在行业性欠发展问题。

因个体理性而集体非理性孕育的"哈定悲剧",在公交企业经营发展过程中也普遍存在。公交服务盲区和争抢客源并存这一现象,是公交营运主体理性行为选择的结果,在特定的公交服务区域内,多家营运主体的无序竞争,必然导致"哈定悲剧";各供地单位寄希望于其他主体解决公共服务用地,所属土地调规他用,甚至希望或要求将既有的公交用地外迁,公交用地落实困难,是基层供地主体理性行为选择的结果,如果政府忽视保护或统筹公共服务用地,同样会导致"哈定悲剧";之所以公交线网越优化投诉越多,是因为有投诉能力的人在主张自己诉求的同时却损害了更多人的利益,这就是投诉人在追求个体理性的同时造成的整个公交线网的布设不合理,继而产生"哈定悲剧"。

公交财政补贴不到位,票价被管控,仅降难升,严重背离其价值本身。公交企业简单再生产难以为继,公交企业陷入恶性发展的窘境。之所以国有公交企业再困难也能够维持经营,是因为当边际收益小于可变成本支出时,公交企业仍选择生产而非停产。研究发现,对于国有公交企业来说,人工费用占成本总支出的一半以上,国有身份的人工费用或被视为固定成本。如果公交收入能够支付能源费、维修费,公交车就可以开行。依据这种被蜕变的"破产原理",公交车辆更新、基础设施建设、技术和服务质量提升等的固定投入和成本支出往往被忽略。公交企业票价一降再降,成本支出却是刚性支出,公交天天开行,天天缺钱,天天索钱,这就是被人们戏称的公交"丐帮"形象。

为此,笔者根据城市公交行业的特点,以国内典型城市为例,探索推进公共资源市场化配置,研究城市地面公交的深化改革与政府放权及放权后的监管问题。

1.1.2　文献述评

（1）国内外城市公交发展现状

世界上主要的大城市大多具有比较成熟的公共交通体系，尤其是大力发展轨道交通的西方发达国家的大城市，巴黎、纽约、东京的轨道交通发挥着主要的作用。东京都市圈公交系统的分担率达 68% 以上。伦敦公交实行网运分离，城乡公交一体化得以顺利运转，在平衡公益性与市场化之间很成功，其基本原理对国内公交行业具有一定借鉴价值（荣朝和，2000）。

在常规公交发展方面，亚洲公交发展水平居国际领先水平，尤其是日本、韩国、新加坡等国的公交尤为发达。韩国首尔的公交专用道设在路中央，因其便捷的优势，首尔市民对地面公交满意度高。新加坡利用价格杠杆调节交通拥堵，大力发展公共交通，在市中心规划了交通控制区域，除了公交车辆及乘客超过 3 人的小汽车外，其他车辆一概付费进入。从需求的角度讲，中国属全球公交需求量最大的国家，探索公交优先发展具有现实需求。

国内公交争论的热点问题在于公交行业是否引入竞争主体。公交线路拍卖模式，20 世纪 90 年代从成都最先开始，目前还有四川内江、广西玉门、河南禹州、湖北黄石、江苏泗阳仍在进行，目的是想通过市场竞争提高公共服务能力。其原因是受规模的影响，公交投入严重不足，更无从谈及公交智能化发展。

2005 年，建设部等部门提出了《关于优先发展城市公共交通的意见》，这是我国第一个全面、完整、系统地提出优先发展城市公共交通的文件。之后，智能公交发展的有关问题在理论、实践中得到广泛重视（邓兆康，2009；范国伟，2009）。国务院发布的《关于城市优先发展公共交通的指导意见》（国发〔2012〕64 号），进一步明确了公交的公益性。一方面，将公共交通的发展资金纳入公共财政预算体系；另一方面，鼓励拓宽融资渠道。公交资金投入实现"两条腿"走路，为城市公交优先发展提供了有力保障。

香港的公交发展整体水平领先于内地各城市。九龙巴士是香港最大的公交企业，其股票上市，属盈利企业，公交票价通过市场机制确定，并且政府核定企业利润标准，使九龙巴士能够良性运作。但是，香港市民的公交出行成本高，这种管理模式在内地推广及复制的操作性可能会受到限制。

（2）国内外城市公交监管现状

城市地面公交的监管是一个极具多样性的研究难题。世界上主要的大城市大多具有比较成熟的公共交通体系，尤其是欧美发达国家的大城市建成了以轨道交通为主的公共交通体系（Growitsch，2009）。尽管国外关于城市公交的政府监管举措不一，但这些做法无一不是通过提高公共交通竞争门槛，优化城市交通结构来实施（李乐，2014；邱敦国，2014；黄恒学，2015；毛寿龙，2014）。法国巴黎开辟了公交走廊，优先发展公交；美国许多城市采用"满载优先，轮换车道"的措施来提高公交优先道的使用效率，推动和保障常规公交系统的发展；东欧国家则更重视公交的公益性，政府放权，考虑税收问题，如塔林于 2013 年 1 月宣布公共交通系统对所有市民免费，通过免费公交的注册，吸引外地居民成为塔林市民，培育税源以大力发展公交（Savisaar，2013）。然而，低票价公交吸引的主要是行人和骑自行车者，而不是私车驾驶者（Michel，2006）。因此，若要从根本上实现减缓交通堵塞、保护环境等目标，需要采取更科学、更具针对性的措施，如建立更科学的监管体系，或者结合其他相关政策手段来实现（Fearnley，2013）。纵观国外城市公交的成功发展，伦敦地面公交实行网运分离，在平衡公益性与市场化之间是有效的，新加坡对交通巨复杂系统的科学管控，发挥公共交通组合搭乘的作用效果是明显的。这些城市政府对公交事业监管到位，城市公交也能适应市场需要。这些基本原理和先进的管理理念对国内公交行业具有一定借鉴价值。

《反垄断法》实施以来，学界对城市公交行业进行反垄断和反垄断豁免规制的争论从未停止，在"国进"和"国退"之间不断地反复。尤其是十八届三中、四中全会以来，公交行业及公交研究领域特别重视全面深化公交行业的改革问题。最核心的问题还是如何处理好政府和市场的关系。主张"国退"的学者认为垄断主体缺乏竞争、浪费严重、效率低下（李和中，2014）。主流学者主张我国城市公交事业推行特许经营是深化市场化改革的一个重要内容（王俊豪，2014），更有学者主张城市公交行业民营化，强化市场竞争机制，减轻财政负担（刘戒骄，2012）。民间资金参与公交线路营运后，因市场竞争的作用，公交系统本身的管理效率会得到明显提高，这是毋庸置疑的。然而，系统具有层次性，作为城市交通系统子系统的公交系统，公交出行分担率不仅依靠公交自身供给能力，更大程度依赖于公交较其他出行方式的吸引力。从实践来看，各公交企业在逐利避害的动机下，缺乏满足公交公益性、事业性的利益动机，对冷热不均公交线路的生产积极性存在差异，市民出行难问题缺乏解决机制。公交系统受安全、方便、快捷、舒适、经济等供给保障问题的制约，以及出行者个体的理性选择导致的集体非理性现象，致使整个城市交通系统的管理效率难以提高，交通拥堵问题愈发严重（李树彬，2012；李树彬，2011）。我们认为，公交线路具有自然垄断属性，简单的市场化方式可能会加剧因市场失灵而引发的公交乱象。主张"国进"的理由是公益性缺失，民生所需，发挥政府主导作用所迫（郭蕾，2012；汤吉军，2013）。涉及国计民生的公益性行业的发展应体现广大人民群众的意愿，对提供具有自然垄断属性的准公共产品的公交行业适用反垄断法豁免，国家应当给予适当干预，加强规制。过去十年，不少地方政府以十余倍的代价回收了已拍卖的公交线路，公交民营化改革被搁浅。国有公交企业独家经营对于满足群众和政府需要具有适应性和及时性，对于公交线网的融通发挥了积极意义。但是，不断攀升的财政补贴以及公共资源浪费的情况也被广泛关注和质疑。尽管香港政府公共财政购买九龙巴士的公交服务的监管体系是科学的，公交票价通过市场机制确定，并且政府核定企业利润标准，九龙巴士得以实现良性运作，但是，香港市民的公交出行成本高，这种公交运作模式在内地复制、推广操作性受到限制。

（3）当前公交行业存在的问题

公交行业的复杂性（高自友，2006）、信息不对称性，导致公交企业成本核算缺乏科学标准，政府公益性补贴或投入缺乏依据，财政补贴无法或难以到位（魏娜，2015）。实践中，政府审计补贴、成本规制、锁定利润率等办法，也均属于"赛慢马"的考核机制，不足以支撑财政对公交公益性补贴的核算依据（Grout，2003；Sobis，2013）。同时，因技术手段落后，缺乏科学管控，公交企业漏洞大、浪费大，服务不可靠，管理瑕疵多。因此，多重因素导致公交行业在优先发展战略实施过程中，对公益效益动态投入的效率难以评价、难以监管，城市公交存在行业性普遍亏损、欠发展问题，以及投入严重不足或资源严重浪费并存的现象。缺乏科学管理的公交企业难以摆脱恶性循环的窘境。更重要的是，公交发展还存在以下障碍：市场分割、城乡分割、线网不融通。城乡票价不一致，城市近郊市民不能享受中心城市发展成果；城郊公交运力投放不足，万人标台远远低于中心城市，近郊公交分担率低，形成"农村包围城市"式的交通结构反堵中心城市的交通困局，这种交通结构显然不适应当前交通环境，破解城乡公交二元结构，实现统筹发展迫在眉睫。

从需求角度看，中国属全球公交需求量最大的国家，探索城市公交事业科学监管体系建设，促进公交优先发展具有现实意义。考虑到当前国内城市公交监管研究更多是"基于定性分析、凭借经验、依靠行政措施、以项目审批方式实施监管"，行业内迫切需要基于科学的理论、运用先进信息技术，从管理制度、管理组织和管理模式上进行改革，利用 *RFID*、3S 等现代信息技术对生产经营信息进行自动采集，集成多学科，展开定量分析，建立科学高效的公益性国有企业投入—产出管控模式的研究。

　　城市道路资源的开放性以及交通需求多样性和不均衡性等复杂因素，导致城市地面公交市场失灵现象更为突出。由于缺乏改革的顶层设计，城市公交这类自然垄断行业的监管改革已经陷入"胶着"状态难以有所作为，究其原因是长期坚持"主体、客体、手段"的分析范式而未加以突破。探索构建城市公交事业科学监管体系，对于深化改革、促进公交行业优先发展具有重要的现实意义。"十二五"期间，国家实施优先发展公共交通战略，城市公交事业取得了跨越式发展。实践证明，这一战略选择符合中国城市发展和交通发展的实际需求，是缓解城市交通拥堵、治理城市灰霾的有效途径。十八届三中全会以来，对于自然垄断属性明显的城市公交行业，各地不断探索实行以政企分开、政资分开、特许经营、政府监管为主要内容的改革。全面深化公交事业改革已成为行业领域及公共交通理论研究的热点，各地在实践中积极运用 PPP 模式（Public-Private Partnership，即政府和社会资本合作，是公共基础设施中的一种项目运作模式），探索推进城市公交的科学发展。

　　由于缺乏系统的顶层设计，在资本追逐利益的情况下，公交行业的效率性和民生性产生冲突，社会效益属性部分缺失。而公交行业重新回归到国有垄断后，难免出现成本增加、考核监管困难、腐败等问题，由此又产生经济效益属性缺失。因此，如何加快公交行业去行政化进程，发挥市场在资源配置中的决定性作用；如何探索公益性行业形成多元化投资主体的混合产权制度，如何更好地发挥政府与市场相结合的作用等公交行业监管改革创新难题，是城市公益事业可持续发展需要重点解决的问题，同时是现代城市治理的重要内容和关键环节。在城市公交事业建设和管理方面，如何正确处理好政府与市场的关系，是理论工作者应当关注的重大现实和理论问题。

　　聚焦城市公交事业的可持续发展问题，主要需要解决以下三大问题：一是要厘清公共服务的责任主体。政府职能可能经常会存在缺位、错位和越位的问题，政府职能定位应坚持"三个凡是"原则：即凡是市场能够做的事情，政府不要去越位，通过市场投资、建设、经营极大增加此类公共服务的有效供给；凡是市场不能做的事情，政府一定抓好，不要缺位，政府要加大此类公益项目的投入，解决城市发展的瓶颈；凡是市场争着要做，却都没有能力做好的事情，政府要掌握主动权和控制权，不能错位，政府要加大对此类公益项目的管控，保障其和谐发展、可持续发展。要避免国有体制下投入产出效率低下和市场竞争体制下公益性缺失的体制问题。二是增强公共服务的持续供给能力。城市公交事业的"五性"特点决定着公共服务领域普遍存在投入大产出小的公益格局，解决供给能力不足，尤其是可持续供给不足的问题显得尤为重要。三是突出强调政府主导的公交事业服务标准问题。公共服务存在领域和地域两方面的不平衡，存在公益监督和考核不到位或难以到位的问题。

（4）构建以公共交通为主体的城市交通体系

公交服务的公益性与市场化博弈，是深化体制改革面临的一道难题。公交出行需求具有弹性，政府对公交服务的要求也具有柔性，而契约关系却是刚性的，通过市场化约定的契约关系总是难以适应公益性的柔性需求。因此，促进公交事业优先发展，迫切需要构建以公共交通为主体的城市交通体系。

交通参与者为获取更高的出行效率，彼此之间必然存在相互干扰，支线道路"车不让人"、主干道路"车不让车"的现象普遍存在。由于这种相互干扰的存在，城市道路拥堵程度与小汽车保有量之间呈非线性正向关系，即在城市机动化进程中，道路拥堵随着车辆的增加而加剧，但当车辆数达到一定饱和量之后，小汽车出行者将"急不择路"，拥堵程度便呈几何级数递增，城市交通更加无序。因此，不断新增上路的小汽车，随时可能成为压倒城市交通的最后一根稻草。至此，国内部分城市实施了限购、限号等强行限制交通消费的管控措施，实属无奈的"政策创新"。

城市交通应进行有效管控。当斯定律表明，新建的道路设施会诱发新的交通量，而交通需求总是倾向于超过交通供给。换言之，单凭通过增加道路资源，是无法满足不断增长的小汽车出行需求的。世界先进城市的公共交通出行分担率一般在黄金分割率 0.618 以上，而我国绝大多数城市公交出行分担率不足 30%。城市交通管理部门应主动采取有效管控措施，引导公众选择整体效率更高、人均资源占用更低的公共交通出行方式。可以按照"理想点法"进行城市交通的战略管理，设计公共交通、小汽车以及自行车等出行方式分担率应达到某一标准的理想状态，并以此为目标，"疏堵"并举，科学构建以公共交通为主体、其他出行方式为补充的有序城市交通体系，推进城市交通治理体系和治理能力的现代化。

1.1.3　研究意义

近几年，公交企业行业性普遍亏损，投入严重不足，优先发展政策难以落实。造成这种局面的主要原因在于公交行业严重缺乏投入监管与考评依据，公共财政投入不足和企业生产浪费现象并存。加之公交系统的自适应性质，即使对其少投入，也可以维持简单再生产。因此，缺乏科学的监管与评价体系的公交企业难以摆脱恶性循环的窘境（图1—1）。

图 1-1　传统公交企业经营恶性循环示意图

本书系统研究城市公交事业的深化改革与科学监管问题，通过总结国内外城市地面公交改革发展的实践经验，结合成都公交运营的实际情况，探索城市地面公交的全面深化改革问题以及准点公交的实现路径，给出现代公交事业制度体制的顶层设计，以协调处理好城市公交社会效益和经济效益的对立统一关系。其意义体现在两个方面。

（1）**理论意义**

第一，通过公交系统管理熵分析，探索快速城市化进程中公交线网一体化改革与管理的必要性。不同的系统其管理熵增不同（傅佳琳，2008），毋庸置疑，民间资金参与公交线路营运后，包括国有公交企业在内，因市场竞争（系统的强制外力）的作用，公交系统本身的管理熵减效果会更加明显。然而，系统具有层次性，子系统管理熵减并不能保证母系统的管理熵一定能够减少。公交系统是交通系统的子系统，公交出行分担率不仅依靠公交自身供给能力，更依赖于公交较其他出行方式的吸引力。近几年，大力发展、优先发展公交收效甚微，提高公交分担率困难，城市愈加拥堵，说明交通系统管理熵在不断增加（管理熵增表征系统趋于无序）。从实践来看，各公交企业在逐利避害的动机下，缺乏满足公交公益性、事业性的利益动机，赚钱的公交线路争着开，公交服务盲区却无人问津，市民的出行难问题仍较为普遍，整个交通系统的管理熵不断增加，交通拥堵已无法避免。要使交通系统管理熵减，需走"疏堵"结合的路子。其中重要的"疏"的方式就是发挥公共交通组合搭乘的作用，提高出行效率。

第二，优化公交企业经营管理体制。近年来，我国公交行业的公益性和市场化两派的争论此消彼长。即使在强调民生社会的今天，不少城市还在进行公交线路的拍卖。公交市场的主体整合也要"偷偷摸摸"进行，一触及民间投资者退出公交市场，就会"谈虎色变"。公交的公益性特点是无可非议的，资本追逐利润的事实也不容忽略。公交公益性博弈市场化是一项体制改革难题。

城市公共交通的性质属于社会公益性事业。国有化是满足公益性的最简单、最直接的策略，然而国有化却难逃低效率，类似我国部分城市上百亿的财政补贴，也没有实现行业的推广目标。若能探索出平衡公益性与市场化的办法，尤其是设计一种系统管理模式，使其能够通过市场化配置资源的基础手段来满足公益性，此项目就有重要的理论意义。

第三，解决公交企业成本效益核算问题。公交企业是典型的复杂系统，制约公交发展很重要的因素在于公交企业成本核算缺乏科学标准，政府补贴难以到位。多目标决策、多目标评价始终是系统科学研究的重要问题，理论界通过权重法（加总法）、效用函数法（比较法）加以解决。然而，权重法的可靠性、效用函数法的精确性是需要不断提升的。同时，实践中也难以科学地应用之。对于特定的系统，可以从时（阶段）、空（子系统）两个角度按照专业化分工思路对多目标系统进行再造，使其成为单目标或者成为同向目标的系统集；将多目标系统的评价问题转化为单目标系统集的成本效益核算问题，这种转化可有效地建立企业科学评价体系，其理论基础是管理熵理论，这种转化在决策实践和评价实践中具有重要的意义。

（2）**实践意义**

本书以大中城市地面公交为对象，重在以政府、市场、企业、个人及其行为为研究对象。以成都为例，剖析城市公交改革与集成监管实践，从政府角度给出城市地面公交全面深化改革的顶层设计和行业监管的科学体系。探索实行线"网"管理与营"运"生产分开，坚持"网"的公益性发展模式，强调国有资本的公益角色，加大国有资本对城市公交事业的投入。同时，避免过度补贴的发展模式，完善主要由市场决定价格的机制，放开"运"的竞争性环节，凡是能由市场形成价格的都应交给市场，政府不进行不当干预。主要体现在以下几个方面：

第一，运力投放问题。公交运力投放过大，造成浪费；公交运力投放过小，无法满足乘客需求。运力投放总量、频率需要根据客流动态地进行确定，因此，实现对乘客 OD 信息（上下客信息）的实时获取尤为重要。

第二，线网优化问题。公交出行者追求的是时间最节约原则。然而，在行程中，路径是影响时间的一个方面，速度也是另一个极为重要的影响因素，它是一个时（时间）空（空间）平衡问题。另外，从消费心理学角度研究，出行者对速度结构感受存在普遍差异，站下等待时间比车内等待时间以及车内等待时间比行驶中耗时更难以忍受，因此，需要对减少出行者对时间的敏感性给予更多的重视。

第三，公交场站是城市公共交通重要的基础设施和优良资源，具有人流集中、交通便利的区位优势。在保证城市公交营运需求和发展的前提下，对公交场站进行立体综合开发建设，具有重要意义。一是能以开发收益反哺公交场站建设，提升公交服务的自我造血机能，减轻政府财政负担，支撑企业的可持续发展；二是公交场站的立体开发可以带动周边高密度综合开发，引导城市空间布局，提高土地利用效率，支撑城市的可持续发展；三是公交场站立体综合开发所需资金数额庞大，可以吸收社会民间资金参加投资，推进公交的投融资体制改革；四是公交场站的立体开发，可以拉动内需，有利于调整经济发展结构，实现"稳中求进"的总要求。因此，从战略上和策略上分析，对公交场站进行立体综合开发建设，都是十分必要和可行的。

第四，"网运分离"这一概念来自铁路系统，是铁路管理体制改革的方向，即实行国家铁路路网管理与客货运输经营相分离的体制。本书将"网运分离"概念引入城市公共交通领域，并指导成都公交开展改革实践，创造了具有公交特色的"网运分离"管理新模式。公交"网运分离"是指公交线路特许经营权与营运生产权相互分离。其具体含义为：由政府将公交线路特许经营权统一授予具有国有性质的"网"主体，由"网"主体按照行业管理要求和标准，负责"网"，统筹线网优化，统一配置车辆，统一制订公交服务标准和发班计划，满足市民日益增长的安全、便捷、经济、舒适的出行需求，以国有经济展现城市形象，践行社会责任，体现社会效益；通过市场竞争方式产生公交的营运主体，负责"运"，按照"网"主体制订的营运计划和服务标准，专注于抓好营运生产组织、行车安全保障和内部成本控制，体现经济效益。"网运分离"管理模式改革，推进了公交市场资源有效整合，为公交市场营造了"专业化分工、市场化运作、规模经营、集中集约发展、有效调控"的市场环境。"网运分离"管理模式，使"网"和"运"的各主体权利义务得到明确界定，从而建立起科学有效的业绩考核体系。"网"主体负责集中统一收银，按照营运公司符合要求的GPS里程向运营公司支付公里费用；"运"主体的成本费用通过获得的公里收入来支付；公里定价通过市场竞争确定，实现公平和效率。这样，就使城市公交系统由"复杂的灰色系统"变成"简单的白色系统"。

一是"网运分离"有助于解决公交公益性的社会效益与企业经营性的经济效益之间协调平衡的难题。"网运分离"厘清了"网"主体与"运"主体的市场化关系，可有效解决资源配置无序带来的高耗低效问题，是实现公交线网资源最优化配置和营运生产成本最低化运作的有效途径。

二是"网运分离"有助于解决建立科学的公交补贴补偿机制的难题。"网运分离"模式，可以对获得社会效益需要的经济投入进行有效的测度，使政府对公交企业的补贴补偿标准的确定更具有可操作性和可调控性。

三是"网运分离"有助于促进物联网信息技术在公交系统广泛应用，实现公交系统全方位优化，由传统经验管理向现代科学管理转变，推进公交系统技术升级，建设智能公交。同时，"网运分离"目标的实现，也必须有物联网技术提供支撑。

四是"网运分离"有助于破解城乡公交二元体制的难题。"网运分离"的实施，使网内参营企业的核算问题得到有效解决，打破了城乡公交二元结构壁垒。由"网"主体按照统筹城乡客运交通结构的要求，坚持优先发展、普遍服务原则，统一负责线网规划与管理，明确界定各"运"主体的权利和义务，逐步在全域"网"范围内建立起成熟和完善的公交服务体系。按照这种模式，推进城乡公交统筹发展，实现了镇镇通、村村通公交，使公益性的公交服务惠及广大城乡居民。

1.2 理论基础

当前，城市交通问题已经成为当今社会普遍关注的民生问题，严重影响人民群众便捷出行。下面将扼要介绍公交优先发展的部分基本理论。

1.2.1 新公共管理理论

20 世纪 70 年代末以来，针对公共部门存在的种种问题，英国、新西兰、美国等西方发达资本主义国家掀起了公共部门改革的浪潮，引起了社会公众的关注和公民的广泛支持，它旨在改变社会上长期以来以韦伯的官僚制理论为基石并按照其思想组织起来的传统管理模式。伴随着这种新的管理模式的出现，西方众多学者对其进行了广泛、深入的分析研究，取得了丰硕的研究成果。但是由于各国学者研究的视角不同，对应产生了各种各样的称谓，如"管理范式""以市场为基础的公共行政""后官僚制典范"以及"企业型政府"等。尽管名称各不相同，但对于该理论的核心理念的理解和认识却基本一致；不同的称谓中，以"新公共管理"的名称流传度最广（陈蛇，2011）。

哈默和钱皮（1993）针对有浓烈官僚气息的公共部门提出"流程再造"理论，打破了以部门分工和职能为导向的传统流程设计模式。他们针对社会公共需要和部门产出效率，重新对原部门内部的薪酬体系、激励制度、人力资源管理、业务分工等主要因素进行设计，重点对制度进行革新，进而实现原有机构的重组。传统上，公众对公共部门的期望聚焦在便捷、经济、安全等因素上，但是随着人们社会生活水平的提高，公众对公共产品质量和服务的需求期望更加层次化和多样性。我国公交行业普遍存在着许多弊端，如效率低下、公共资源浪费严重、管理体制缺乏弹性、信息不透明等。以往提供服务的城市公交部门已难以适应社会民众的需求，这些问题都对未来城市公交的发展造成一定的阻碍。

从新公共管理思想的视角出发，城市公交行业应在减少财政资源浪费，维护公益性的基础上适当加强企业的竞争性、提高公交服务的水平和质量、重视员工绩效考评、提升人力和物力资源的利用效率、适当减少管理层级、加强企业信息的交流力度，在内部发掘部门发展的潜力，在外部提升企业形象和影响力，增强公民的参与意识（Zhiyun Feng，2012）。随着我国经济改革的深入，在城市公交领域，传统以科层制为主要形式的管理模式将越来越少，取而代之的是以新公共管理思想为代表的现代管理理念，重视人的价值，促进企业内部信息的自由流动，推动公交企业迸发出新的活力和生命力，实现公交企业的转型升级发展。

1.2.2 管理熵理论

在热力学第二定律、负熵及耗散结构理论的基础上，熵的研究逐步从自然科学走向社会科学领域（宋华岭，2000；王西星，2009），尤其在企业系统中，熵规律的存在和基础性作用揭示了企业系统的变化规律（李习彬，2011；高瑞霞，2002）。根据熵增加效应，物质总是从有序向着无序发展，能量由不平衡向平衡状态发展，并逐渐衰竭，最终呈现出"热寂"状态。熵被引入管理领域，形成 ME 概念及其理论体系。所谓 ME，即管理正熵（冯刚，2010），是指任何一种管理系统的组织形式、制度、政策、文化、方法、技术等因素，在孤立的管理组织系统运行过程中，总是表现出执行有效性递减，管理效率递减，无效性混乱状态加剧的局面，直至不能发挥管理效率的作用而需要新的方式去替代的一种管理规律。该规律之所以会存在的要因在于管理过程受若干相互影响的变量要素控制，从而稳定地表现这种趋势，并服从一定的数学规律。在孤立管理系统中，ME 将随着组织系统从有序向无序状态发展而逐渐增加，其过程可通过管理效率递减公式来表示：

$$y = \mathrm{Re}^{-x}$$

$$x = f\left(a_1 x_1,\ a_2 x_2,\ \cdots,\ a_n x_n,\ t\right) \tag{1-1}$$

其中，y 是管理效率，R 表示为管理组织系统的结构常数，x 是影响管理效率的因素和时间的函数，a_i（$i=1,\ 2,\ 3,\ \cdots,\ n$）表示影响各因素作用的权数，t 为时间因素，x_i（$i=1,\ 2,\ 3,\ \cdots,\ n$）是影响管理效率的若干因素。

管理熵、管理耗散结构理论于 1997 年提出（任佩瑜，2001），以复杂性科学作为研究平台，用于企业流程再造、探寻系统管理熵减策略（刘艳梅，2003；张铁男，2010）。公交系统是典型的管理熵增系统，长期处于无序状态，即使国家出台优先发展的一系列政策，也没有摆脱系统的进一步管理熵增。物联网技术的出现，有望成为公交系统实现管理熵减的有效强制外力。

1.2.3　管理耗散结构理论

从非平衡的观点出发，对有机、无机、社会和经济系统中的"熵"现象进行研究，根据薛定谔负熵理论与普利高津耗散结构理论，可知在开放系统中，由于负熵的流入，可补偿系统内部熵的增加。以遵守达尔文的进化论，而不遵守热力学第二定律为基础，一个远离平衡态的开放系统，不断地与外在环境交换能量、物质和信息，在一定条件下产生自组织现象，呈现从无序到有序状态的转变，并形成耗散结构（熊学兵，2009）。耗散结构被引入管理领域，产生 Managed Delivery Systems（MDS）。这是指一个远离平衡态的复杂管理组织系统，其自身在不断消耗物质、能量和信息的同时，与外部环境进行能量、物质和信息的交换，可补偿系统内部消耗，在管理组织系统内部各单元相互作用下，管理系统内负熵的增多大于熵增的增幅，即管理负熵的作用大于管理正熵的作用，成为矛盾的主要方面，使系统的有序态势大于自身无序态势，形成有序结构，产生新的能量的过程。由此可知管理系统的生命决定于其负熵增，而 MDS 则是管理耗散过程中形成的自组织和自适应管理系统，MDS 形成的过程也是管理效率递增规律所在，可通过后者来表示前者的变化：

$$y = \mathrm{Re}^{x}$$

$$x = f\left(a_1 x_1,\ a_2 x_2,\ \cdots a_n x_n,\ t\right) \tag{1-2}$$

其中，式（1-2）中变量含义同式（1-1），通过负熵流入管理组织系统，抵消系统内部熵增，使影响管理效率的各因素避免综合内耗，发挥综合效用，促进管理系统的有序度增加大于自身无序度增加，这些都是基于 MD 及 MDS 形成的前提条件：管理系统是远离平衡态的复杂性开放系统；管理系统内部各要素间存在非线性作用，且与外部环境不断地进行能量、物质、信息的交换；外部环境条件变化达到一定的阈值引起内部各子系统间相干运动，呈现相对关系的涨落和突变，涌现出新的有序结构状态。

1.2.4 基于信息技术的时空分流管理理论

时空分流导航管理定义（冯刚，2010）：在一定的时空条件下，通过对行人实施有效疏导，使其在时间和空间两个维度上均衡分布和有序运动的管理方法。

信息技术的时空分流导航管理原理在九寨沟风景管理局的首次应用，旨在解决交通拥堵问题，使交通系统的运行高度有序化，在狭义相对论的启示下，将交通系统看作是一个开放性复杂时空运动系统。根据空间时间和行人、车辆的相对运动原理，研究"人—车"在整个交通系统中的分布状态，构建基于信息技术的"人—车"分流、有效缓解拥堵的调度控制管理体系。在上述理论的基础上，根据人群、车辆和时间的流动性以及地域空间相对稳定性形成的时空差，在相对运动的条件下，设计出若干优化的路线。利用时间移动形成的相对"空置"空间，对非均衡分布的行人与车辆进行导航分流，直到整个交通系统形成相对均衡分布和有序交换的管理态。

1.2.5 RFID 技术应用

物联网（Internet of Things）技术最早于 1999 年由麻省理工学院自动识别（Auto-ID）研究中心提出，实质上等于 RFID 技术和互联网的结合应用（陆忠梅，2010）。学界主要从 RFID 识别技术原理进行研究（刘莹，2006）。RFID 的应用从初期的交通、零售业、制造业、安全管理、移动跟踪延伸到供应链管理、物流、国防、医疗医药等领域。中国已将 RFID 技术应用于铁路车号识别、身份证和票证管理、动物标识、特种设备与危险品管理、城市机动车监管（李洪鹏，2010）、公共交通以及生产过程管理等多个领域。目前有一小部分研究者以物联网 RFID、网络技术为基础从事管理信息系统及数据采集系统的理论研究、管理咨询、中间件技术、软件开发、系统集成（李林，2006）及实施、技术服务等，将 RFID 自动识别和数据采集方案应用到社会各个领域，如安防、物流、仓储、追溯、防伪、旅游、医疗、教育等。国家高技术研究发展计划（863 计划）重大项目"基于时空分流导航管理模式的 RFID 技术在自然生态保护区和地震遗址中的应用研究"已经成功地将 RFID 技术运用到景区和博物馆中。这是第一次将 RFID 技术综合集成应用于九寨沟旅游一票通的业务融合和管理融合，利用国际知名的 5A 级旅游胜地的品牌效益的影响力，探索并展现出 RFID 技术区域旅游与景区管理相结合的大规模应用模式。

近年，物联网概念也得到升华，目前业内普遍认为，传感器、传感器网络和 RFID 技术都是物联网技术的重要组成部分（于溥春，2010），它们的相互融合和系统集成将极大地推动物联网的应用，其应用前景不可估量。RFID 技术在城市智能公共交通系统中已得到应用研究（许昆，2005），如在公交车车站自动识别、自动报站系统得到成功应用（路勇，2005）。2010年在政府倡导下各地专门成立物联网技术应用推进中心，物联网技术在国内引起高度重视，在多领域进行开发应用。

物联网技术在公交智能化管理方面有着广泛的应用前景。但公交体制对公交智能化进程有着重要的影响。北京公交真正实现了城乡公交一体化发展，市民对公交系统的满意度较高。北京重视发展公共交通，通过降低票价、开行大容量公交车，吸引市民乘坐公交车，成功地应对奥运会的公共交通需求，对缓解北京交通拥堵、改善北京的自然环境起到了积极作用，北京在公交智能化方面也投入了大量资金。

1.3　研究思路与方法

本书紧紧围绕城市公交行业实现准点服务这一行业终极目标，研究基于信息技术的城市公交科学监管体系，具体研究思路和研究方法如下。

1.3.1　研究思路

准点公交是指在预设的阈值范围内，公交车依照规定的时间到达。公交准点较航空准点更复杂，有首末站准点和途经站准点之分。一般首末站准点容易实现，途经站准点实现起来则要复杂得多。

公交的准点衡量指标为准点率，又称正点率，是指公交车在执行发班计划时，在阈值范围内、评价期限内准点班次占全部计划班次的比率，通过公式（1−3）表示。这个阈值范围受乘客的可接受度影响，反映公交企业服务效率和服务质量。由于城市公交相对民航运输、火车、轮船和汽车运输而言，受到客观因素影响较大，所以，准点率仅为公交行业追求的理想状态。

$$p_t = \sum_i \sum_j S_{ij}^* / \sum_i \sum_j S_{ij} \qquad (1-3)$$

其中，p_t 为评价期限内的准点率，S_{ij}^* 为在阈值范围内第 i 条线路实际

到第 j 个站点时间与计划到站时间一致的班次，S_{ij} 为第 i 条线路实际到第 j 个站点的总计划班次。

用公式（1-3）可测度一个营运组织的准点率，评价特定线路的准点率只需固定公式（1-3）中线路 i 加以测算即可。

公交准点率的计算方法也可用延误率倒算：在给定计算时间范围内，对于特定的公交线路，站点到达时间比计划到站时间差超出阈值范围的情况称为延误。将出现延误情况的站点数除以实际经过的总站点数得出延误率。公交的准点率＝100％－延误率。

从常规公交运行实践看，普遍可以实现发车准点。但是，途经站准点受诸多因素影响，是一种理想状态。影响公交准点率有道路拥堵、车辆故障、天气原因、乘客原因、站点拥堵、交通事故、车辆调配等因素，如图 1-2 所示。

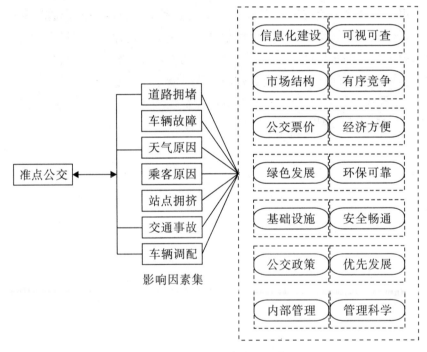

图 1-2　准点公交影响因素

本书着重分三篇从七个方面系统研究公交准点问题。第一篇总论，给出城市公交的基本概述。第二篇共六章系统研究公交行业影响公交准点的共性因素和应对策略。第三篇共五章分别给出成都公交所开展的准点公交实践。最后以附录方式立足社会视角摘录部分媒体采访和报道的文章，从另一层面看成都公交准点实践所取得的成效。

1.3.2 研究方法

本书运用钱学森院士倡导的复杂性科学综合集成法,将定量和定性分析、理论与实证充分结合,综合运用跨学科研究法,基于新制度经济、现代管理、信息技术等多学科的理论与方法,从整体上提出城市公交事业深化改革的顶层设计,并对政府放权后的城市公交事业建立科学监管体系提出建议,具体研究方法如下:

第一,个案研究。选定几个典型城市公交为特定对象,加以调查分析,揭示城市公交事业运转的本质特点及其公益属性与经济属性的形成过程,以此确定城市公交事业在深化改革过工程中放权的范围。结合专家访谈、专业审计及调查问卷等方法获取有效数据,以成都公交为例对政府购买公交服务进行实证研究,为提高政府购买公交服务效率提出合理化建议。

第二,功能分析。运用功能分析法分析城市公交事业亏损现象,说明通过公共财政购买城市公交服务是城市功能的需要,以此来解释城市公交线网垄断豁免规制的必要性。

第三,信息技术。采用信息技术方法(以 RFID 技术为主,集"车联网技术"、现代传感器技术以及现代通信技术的公交信息化技术)构建用于政府购买公交服务效率评价的指标体系。

第2章　城市公交优先
发展的基本理论

广义的城市公共交通工具包括公共汽车、地铁、出租车、轻轨、轮渡、索道及缆车等；狭义上仅指地面常规公共汽车、地铁和轻轨（蔡晶晶，2013）。作为城市公用事业，城市公交是城市重要的基础设施，更是城市交通的主力军，它直接关乎社会公众利益和城市的可持续发展。本书聚焦城市地面常规公交的准点问题，探索解决准点短板问题的改进策略，以提升公交出行分担率。

2.1　城市公交概述

2.1.1　城市常规公共交通概述

（1）**城市常规公交的定义**

城市常规公交是城市提供给公众使用的一种最常见、经济方便的客运交通方式，是城市公共交通系统中最基础也最重要的组成部分。具体是指在由规定的起终点形成的公交线路上，按规定时刻发班，并且以公开的票价为城市公众提供短途客运服务的系统。人们常说的"坐公交"指的便是常规公交。城市常规公交可以满足城市公众的各种需求，如工作、学习购物、休闲等常规出行需求。城市常规公交的功能是帮助乘客方便地在城市中实现位移。

（2）**城市常规公交系统的结构**

城市公共交通系统属于城市客运服务系统的一个组成元素，城市客运服务系统和货运服务系统共同组成了城市交通运输系统，本城市的交通运输系统和其他城市的交通系统互相协作又在公共路网上形成竞争，共同完成多城市多地域的交通运输任务。

城市交通运输系统分类如图2-1所示。

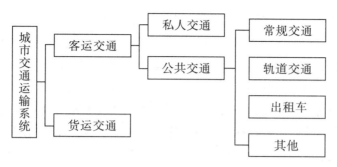

图 2-1 城市交通运输系统分类

从整个城市交通系统来看，城市常规公交系统只是其中的一个重要元素。如果当研究对象细致到城市常规公交时，城市常规公交也是一个复杂庞大的开放系统。城市常规公交系统属于特殊的城市客运服务系统。因此，从系统论的观点看，城市常规公交系统由系统参与者、硬件子系统、软件子系统和环境组成。

城市常规公交系统的参与者包括政府、公交企业、乘客和交管部门等。

城市常规公交系统的硬件子系统包括：运输工具和基础运输设施。常规公交的运输工具主要包括大型公交汽车、电动汽车、小公交。城市道路的主线路上多用容量大、装载效率高的多开门的大型公交车，电动车由于购车成本比较高，在运营收益良好的城区主干线路或者城乡主干线上使用；小型公交车主要用于客流量小的社区客运或客流较少、收益相对低的农村支线。基础运输设施主要包括公交道路、公交场站、调度中心、换乘枢纽、公交停车场及维修场站。公交道路尤其是公交专用道是公交快速稳定运行的重要基础条件。公交专用道的开通对公交运行效率的提升有巨大作用，其专用性保证了公交的畅行无阻。公交站点是公交线路中的节点，主要分布于客流密集的地段，方便乘客上下车，并为乘客提供换乘信息。公交车按照一定的时空规律在城市各大站点吸收和释放客流。站点的连接交错形成了常规公交的线路网络。当城市区间有非常大的客流交换和换乘需求时就需要在区域内某点合理设置换乘枢纽，换乘枢纽类似于网络中的中枢节点。维修场站是提供常规公交维护修理的不可或缺的重要基础设施，维修场站具有保障常规公交整个硬件系统正常运行的功能，包括修理公交车、公交车常用部件的运维、公交站点及换乘枢纽等所需装备的维护修理。

城市常规公交软件子系统主要包括：运营管理系统、公交服务质量的监测考评系统、调度系统、线网规划系统、票务管理系统、维修及应急处理系统、风险防范系统等。

　　城市常规公交运营处于一定的环境中，包括自然环境和社会环境。影响城市常规公交运行的自然环境包括天气情况、城市地理环境、生态环境等。自然环境的变化必定会影响城市常规公交的运行。城市常规公交的社会环境主要指城市常规公交发展的政策环境、制度环境和法律环境。政策环境主要包括城市公交发展政策、公共交通规划政策、公交优先出行政策等。制度环境包括公交运输行业的管理制度及国家对于公交运输企业的管理制度。法律环境主要包括道路交通类的法律法规和国家对于公共交通企业及相关运营单位的法律要求及行为规范。城市常规公交系统构成要素如图2-2所示。

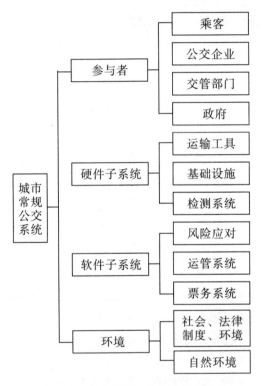

图 2-2　城市常规公交系统构成要素

　　城市常规公交系统是一个服务系统，具体包括输入和输出、服务的机制及环境。其中，输入对象是乘客，提供的服务是城市短途出行，输出的是短途客运服务。城市常规公交服务系统如图2-3所示。

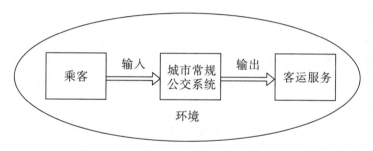

图 2-3 城市常规公交服务系统

（3）我国传统公交发展类型

①我国传统公交发展类型演变背景。

改革开放以来，我国城市公共交通行业在发展方式上做了许多有益的尝试与创新。1985 年 4 月，国务院发布了《国务院批转城乡建设环境保护部关于改革城市公共交通工作报告的通知》，提出"改变城市公共交通独家经营的体制，实施多家经营，统一管理"的思路。各城市结合具体情况，放松管制，降低门槛，以租赁、承包经营的形式吸引社会资本的进入，打破了城市公交事业的垄断局面，并形成了以国有经营为主、集体与个人经营为辅的格局。但由于未能明确政企职责，出现了恶性竞争的现象。为稳定城市公交服务经营秩序，我国于 1999 年开始大规模整顿公交客运市场，一定程度上提高了服务质量。

21 世纪初，各地普遍强调了公共交通服务的商品属性。2001 年，国家计委发布了《国家计委关于促进和引导民间投资的若干意见的通知》，鼓励和引导民间投资参与城市基础设施建设。各地公交企业开始主张通过行业的市场化促进公交的有效供给。

2006 年以后，建设部《关于优先发展城市公共交通若干经济政策的意见》（以下称《意见》），要求加大城市公交投入与补贴，必须实施低票价的政策。各地逐步认识到公共交通领域不适合完全意义上的充分市场竞争，初步形成了公共交通具有准公共产品属性的共识，并根据《意见》，实施改革与调整，降低票价，公交运营不再单纯讲求经济效益，转而注重兼顾社会效益。

总结几轮改革过程，从运营模式的角度讲，业内出现了两种较为典型的企业类型，一种是以十堰和香港为代表的民营竞争型的城市公交，另一种是以北京为代表的垄断低价型城市公交模式。

②民营竞争型城市公交。

1985 年至 2004 年是我国传统城市公交向民营竞争型公交转型的集中时

期。这期间，政府减少了对社会经济的干预力度，逐步放开公交领域的管制，并通过拍卖、承包、租赁等形式向外资或社会资本开放公交市场，以减轻财政负担。同时，为满足自身发展需要，各地公交企业在新车购置、车辆维护及日常运营等方面引入竞争机制，刺激企业的发展，以此形成了民营竞争类型的城市公交。

由于种种原因，此类型城市公交的实践，多以失败告终，但也有成功的典范。民营竞争型城市公交主要在十堰、深圳、重庆、广州、香港等城市实践，其中又以十堰和香港最为典型（张湄泠，2014；黄良会，2013）。

十堰市是我国第一个进行城市公交全盘民营化实践的城市，当时受到业界的高度关注，甚至被赋予"标本"的意义。2003年，温州五马汽车出租车公司的法人代表张朝荣与湖北十堰市政府就收购公交一事达成一致，以3816万元的价格收购了湖北十堰公交公司68%的股份，组成新公司——十堰市公交集团有限责任公司，并以每年800万的价格购买23条线路的经营权，此外，新公司还需依法缴纳营业税。

新公司成立后，更新了车辆、站点等基础设施，投资建立了IC卡收费系统及智能监控调度系统。仅第一年，公司就转亏为盈，净利润达106万元。但好景不长，接下来的3年，公司连续亏损，出现4次罢运，严重影响了城市运行秩序。最终，由于模式不规范，政府管理和监管体制不成熟等原因，原本计划18年的改革，仅进行了5年就不得不尴尬谢幕。

与十堰公交改革失败相反，香港公交已经成为行业内竞争型公交实践的成功典范。香港巴士是香港公共交通体系中最重要的主体。香港政府对公共巴士实施专营权管理，巴士专营权一般由特区行政长官会同行政会议，根据《公共巴士服务条例》以公开投标的方式授予。巴士公司在得到政府授予的专营权后，在规定区域或线路经营排他性的公共客运服务。

香港公交有以下几个特点，一是专营的巴士公司都为私营企业，且多为实力雄厚的上市公司。他们依靠自主经营、创新管理的方式参与市场竞争，政府不会直接介入他们的经营。二是专营巴士公司的经营区域，既有主要经营区域，也有重合营运区域，可以实现有效竞争。三是香港巴士的票价相对较高，企业盈利。由于没有补贴，所以票价是由香港政府依据专营公司的投资及运营模式制定的，保证公司合理的回报率同时，兼顾市民的承受能力。巴士公司不能擅自提价，但是可以向政府申请票价调整。四是政府对巴士公司全程监督。虽然香港政府不会干涉专营巴士公司的经营，但会派驻两名代表到巴士公司的董事会，随时掌握公司的财政和经营状况，监督专营巴士公司的运作。

综合以上分析可知，民营资本的参与，可以解决城市公交发展的资金短缺问题，公交企业不用受过多行政因素的干扰，有利于营造竞争氛围，提高公交运营的效率，加快公交事业的发展。然而，城市公交毕竟是准公共产品，是城市中重要的公共事业，倘若相关监督和管理制度不完善，以民营竞争的方式发展就存在很大的风险。例如，承包经营主体过多，就无法发挥城市公交的规模效益；民营企业过分追逐利益最大化，会抬高票价，损害公众利益，出现恶性竞争，破坏市场秩序；有偿出让导致公交企业的经营成本过大，很可能使企业陷入"企业效益差—控制成本—车况、服务质量差—乘客满意度低—公交分担率低—企业效益更差"的恶性循环。

③垄断低价型城市公交。

与竞争型城市公交相比，垄断低价型城市公交更加注重公益性。这类城市公交由政府全盘接管，以财政补贴为支撑，为市民提供普遍、低价的公交服务。

在经历了公交市场化改革的探索后，我国多数城市公交重归公益性。公益性城市公交以北京、郑州、太原、西安等城市为代表，其中又以北京最为典型（山静静，2009）。作为最典型的代表，北京公交有以下几点特征。

一是公交产权为国有。2006 年，北京公共交通控股（集团）有限公司（以下简称北京公交集团）置换北京巴士所有城市客运业务的资产和负债，此后，北京公交资产归为国有。

二是实为垄断性事业单位。北京公交集团是北京地面公交客运体系唯一的经营主体，是集公交客运、汽车修理、汽车租赁、广告等业务于一身的特大型国有企业，实质上也是垄断性事业单位。目前，该集团旗下已有 23 个二级企事业单位，其中客运企业就有 13 个，企业员工数量已达 10.13 万人。

三是实行低廉票价。为提升公交吸引力，缓解交通压力，北京公交于2007 年 1 月起实施票价改革，制定了北京市区统一的公交线路票价，即单一票制线路每乘次 1 元，分段计价线路 12 公里以内 1 元起价。如果刷卡乘坐市区公交线路，可以享受普通卡 4 折、学生卡 2 折的优惠，计算下来，北京公交普通卡每乘次仅需 0.4 元、学生卡每乘次仅需 0.2 元。

综合上述分析可知，垄断低价型城市公交确保了公交资源的均等覆盖和公平分配，在提供普遍服务以及凸显社会效益上能够取得良好的效果，对于全面推动城市公共交通事业发展、整体提升公交分担率有着十分重要的意义。然而，庞大的企业必然会因为组织结构僵化、科层复杂而带来管理成本的增加，产生劣成本。缺乏适度竞争压力和内在动力也会导致运营效率及服务质量的降低。另外，低票价政策的实施，须以政府巨额补贴作为支持，财政对于公交的补贴连年攀升，财政负担过重。

2.1.2 城市常规公交的特性分析

城市常规公交具有众多不同特性，如行业特性、产品特性、管理特性、运行特性、市场特性、价格特性等。本书重点概述其产品特性、市场特性及其价格特性。

（1）**产品特性**

其一，产品的非物质性和非实体性，生产、交换和消费同时进行。城市常规公交提供的产品是城市短途客运服务，这是一种不同于长途运输的位移服务，"乘公交"是城市公民不可或缺的即时型消费产品。其二，具有一般公共服务型产品的特征，同时具有强烈准公共产品的属性，其含义包含四层意思：

第一，具有局部的排他性。每个有公交出行需求的人支付一定的票价费便可以享受公交出行的便捷服务。

第二，有限的非竞争性。在一定的公交出行乘客数量区间内，单个常规公交出行的乘客数量的增加或减少不会影响其他公交出行人对于常规公交出行服务的消费。

第三，具有地域限制的特性。城市常规公交只在本城市规定的路网中运营，不在城市其他区域或者全省乃至全国范围内流转。因此依据不同的城市路网规划，其公交运营也具有不同的空间网络特性。城市常规公交服务属于地方性、区域性的准公共服务。

第四，具有时空不均衡性。同一路段的城市常规公交服务在早晚高峰时段相比于其他时段的客流量增长强烈，在火车站或城市中心地段的枢纽位置相比城郊有更快速、更密集的客流运转。

（2）**市场特性**

其一，城市常规公交的市场多具有自然垄断性。长期以来随着城市面积的扩大，城乡公交一体化加快发展，越来越多的城乡小公交企业被大的公交企业兼并整合。从公交发展的历史看来，整合兼并是符合城市公交一体化发展战略的，因此自然垄断性是常规公交市场最显著的特性。其二，城市常规公交的市场具有供不应求的特性。这一特性在城市早晚高峰时段，在城市人流密集地段表现得尤为突出。在这样的特殊情况下，即便大量投入公交供给，也不能满足井喷式、爆炸式的城市公交客运需求（李彬，2001）。其三，城市常规公交市场具有多元化特性。城市常规公交同样有细分市场，有一票制的城区主干线路，有区间票制的城乡支线，有长距离的客运专线如机场专线，同时也有满足旅游、会展等需求的旅游线路，为配合城市建设，拉动城乡快速融合的免费线路。不同的常规公交线路呈现不同细分市场的特性。其四，城市常规公交市场具有既竞争又协调的特性。不同公交企业在同一市场协作配合，也在同一市场互相竞争。

（3）**价格特性**

其一，城市常规公交服务是准公共产品，具有一定的竞争性和排他性。城市常规公交服务具有准公共产品的价格特性，可以通过票价调节实现公交服务的供需平衡。城市常规公交服务的价格体现为票价，票价的实现是公交企业取得收入的工具，进行再生产的必要条件，公交公司也可以依据路网的客流特征调节票价，实现线网资源优化配置。其二，由于城市常规公交服务的产销同时，因此常规公交服务的价格指的就是销售价格，不具有其他商品的生产、批发、零售价格。其三，城市常规公交的价格具有稳定性、公益性。城市常规公交服务是满足城市居民出行的基本公共服务，其价格与城市公民的生活息息相关，因此其价格不能完全按市场的供求规律自主调节。其价格应尽可能满足低收入家庭及弱势群体、特殊群体的基本公共出行需求，甚至提供免费出行。其四，其价格具有政府调控性。城市常规公交行业具有自然垄断性，政府不能任凭其垄断经营制定出垄断价格，一味追求运营利益最大化。政府必须对常规公交服务的价格进行规制，平衡好公交企业的利益和乘客的利益，保证社会总效益最大。政府合理地对常规公交服务的票价调控可以避免社会福利的损失，同时也不损害公交企业的经营积极性。其矛盾点在于常规公交服务的公共价格特性与市场经济环境下价值规律的冲突。

2.1.3 传统城市公交行业特点

（1）**国有主导的产权结构**

总的来讲，我国城市公交客运市场一直没有形成明确的准入机制。在经历由政府包揽到对私人开放，再回归公益的过程中，公交运营产权也发生着从国有到私人再到国有的转变。近十几年，我国的公交客运市场，大多数是以一家公交总公司或公交集团为经营主体，由经营主体获得政府授权后，负责经营公交资产。因而城市公交的运营产权多为国有控股，虽然也有部分民营资本的投入，但却占比甚少（王聪，2014）。这种方式尽管促使包括公交网络在内的公交资源运用效率最大化，但缺乏有效的竞争机制来促进服务的改善。

（2）**经济效益和社会效益无法兼得**

新中国成立以来，我国政府就十分重视公交的公益性。起初，为保障社会效益，城市公交的一切事务均由政府包揽，政府实行垄断经营，全额拨款。垄断经营的方式虽然维护了公众的利益，但却不可避免地带来低效和劣成本，加重了财政负担，甚至造成财政补贴失效。

21世纪初，为提高公交运营效益，全国各地普遍进行民营化改革，引入民营资本，强调公交的商品属性。虽然竞争能够创造一定的经济效益，缓解财政压力，然而，在经济利益驱使或逼迫下，运营方一方面抬高票价来获得更多的利益，另一方面将运力集中投入客流稠密的线路。这在很大程度上损害了市民的利益，无法保证社会效益。

2006年以后，各地逐步认识到公共交通领域不适合完全意义上的充分市场竞争，初步形成了公共交通具有准公共产品属性的共识。根据建设部出台的《关于优先发展城市公共交通的意见》，各城市实施改革与调整，降低票价，公交不再单纯讲求经济效益，转而注重兼顾社会效益。此后，我国城市公交再次进入集体亏损状态。

我国城市公交企业利润基本全部为负，依赖政府补贴维持正常运行。对于传统城市公交，若选择盈利，势必损害公众利益；若社会效益第一，则又会增加财政负担。经济效益与社会效益之间的关系，如同跷跷板，"让渡"是常态，"兼得"却不易。

2.1.4　城市公交的演变发展过程及存在的问题

（1）**我国城市公交的发展现状**

我国城市公交企业最早起源于清末民初，距今已有百年发展历史。1904年成立的天津电车公司，是我国主要城市出现的第一家城市公共交通企业。1922年，上海开通了首条城市公共汽车线路；1925年，天津电车公司开通了天津第一条公共汽车线路；1935年，北平市政府购买了30辆大客车，开通了北京首条公共汽车线路。此后，国内其他大城市也开始陆续拥有本地的公交企业和运营路线。

新中国成立后，我国城市公交迎来了大好的发展机遇，特别是2004年实施优先发展城市公共交通战略后，更是有了飞跃式的发展。其间，全国公交发展水平明显加快，载客人次大幅提高，服务质量显著提升。

尽管我国城市公交的整体发展态势良好，但各地区公共交通发展水平却参差不齐，综合考察运营车辆数和客运总量两个指标可知，山西、四川、宁夏等地区发展速度较快，而西藏、青海、新疆等地区则相对落后。

(2) 我国传统城市公交存在的问题及原因分析

①存在的问题。

尽管我国城市公交的总体水平较 21 世纪初期有了较大的跨越，但在机动化和城镇化快速发展的进程中，城市公交的发展质量却一直不能适应城市发展的功能需求。随着社会总体生活水平不断提高，人们对城市公交服务的要求更加严格，需求更加多样化、个性化。公众对城市公交日益增长的需求与其现实供给之间的矛盾愈加突出，城市公交的发展不理想，问题主要表现在以下几个方面。

第一，常规公交分担率低，其主体地位未经确立却逐渐丢失优势。近年来，地铁成网后，地面常规公交主体地位直线下滑，即便是发展最好的时期，比如"十二五"时期，也鲜有城市地面公交分担率突破"黄金分担率"。

公交分担率是城市居民选择城市公交的出行量占总的出行量的比率，即公交分担率＝公交出行总人次/出行总人次×100%。它是衡量公共交通发展和城市交通结构合理性的重要指标。然而，如图 2-4 所示，目前，我国主要城市公交平均分担率仅为 20% 左右，中小城市还不到 10%。尽管在我国主要城市中，广州分担率最高，约 60%，但与其他发达国家的城市相比，广州的分担率也仅与最低的哥本哈根持平，比纽约低 30 个百分点。需要说明的是，图 2-4 的数据中，我国北京市、上海市、广州市、深圳市及郑州市的公交分担率，并没有剔除轨道交通所占份额。因而实际上，我国城市公交分担率还达不到图中显示的分担率水平，与发达国家相比差距还较大。基于上述分析可知，我国城市公交分担率较低，使得城市公交在城市交通出行系统中不能占据主体地位，因而无法充分发挥其在城市中的先导性作用。

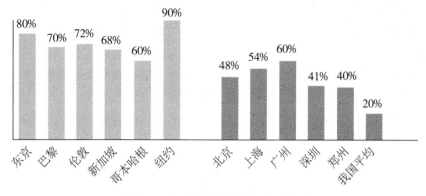

图 2-4 各地区的公交分担率对比图

（数据来源：中国经济导报网 http://www.ceh.com.cn）

第二，财政支持力度强，但发展速度仍缓慢。多年来，我国政府十分重视城市公交的发展，不仅在政策方面予以支持，在财政上也有了较大投入。自2006年后，我国各地区在城市公交方面的投入资金逐年加大，公交硬件方面确实得到了较大改善，但公交吸引力和分担率却没有大幅度的提升。

第三，服务水平不高。目前，城市公交服务水平与人们需求差距较大，乘客反应的问题主要集中在以下几方面。

一是舒适性差。国内中小城市多为非空调车，大城市公交多已普遍更换为空调车量，但高峰期满载率过高，车内拥挤，公交站点、场站设施简陋，乘客候车经受日晒雨淋，导致候车、乘车舒适感较差。二是乘车不够便捷。一方面，线路设置不合理，如干路线网重复系数高，市区边缘线网稀疏，站点设置少，换乘不便。乘客往往需要步行很长距离才能到达目标站台，最后一公里问题突出（吴聪，2014）。另一方面，乘客无法获知诸如车辆位置、收发班时间、发车频率等实时公交服务信息，只有个别城市建有实时公交服务信息查询平台。三是缺乏准时性。对于上班族来说，准时的重要性毋庸置疑，然而我国传统城市公交准点率偏低，乘客乘车及候车时间相对过长，一定程度上影响乘客满意度。四是安全性不强。近年城市公交安全事故频发，对人们乘坐公交的满意度产生了一定负面影响。

城市公交服务的这些问题直接影响了居民出行方式的选择意愿，经济条件允许的市民自然会选择舒适快捷的小汽车出行；经济条件有限的市民更愿意选择方便准时的电瓶车出行。因此，服务水平的低下也是阻碍我国公交分担率提升的重要因素之一。

②原因分析。

从行业本身看，造成这些问题主要有三方面原因。

一是经营模式"粗放"。近年来，我国公交行业的经营方式已有了一定进步，但还不够精细。业内依然存在着以单纯地增加车辆、场站、人力等生产要素为方式的粗放经营的现象。由于乘客与企业间的信息不对称，多数企业只能依靠"经验"来指导生产。特别是在企业进行客流统计与分析时，获取信息的手段有限，不能全面精准地掌握客流信息，无法及时有效地优化线网与调配运力，因而在安排生产时具有一定的盲目性和滞后性。这导致企业生产运营效率偏低，限制了服务水平的提升。

二是服务手段落后。传统城市公交是按照预设的服务标准和服务内容，组合搭载彼此不相识的人群，以满足人们出行目的的交通服务模式。在这种服务模式中，乘客处于被动适应的角色，只能被动接受企业提供的预制服务。对于乘客而言，诸如线路设置、车辆配置、发车计划、换乘站点等都是不可自主选择的。这必然会与人们不断增长的高质量、个性化需求产生冲突，影响人们对公交的满意度和忠诚度。服务手段的落后既不能较好地满足乘客需求，也不能及时适应市场需求的变化。

三是管理体制混乱。我国传统城市公交的两种类型都过于极端，垄断低价型公交企业，实行的是严格的科层管理方式。这种方式僵化且不透明，限制了员工的创新，缺乏竞争也造成企业运作效率低下，产生较大劣成本，严重浪费财力、人力、物力等资源，无法保证公交企业一直处于稳定的服务水平。而民营竞争型的城市公交，市场准入门槛较低，造成许多本地公交企业为了追求利润最大化而进行恶性竞争，客流稠密的区域运力投入过多造成重复率高，而客流稀少的区域运力投入少，过度竞争加重亏损，并且破坏了市场秩序。此时，政府往往会忽略公共财政对公益性行业的投入和补贴的主体职责。

从外部因素看，造成这些问题的主要原因有以下几点。

一是社会进步催生个性化需求。社会经济的飞速发展，居民收入与生活水平的不断提高催生了人们对公交服务的高质量、个性化需求。由于人们可选的出行方式越来越多，人们已不再仅仅满足于公交最基本的使用价值，而是愈加注重其服务水平和服务形式。由此造成了传统公交服务与乘客当前需求之间的矛盾。另外，互联网的高度渗透改变了人们生活方式，传统城市公交与人们已经习惯的"多元、高效、便捷"的生活节奏特征不相适应。

二是城市规划与城市公交建设脱节。我国多数城市公交都是追随城市开发而发展的，在城镇化进程中，处于被动配套地位。城市的规划布局忽略了对城市公交考虑，缺乏科学规划和对交通流的研究（孔祥杰，2009），导致公交线网设置问题重重，其布置与城市用地性质、建筑容量不尽匹配，公交资源不能覆盖多数人群的出行起点和终点。公交服务水平难以提高，也就难以发挥支撑城市的集聚效应和集约化出行引导效应。

三是基础建设投入不足。基础设施是城市公交最不可缺少的资源。与房地产、商贸流通等行业相比，我国城市公交基础设施带来的经济效益并不明显，因而其得到的投资或财政补贴较少。我国多数城市公交场站数量有限，服务辐射面积小，难以满足民众出行需求。公交车数量逐年增加，但场站建设用地申请难度却不断加大，不少公交车辆停在路边，影响城市形象和秩序。此外，公交专用道是保证城市公交快速、准时的重要基础。我国城市公交专用道建设规模较小，一些省会城市甚至没有公交专用道，导致城市公交缺失与小汽车竞争的优势。

综上所述，传统城市公交存在的诸多问题制约了行业的发展，服务水平与质量已无法满足当今人们日益增长的高质量服务需求。传统城市公交的发展模式已不适应经济社会的发展，为提升城市公交发展质量效益，客观上要求我国城市公交从传统向现代转型升级。

2.1.5 城市公交的特性

概括来说，城市公交具有准公共产品、公益性、经营性、有限竞争性和正外部性五大特性。

（1）准公共产品

城市公共交通是面向整个城市整体提供的产品，服务对象普遍但又不确定，其效用为城市所有成员平等共享，具有共同受益的特点（Nunes，2014）。任何人对它的享用，都不能排斥或妨碍他人的同时享用，这体现了城市公交消费的非竞争性和非排他性。另外，城市公交具有一定的"拥挤性"，在到达"拥挤点"之前，社会边际成本为零；当到达"拥挤点"之后，就会出现边际成本为正的情况，此时，每增加一位乘客，会减少原有乘客的效用。因此，公交行业所提供的产品为"准公共产品"。

（2）公益性

城市公交与大众生活息息相关，它不仅满足市民的基本出行需求，而且对城市功能的实现和社会效率的提高起着重要作用。作为公用事业，城市公交以承担相应社会责任为根本，首先追求必要的社会效益。例如，对特殊人群的人文关怀及实施低票价政策等，都体现了公交以社会利益为先、充分保障社会公平的特性。在此基础上，才追求经济利益最大化（Isabello，2014）。因此，为实现方便居民出行、节约社会资源、缓解交通拥挤问题等提升社会效益的目的，公交企业在遵循政府颁布的各项政策和方针的前提下，应为居民的出行提供更为快捷、经济、舒适的出行方式，从而引导居民选择公共交通方式出行。在上述经营过程中，公交企业为保障社会利益而让渡了部分自身经济利益，因而对其为实现公益性而出现的政策性亏损政府应给予其一定的财政补贴。

（3）经营性

尽管具有较强公益性，但公交企业仍然是经济活动的微观组织，同样具有企业经营特征，即追求经济效益最大化（Georgiadis，2014）。因而在保障社会效益的前提下，公交企业可以通过合理方式降低生产成本，改善经营状况，提高经济效益，以减少亏损，减轻政府负担。然而，鱼和熊掌不能兼得，经济效益与社会效益往往也是相冲突的，因而为充分保障社会效益，体现社会公平，政府会约束公交企业的经营行为，使其在经营过程中让渡一部分经济效益于社会效益。

（4）**有限竞争性**

公共交通是重要的城市公用事业，为保障其公益性，公交行业一直由国有企业垄断，但仍然存在一定的竞争性（谢卫平，1998）。例如，在行业外，可与不同交通工具如小汽车展开竞争；在行业内，各分公司或线路间可展开竞争。但相同公交线路上的竞争是不可行的，这样很容易造成资源浪费，损害公众利益。为避免类似的恶性竞争出现，政府会从全局出发，建立并完善相应机制体制，保障公交的社会效益。因此，公共交通的竞争是在政府监管下的有限竞争。

（5）**正外部性**

城市公共交通的正外部性主要表现在节约城市交通社会成本方面。与私人交通相比，公共交通人均耗油量仅是前者的 1/3，对资源相对匮乏的我国来说，意义十分重大（Yu，2013）。如今，机动车尾气已成为我国城市大气最重要的污染源之一，而发展城市公交，减少私家车的出行，既有利于改善大气质量，又能缓解拥堵，避免"哈丁悲剧"的发生。而且，城市公交的人均占地面积较小，较为节约道路空间，可以减少城市基础设施建设的投入，节约财政开支。城市公交正外部经济效益就是政府应该补贴的部分，即政策性亏损部分。

2.1.6 相关理论

本书将借鉴现代服务业、现代信息技术、新公共管理理论、反垄断豁免规制理论、长尾理论、粗放与集约理论的六个维度的相关文献研究成果，对现代公交发展模式进行更为深入的研究。

（1）**现代服务业的理论研究**

现代服务业在我国最初是 1997 年在党的十五大报告中提出的，学术界对于现代服务业也并没有形成统一的定义。根据 2012 年国家科技部发布的第 70 号文件，现代服务业主要是指以现代科学技术特别是信息网络技术为主要支撑，建立在新的商业模式、服务方式和管理方法基础上的服务产业。现代服务业既包括随科技发展而产生的新兴服务业态，也包括运用现代科学技术对传统服务业的改造和升级。学术界对于现代服务业研究较为广泛。

乔瑛通过研究，对现代服务业的内涵进行了定义，并以此为基础，对我国现代服务业的特征和发展趋势开展了深入分析，得到了富有价值的结论：我国需要大力发展现代服务业，扩大现代服务业领域的对外开放程度，从而使我国更广泛地参与国际竞争，更加快速地融入经济全球化浪潮中（乔瑛，2006）。而刘忠军对我国现代服务业发展滞后的原因进行了分析，并根据我国自身优势，提出了实现现代服务业发展的路径，以促进我国现代服务业的快速发展，实现我国经济结构的合理化（刘忠军，2014）。此外，更多的学者主要立足于各省市自身现代服务业的发展现状进行分析，从而提出了适用于各省市自身的现代服务业发展路径。如张蕾分析了北京市现代服务业发展现状及其空间结构（张蕾，2014）；刘晓红等通过文献研究方法，不仅深入探讨了现代服务业的内涵，并且还对河北省廊坊市的现代服务业从现状研究到战略发展都进行了全面的分析（刘晓红等，2013）；程利华运用因子分析法对安徽省现代服务业发展水平进行了分析，并指出了其存在的问题（程利华，2012）。

总体而言，现代服务业的本质就是服务业的现代化，具有高知识、高技术、高附加值的典型特征。相关研究对于发现我国现代服务业发展过程中存在的问题以及有效地指引我国现代服务业的发展起到了积极作用。并且，对于如何以现代服务业的内涵为理论基础，对现代公交的内涵进行定义，进一步分析并指出现代公交的发展路径，提供了有效的研究思路。

（2）**现代信息技术的理论研究**

现代信息技术是在计算机技术和微电子学基础上，对各类信息进行获取、加工、处理、储存、传播和使用的技术手段，主要包括 ERP、GPS、RFID 等。

目前，已有大量学者对现代信息技术的应用进行了研究，如邸德海研究了现代信息技术对企业组织的影响，并提出了相关的对策（邸德海，1997）；周慧敏对于现代信息技术在企业管理中的应用进行了探讨（周慧敏，2009）；程英鹏提出了全面信息化管理的企业发展思路，鼓励企业运用现代信息技术来提升销售能力，提高员工的工作效率（程英鹏，2013）。

其中，也有相当部分学者将现代信息技术运用于交通领域，如陈志方和葛建国提出，运用 GPS 信息服务系统可以使交通工具轻松行使、安全停放，给驾车人提供方便。他们积极探索了如何将现代信息技术引入交通领域（陈志方，葛建国，2001）。周志明认为，交通运输业必须充分运用现代化信息技术，使我国的运输事业在 21 世纪得到蓬勃发展。因此，他提出运用智能运输系统（ITS）、地理信息系统（GIS）、全球定位技术（GPS）等多种现代信息技术，将交通运输的生产、经营、管理有机地组合在一起，形成全面的现代化交通运输系统（周志明，2003）；杨海波，徐振鸣，潘丽梅等学者深入分析了目前交通运输面临的系列问题，并提出运用智能交通系统（ITS）、交通地理信息系统（GIS）等在内的现代信息技术来加快智能交通建设，从而突破交通管理的"瓶颈"，提升城市交通质量（杨海波，2006；

徐振鸣，2012；潘丽梅，2014）。他们的研究，对于丰富现代信息技术的应用领域，尤其是拓展现代信息技术在交通领域的应用起到了重要的作用。

（3）**新公共管理理论的研究**

新公共管理理论是 20 世纪 80 年代以来盛行的一种新的公共行政理论与管理模式，国内外学者都对其开展了广泛而深入的研究。

奥斯本和盖布勒创造性地提出了"重塑政府的概念"，指出了"新公共管理"模式的十大原则（奥斯本，1992）。马克·霍哲以政府绩效为切入点，把绩效评估作为改进绩效的一种管理手段，提出将公民参与引入政府绩效评估系统，从而构建了一种"自上而下"与"自下而上"的互动评估体系（马克·霍哲，2000）。温森特·怀特提出，新公共管理理论强调的是用结果而非是用程序的正确性来评估管理水平（温森特·怀特，1998）。他主要分析了大型城市的各政府机构的职能交叉和管理范围重叠的问题及原因，并强调了单中心政治体制的重要性。国外的相关研究成果极大地丰富了新公共管理理论。

国内学者在国外学者研究的基础上，尝试将新公共管理理论引入公共交通领域。黄玉兰提出，城市公共交通事业政府规制改革应该遵循以有效竞争为目标导向、以法律制度为行动准则、以激励性规制为行为手段，实现政企分离的政策思路（黄玉兰，2008）。黄玉兰的观点为推动公共交通行业的民营化提出了明确的行动指南。无独有偶，余娜和陈雪也提出城市公交企业需要实行民营化经营和管理这一观点，她们深刻分析了城市公交民营化研究的意义，并深入探讨了在经济体制多元化的特殊国情之下，我国民营企业如何进行城市公交的投资与经营管理（余娜，陈雪，2009）。余娜和陈雪的研究对于我国城市公交企业的经营管理工作具有重要的借鉴价值。此外，林依彬和蒋永甫提出，要解决城市公共交通"最后一公里"这一问题，必须将新公共管理理论中"顾客驱使"的理念引入到城市公共交通管理中，以"市民顾客"的需求为行动导向，引入竞争机制，采用多种公共交通工具，实现城市交通的"微循环"工程（林依彬，蒋永甫，2013）。国内学者的研究有效地将新公共管理理论引入了公共交通领域，取得了良好的研究成果。

从上述分析可知，国内外学者的相关研究对于将新公共管理理论引入公共交通领域进行研究提供了重要的基础。

（4）**反垄断豁免规制理论的研究**

反垄断豁免规制，又称为适用除外制度，是指在某些领域对某些事物不适用《反垄断法》。适用除外的对象主要包括对维护本国整体经济利益和社会公共利益有重大意义的行业或领域，以及对市场竞争关系影响不大但对整体利益有益的限制竞争能力行为。由于反垄断豁免规制具有较强的特殊性，因此，也引起了学者们的广泛研究。

美国经济学家 H. Leibenstein 研究表明，在不面临外部竞争压力的情况下，垄断企业无法将产出推进到生产可能性边界之上，换言之，如果限制竞争，其结果必然会导致企业内部的低效率，损害公共利益。从而表明了他并不支持反垄断豁免规制的态度哈维·莱宾斯坦（H. Leibenstein，1996）。孙麟也认为，我国市场经济是从计划经济转轨而来，经济领域内的行政垄断现象非常突出，对社会主义经济的危害很大，严重阻碍我国的经济体制改革的顺利进行，因此，我国应该加快反垄断立法和各项改革进程，规制行政垄断，从而维护市场经济的良好运行，推动我国经济的繁荣发展（孙麟，2008）。然而，孙晋却认为除外制度有利于协调反垄断与发展规模经济的关系，并利于构建有效竞争能力的市场结构，同时，除外制度还有利于实现反垄断法的优先政策目标，对于维护国家整体经济利益和社会公共利益具有重要的作用。可见，孙晋对于反垄断豁免规制是持支持态度的（孙晋，2003）。曹露和宋杰也提出与孙晋类似的观点，他们认为，垄断具有两面性，并不一定就会导致经济的低效率与浪费，在某些情况下，垄断反而会有利于提高整个社会的经济效益和资源配置效率，如合理的价格管制就是经济效率和社会福利实现最大化的必要条件（曹露，2009）。祁欢主要探讨了公共服务业的反垄断豁免制度，她认为，在反垄断法的豁免制度中，最主要的是关于公共服务业的豁免，其产生并不会遏制竞争的发展而破坏效率，相反，它的产生能够保护公平竞争而促进效率（祁欢，2007）。可见，学者们对于反垄断豁免规制理论的研究，主要持两种观点，一种是反对反垄断豁免规制，另一种是支持反垄断豁免规制。由于城市公交作为城市功能的重要组成部分，承担着为城乡居民出行服务的主要功能，发挥的社会作用十分巨大，因此，基于反垄断豁免规制理论来探讨公共交通领域的竞争与垄断的关系，具有十分重要的现实意义。同时，对于运用反垄断豁免规制理论来研究公共交通提供了有效的借鉴。

（5）长尾理论的研究

长尾理论诞生于 21 世纪初期，互联网技术的高速发展和广泛应用缩短了人与人之间的距离，信息实现高速传递，信息交换成本大大降低。同时，世界经济进入丰饶经济学时代，物质品种丰富，人们的需求也更加个性化、多样化。

"长尾"的概念最早由美国《连线》杂志总编辑克里斯·安德森（Chris Anderson）于 2004 年提出，用以研究亚马逊和谷歌的商业模式（Chris

Anderson，2004）。传统商业逻辑一般遵循二八法则，供应者尽可能提供热门商品，以充分发挥规模效益。如果用一条曲线来表明人们的需求，人们普遍只会关注获利空间更大的头部，而往往忽略其长长的尾部（见图2-5）。

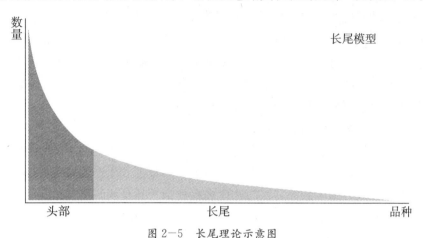

图 2-5 长尾理论示意图

但 Anderson 认为，只要存储和流通的渠道足够大，需求不旺的产品共同占据的市场份额可能比那些数量不多的热销品占据的份额更大，即众多小市场汇聚成可以与主流市场相匹敌的市场能量，关注尾部的冷门产品可能会获得更大的总体效益。

此外，Anderson 的长尾理论还具有以下几个特征：一是在任何市场中，利基产品远多于畅销产品，并且利基产品呈指数化速度增长；二是基于现代信息技术的普遍应用，关注、搜寻和获得尾部产品的成本显著下降；三是长尾理论中的"头部"和"尾部"是动态变化的，并不是绝对的。

网络时代，企业越来越注意尾部特定小群体的需求，这是因为社会文化和经济重心正加速从需求曲线头部的主流产品和市场转向尾部的大量利基产品和市场。李耀东认为，长尾理论的基本原理是聚沙成塔，创造市场规模，激发客户隐形需求，开创一种面向固定细分市场，具有个性化的商业经营模式（李耀东，2015）。

目前，已有学者将长尾理论的思想运用到图书馆服务、网络经济、互联网金融等领域的研究。丁一敏和马宏伟论述了在图书馆数字化背景下，长尾理论对图书馆发展和资源建设的影响（丁一敏，2007）；任晴分析了图书馆中的长尾现象，并探讨基于该理论的图书馆信息服务策略（任晴，2014）；苏林森认为长尾理论能够较好地解释 Web2.0 的商业价值，并从长尾角度探讨 Web2.0 的盈利模式（苏林森，2007）；王馨发现，在企业融资方面，小微企业资金需求处于长尾部分，往往被银行忽略，在互联网背景下，互联网金融企业可以基于帕累托分布的"需求曲线"理论，构筑小微企业的"长尾市场"金融运营模式（王馨，2014）。霍兵采用案例分析了交易意愿、交易风险、用户数量和大数据对互联网金融公司收益的影响，结果发现，互联网金融公司的长尾的延展、加厚和向下等变化受到上述几类因素变化的影响（霍兵，2015）。

由上述分析可知，长尾理论已逐渐受到相关领域学者的认可，同时，也更加受到企业的关注。而对于微观主体的公交企业而言，基于长尾理论对其发展模式进行研究，具有较强的可行性。

（6）粗放与集约的理论研究

粗放与集约经济源于马克思的生态环境思想。其含意是对于一块有限的土地而言，生产逐年扩大主要有两个原因：一是投入生产的资本不断增长，二是资本使用效率不断提高。前者代表粗放型（外延式）的经济增长方式，后者是集约型（内涵式）的经济增长方式，其具体表现为通过改进生产条件，如生产工具和生产工艺以及企业管理，提高劳动生产率，创造超额利润。

目前已有学者对马克思的经济增长理论，尤其是粗放与集约经济的增长方式进行了研究。吴栋探讨了什么是粗放型经济增长和集约型经济增长（吴栋，1996）。刘志钧探讨了粗放型与集约型增长方式的来源、含义和发展，论述了我国经济增长方式由粗放型向集约型转变的迫切性与必要性，并进一步提出了我国经济增长方式向集约型转变的路径与措施（刘志钧，1997）。严士兵以杭州市为例，研究了杭州市土地开发利用现状，并提出杭州市土地从粗放型发展向集约型发展的途径（严士兵，2014）。除此之外，还有众多学者对公交行业的粗放与集约关系进行了探讨。王思忠对我国公交场站在发展过程中存在的问题进行了深入分析，并结合南京公交场站建设的具体情况，提出了公交场站用地综合开发的政策建议（王思忠，2013）。李连成从宏观、中观和微观三方面对交通集约用地进行了研究，并提出了相应的对策措施（李连成，2014）。周扬和钱才云针对目前城市发展中城市空间与交通问题的矛盾，设计了集约型城市公共空间与城市交通的整合策略（周扬，钱才云，2014）

从上述分析可知，马克思的经济增长理论，对于城市公交的发展具有良好的指导作用，尤其是对于公交场站的建设、土地的合理与集约利用方面的研究都有所裨益。

2.2 现代公交特征

城市交通问题已经成为当今社会普遍关注的民生问题，它直接决定人民群众能否便捷出行。优先发展城市公交已经成为我国的一项基本国策。坚持城市公交公益性定位，对其实施优先发展、加快发展策略依然是城市现代化进程中应为之举。

2.2.1 城市公交的发展定位和发展方向①

城市公交是城市功能的重要组成部分，承担着为城乡居民出行服务的主要职能。公共交通有着交通秩序和交通出行分担梯度的优势，在城市交通结构诸多分担方式中扮演重要角色。正因如此，优先发展公共交通已经上升为国家策略，各级政府都在加以重视。

（1）坚持公益性定位

公共交通是以政府主导，依照公交事业的公益性，按照预设的服务标准和乘车规矩，对于那些彼此不相识的人群通过组合搭乘，实现出行目的的交通服务方式。公共交通的受益对象具有普遍性和不确定性的显著特点，且公共交通还具有使用者的不相识性，使用规则的既定性，使用费用的低廉性或免费性，以及通过政府主导，用公共预算等手段进行规范运营的特点，其基本属性体现为公共属性。因此，公共交通服务具有公共产品的非排他性属性。公共交通的公共属性决定着发展公共交通的价值判断和选择标准。社会福利的增减是评价公共交通质量的标准。公共交通的社会福利就是服务人群福利的加总。由此可见，公共交通分担的交通流量是评价公共交通发展水平的标准。

公共交通的公共属性决定了其具有集约高效、环保低碳的优势。在吸引居民放弃自我理性选择（指个性化的出行方式）的同时，实现城市的集体理性选择。在极大方便居民日常生产、生活出行的同时，节约社会出行时间和出行成本，有效减轻道路交通压力，在交通领域有着明显的直接效益。它对带动公交线路沿线及公交线网辐射区域土地房产增值、商业繁荣，推动城市社会经济发展与人民生活水平提升，具有显著的波及效应。同时，发展公共交通本身就是节能减排和城市交通秩序管理的重要载体，是实施民生工程的重要内容，具有重大的社会效益。

---

① 部分内容由本书作者刊发于《城市公共交通》，2013，(11)：43－45

如上分析，公共交通在交通领域具有明显的直接效益，在国民经济领域具有显著的波及效应，在社会管理领域具有重大的社会效益。那么，发展公共交通就不能只强调其本身的经济效益。当公共交通的经济效益与社会效益出现不协调、不一致或矛盾时，公共交通建设的局部经济性在一定条件下应考虑为社会整体效益让路。

公共交通是城市经济、人民生活和社会活动的组成部分，是以社会公益目标为主的非营利性的特殊行业，符合公共利益的内涵。公共交通作为社会福利的一项内容，其公益性定位是在长期实践中自然选择的结果。

（2）提升城市公交的公共产品属性

我国实施优先发展城市公交战略的前后，公共交通服务的产品属性大致经历了三个阶段。

①过去过度强化公共交通的商品属性。

2004年以前，各地对公共交通的产品属性认识存在差异，普遍强调了公共交通服务的商品属性。公交行业过多强调了竞争性，主张通过行业的市场化促进公交的有效供给，而忽略了公益性行业的政府主导职能。公益性的公交企业自负盈亏，政府却忽略了履行通过公共财政对公益性事业进行投入和补贴的主体职责。在经济利益驱使或逼迫下，公交企业一方面积极谋求上涨票价，另一方面在行业内展开市场竞争，客流稠密的区域线路重复率高，客流稀少的区域运力投入少，线网难以适应消费需求的变化，优化调整困难。在线路经营权配置方面，有些地区还采取公开拍卖的方式进行有偿出让，进一步加大了企业的经营成本。最终导致公交陷入"企业效益差——控制成本——车况、服务质量差——乘客满意度低——公交分担率低——企业效益更差"的恶性循环。公交发展偏离了其公益性的本质属性。

②近年来，公共交通的准公共产品属性已形成。

2004年，建设部出台《关于优先发展城市公共交通的意见》之后，各级、各地、各方逐步认识到公共交通领域不适合完全意义上的充分市场竞争，初步形成了公共交通具有准公共产品属性的共识。即：公共交通具有非排他性和不完全竞争性。相关政府部门和各级财政对公交的重视、扶持力度显著加大。公交不再单纯讲求经济效益，转而注重兼顾社会效益。公交市场开始由过度竞争，逐步转为寻求竞合多赢。其间，全国公交发展水平明显加快，载客人次大幅提高，服务质量显著提升。但是，在快速城市化和机动化双重因素作用下，公共交通的分担作用发挥不足，全国多数城市的公共交通已经陷入"分担陷阱"，提高公共交通分担率的成本高、代价大、效率低。换言之，即使政府重视公共交通的优先发展，加大投入力度，但因受私家车的舒适性、摩托车和自行车的便捷性等个性化交通工具的高强度吸引的影响，还是增大了提升公共交通吸引力的难度。

③未来，应凸显公共交通的公共产品属性。

当前，基于各界对公共交通巨大的正外部性效应的高度共识，站在社会经济发展角度来看，公交自身的经济效益可谓微不足道。在建立公交营运、安全和服务标准化管理制度的基础上，对生产要素引入市场化运行配置机制，公交企业生产运营成本费用将更为明晰、可控和趋同。随着社会经济发展和城市政府财力的提升，凸显公共交通的公共产品属性无疑是更经济的。可将公共交通目前具有不完全竞争性的准公共产品属性，进一步转化或提升为非竞争性的公共产品属性。届时，通过政府不断加大实施惠民公交等民生政策力度，以帕累托改进的方式，将会逐步实现完全意义上的公共财政购买公共交通服务，市民公交出行将变得更加便捷、舒适，且出行的经济成本逐步降低，公交的社会满意度不断提高，城市公交将摆脱"出行分担陷阱"，成为人们日常出行的首选方式。

（3）公交引领城市发展需要重视的几个方面

赋予城市公交服务以公共产品属性，逐步实现其从准公共产品向公共产品的提升，既是生态文明建设的要求，更是践行新发展理念，贯彻落实以人为本，亲民惠民的有效切入点和准确支撑点。城市交通走出公交分担陷阱，必然要求传统公交"转方式、调结构"，向现代公交转变。现代公交呼唤并催生着三个转变和发展趋势。

①从被动的民生公交向主动的效益公交发展的趋势。

在加快政府职能转变的过程中，不能简单沿用西方经济学社会总供需均衡理论，一味地保障供给，而是需要重视公共管理理论的政策引导性。在个体理性选择的同时，健全基本公共服务体系，通过政策引导避免集体的非理性，推动社会主义和谐社会建设。交通系统是典型的管控系统，交通资源有别于吃、穿、住等资源，其供给总量相对固定，具有显著的稀缺性，这就决定着各种分担方式之间具有充分的竞争性。城市公交的发展状况是评价城市管理水平的重要指标。政府作为城市公交的管控责任主体，要在满足消费者需求的同时，更加注重引导消费，如同环保立法一样，避免过度占有公共资源，以有效发展公共交通。

城市交通按照有序性可排列为轨道交通、BRT、常规公交、小汽车、摩托车（电瓶车）和自行车、行人。发展有序的交通，发挥公共交通的分担梯度优势，优化交通的分担结构，可充分发挥公共交通的直接交通效益和波及效应。政府优先发展公交策略在解决民生问题的同时，也带来直接或间接的社会经济的发展效益。

②从被动适应向主导城市发展的趋势。

科学的城市交通发展规划是城市公交可持续发展的前提。要从按需投放运力转变为按规划投放运力，进而提升以公交容量为基础展开的城市规划建设，从而引导城市发展。城市交通发展规划是城市总体规划中的一项重要内容，它自身又包括城市综合交通体系规划、公共交通专项规划等相关内容。在制定城市发展规划时，需要树立和秉承 TOD 发展理念（Transit－Oriented Development 的简写，即以公共交通为导向的交通引领城市发展理念），提前规划城市公共交通系统。在实施城市交通发展规划的过程中，要将公共交通评估作为安全评估、交通评估、环境评估的重要子项予以重视。比如，严格保障城市路网密度，减少公交服务盲区，是化解城市堵点的有效措施。对于占地面积较大的用地单位，由于采取封闭式管理，社会车辆只能经由区域外围道路通过，导致路网资源供给偏低，而且区域占地面积越大，路网密度就越低，周边道路交通拥堵越严重。为此，需要在规划中高度重视道路规划设置，确保路网密度达标。可通过规划建设下穿式道路网或者以硬隔离的方式开辟社会车辆通过性道路，并开行区域内至轨道交通站（公交站）间的摆渡车，解决区域内人员公交出行的"最后一公里"难题，吸引区域内人员更多选择公共交通方式出行，起到缓解周边道路交通拥堵的作用。

③由"公交化"向"私交化"发展的趋势。

公共交通的公共属性决定着其个性化服务功能差，公交的吸引力受到制约，这是优先发展公共交通的最大障碍。随着科技不断进步，尤其是现代物联网技术的发展，掌握出行者的 OD（"O"来源于 ORIGIN，指出行的出发地点，"D"来源于 DESTINATION，指出行的目的地）规律已不再是无解的问题。按照乘客的 OD 规律定制的公交服务，更能体现公交的人性化。公交的"私交化"发展是现代公交的核心内涵，将突破公交优先发展的瓶颈。

2.2.2 现代公交内涵

传统公交管理模式存在的诸多问题，制约了行业的发展，其服务水平已无法满足当今人们日益增长的高质量服务需求，这客观上要求城市公交由传统服务业向现代服务业转型。

现代服务业是依托于信息技术和现代管理理念发展起来的知识和技术相对密集的服务业，它是信息技术和服务产业相结合的产物，高知识、高技术、高附加值是其典型特征。为有效提高服务水平，充分满足客流市场需求，城市公交行业应当积极吸纳现代信息技术和现代管理理念，逐步将城市公交发展成技术含量高、节约资源、对环境友好和可持续发展的现代服务业。

（1）**以高知识、高技术为支撑，实现集约化经营**

城市公交行业应充分利用现代信息技术和先进的管理理念进行资源整合和优化，如科学优化线网、灵活有效投放车辆、高效运营管理等，使公交资源得到最优配置，提高资源使用效率，最终实现"低投入、高产出、低污染"的集约化经营目标（如图2-6）

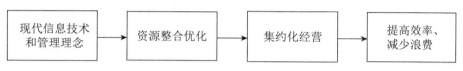

图2-6 现代公交集约化发展路径

（2）**坚持以人为本的服务理念，提升公交吸引力**

现代公交企业应从乘客的需求出发，以乘客为中心，依托现代的信息技术和先进的管理理念，充分挖掘和科学分析市场客流需求，如乘客的出行规律、服务期望等，并根据该需求将市场细分，在满足普遍市场需求的基础上，主动适应部分个性化需求，为乘客提供定制性、差异化服务，进一步提升公交服务水平和吸引力，以促进"优先发展城市公交事业"这一重大战略的有效实施（如图2-7）。

图2-7 现代公交以人为本发展路径

2.3　顾客导向的现代公交发展

都市交通发展的决定性因素还是规划引导，不管是TOD发展模式，还是公交都市建设，都主要依赖于规划引导。站在公交企业的经营管理角度，公交企业自身如何能够做到主动发展，公交企业的发展导向应该是利润导向还是顾客导向？

2.3.1　公交企业的发展导向选择

企业一定会有一个生存与发展的导向，公交企业也不会例外，也需要一个生存和发展的引导方向。对生产性企业而言，他们制造的核心是在保证产品质量的前提下获取利润，而非无限制地为了满足不同的客户需求而增加制造能力。这种类型的企业所确定的产品利润导向，简单明了地引导了企业的生存和发展方向。产品利润导向下的企业，他的成功必然是以顾客满意为结果。但顾客满意，企业未必就能取得利润。可见顾客满意是企业获取利润的必要不充分的条件。换言之，顾客不满意，企业一定就不会有持续的利润。由此可见，企业选择产品利润导向的发展方向，远比选择客户需求导向更难以实现。公交企业先天的公益属性，往往使其陷入了兼顾客户满意度和企业自身赢利的矛盾之中。就公交主业而言，我们很难找到实现利润的成功案例。那么，公交企业的生存和发展的引导方向到底是应该选择难以实现的利润导向呢，还是应该选择相对容易实现的客户导向呢？显而易见，如果企业选择了利润导向，在资本追逐利润的趋利动机下，很容易造成顾客的不满意，也就不会取得可持续的利润。这不就是恶性循环吗？

再换个主体进行分析，政府或社会重视什么？答案肯定是重视民生。那么政府的公交优先发展补贴政策的决策依据是什么？是顾客的满意，还是企业的亏损？在抱怨亏损补贴没有拿到的时候，公交企业应该审视，企业生存和发展的引导方向是不是有选择的错位。是不是误把利润导向作为最直接的发展方向，而没有选择适合公交这个行业发展方向的阳光大道——顾客导向的发展方向。如上分析，选择顾客导向的发展方向，仅是实现利润的必要不充分的条件，但是顾客满意了，就可能会争取更多的补贴政策，亏损的部分就可能补回来，所以，公交企业生存和发展的引导方向应该选择顾客导向。

2.3.2 顾客导向的公交运用

公交企业日常生产中有两怕，一怕出安全事故上访，二怕服务投诉上访。过去也许被认为"有效"的工作办法是：出了事故，疏通媒体关系不报道；有投诉就绕，想方设法切断群众投诉反映问题的渠道。可谓自欺欺人，掩耳盗铃。然而，在今天信息化快速发展时期，事件发生后，也许在几秒之内，就可以传遍全球，根本没有办法找到堵住这种信息传播的渠道。过去的所谓"有效"的工作方法，面对信息时代显得无所适从。与其躲躲闪闪，倒不如直面矛盾。公交企业运行机制实际就可以理解为投诉机制，顾客投诉了，上级领导过问了，企业就会去调查、整改。换句不恰当又不无道理的话说，投诉往往就是公交发展的很重要的一种原动力。公交点滴进步应该都与乘客的投诉和领导的要求不无关系。因此，公交企业应该有一个正确的投诉观和应对投诉的做法。与其被动遭受投诉倒不如积极主动地面对顾客的需求、去满足顾客的需求，把满足、增加顾客价值作为企业经营的出发点或落脚点。在顾客导向的发展实践中，作为面向大众的服务企业，公交适宜推行

"三视三问"（视群众为亲人，问需于民；视群众为老师，问计于民；视群众为裁判，问效于民）的工作法，特别注意应对乘客的出行需求、消费偏好以及服务评价等信息的收集、调查和分析，重视硬件设施的提升与服务手段的创新，努力满足广大群众对高品质公交出行服务的期盼。具体做法有以下三点。

一是主动拓宽顾客导向的问需渠道，视乘客为亲人，问需于民。按照"开门办公交"的服务理念，开辟多种信息获取渠道。开办公交综合服务大厅，面对面与乘客交流。为乘客提供方便、快捷的咨询服务，并可现场受理市民投诉，迅速化解矛盾，打造企业与乘客无障碍沟通的良好平台。增设公交热线人工服务座席，不断提高热线电话的接通率。搭建网络互动平台，主动了解乘客需求。开通公交门户网站与官方微博，面向全社会征求关于改进公交服务的意见和建议。在公交网站上专门开通"人民公交百姓车，百姓参与建公交"的交流平台，随着公交网站访问量的大幅增加，将不断增加与乘客互动交流的次数，可收到大量宝贵意见。定期开展公交进社区活动，主动上门征求市民意见。通过进社区、进工厂、进学校，收集市民关于改进线网设置、营运服务、信息服务的意见、建议。

二是建立顾客导向的工作方法，视乘客为老师，问计于民。公交将市民的投诉和意见作为改进工作的导向，充分借助广大群众的智慧促进企业不断改革、创新、发展。

公交企业选用大容量、高配置公交车型，都源于乘客对于公交出行舒适度差的普遍反映，如高峰期车内拥挤、车辆档次低、驾驶员不主动开空调等问题。通过报刊、网站等渠道征求市民对公交车型、车貌的改进意见，"大容量、高档次"的车型应该是群众的偏好选择。采用全生命周期的成本核算和技术配型考量，实施"家装式"的采购模式和"管家式"的租赁模式，对实现公交可靠、舒适、智能、优质服务提供保障。种种举措为实现让广大市民能够"有尊严地乘坐公交车"服务。

公交企业还应主动为乘客提供公交出行信息服务。如何摆脱等公交"两眼一抹黑"的困惑，是乘客对公交企业提出的新课题。在顾客导向的发展战略下，实施视频监控系统、电子站牌系统、智能调度系统以及公交快信查询系统的建设。乘客可通过多种方式或渠道随时随地免费查询公交线路信息，了解车辆实时位置、换乘路线、站点等信息，能够更加主动地制订出行规划。公交的智能化建设在实用性方面具有显著特点。

三是实现顾客导向的社会价值，视乘客为裁判，问效于民。对于企业各项改革实践的成果评价，主要看是否实现乘客满意、企业发展、社会进步的共赢局面。推行无人售票，倡导乘客排队上车和给需要帮助的人让座等，让乘客养成文明乘坐公共交通的习惯，是提升城市文明程度的重要表现。乘客的文明表现，不仅是少用售票员节约人工成本的问题，更是通过文明乘车促进社会文明进步的重要价值问题。在公共服务领域选择恰当的处理方法，使那些看似不可能的事情变为可能。它的意义在于让具有"陌生人社会"特征的城市市民形成共同的城市文明习惯。

2.3.3 顾客导向下的公交企业的可持续发展

值得注意的是，客户需求导向的发展战略必然带来庞大的支撑体系，运营成本也随之提升；细分市场需求，满足个性化服务需求，甚至满足创新需求带来的都是繁复的运作流程和随之产生的巨大成本。因此，公交企业的可持续发展不容忽视。顾客导向不是一味地去迎合顾客，更重要的是要搞顶层设计、系统设计，通过沟通与协调，处理好满足顾客和引导顾客的关系，最终实现良性发展。在顾客导向下，公交企业可从六方面来筹集资金，以此实现公交的可持续发展。一是因公交企业的公益属性，政府补一点，维持公交企业简单再生产的需要。二是因不断满足乘客的需要，政府要投一点，以满足扩大再生产的需要。三是企业可以围绕公交主业发展公交辅业赚一点。公交产业链很长，在公交产业的供应链上，公交的合作伙伴们可通过满足公交企业购买服务和产品的需求来赚钱。公交主业虽然是公益性的，但这并不意味着发展公交就不赚钱。公交企业自身也是可以大有作为的，其最大特点的就是有人气，有人气的地方就有商气，公交广告、枢纽站商业、储能站都是利润率很高的优质资源，公交的智能信息更是蕴含了无限商机。因此，从这种意义上讲，公交产业应属于朝阳产业，而且这个产业才刚刚起步，顾客在哪里，公交的财富就在哪里。四是要加强内部管理，公交成本支出量大，省钱也等于赚钱。五是要发挥财务杠杆作用，企业自身要筹一点。六是不要忽视票款的收入，商品或服务需要通过广告来促销，公交企业也可以用免费或票价优惠的办法，给新开行的公交线路做做广告。那些空跑的线路先暂时让它白跑一段时间，引导顾客形成消费习惯，逐步培育公交市场。以上六点需要公交企业统筹推进，共同促进城市公交的可持续发展。

2.3.4 顾客导向的公交实践意义

顾客导向的积极作用在于以下七点。一是可促使公交企业对乘客真正负起应有的责任，安排有专门的机构和人员，同乘客代表共同研定公交营运组织方案，以满足更多的乘客需要。二是可使公交企业在决策时，能尽可能地减少不确定因素的不当干预，如公交车的颜色选择，仁者见仁智者见智，就是上级专家之间也很难得到统一，如果采取方案征集、专家评选等办法，由民众进行选定，无疑能使决策更贴近需求，决策结果更具生命力。三是可激发公交企业做更多的创新行为，凡事最难的是想不到，而不是办不到。乘客有了需求，公交企业就会通过创新的举措加以满足。四是可对民众提供更广泛的选择，提供尽可能多的有效选择机会，以满足顾客需要的必要举措。五是能使公交的产出较能符合大众的需求，不容易形成浪费。六是可使公交更能培养顾客的选择能力，并协助顾客了解本身应有的地位和权益。七是可使公交创造出更多公平的机会。

2.4 公交优先发展的立法必要性研究

城市公交不仅是城市经济发展和人民生活必不可少的社会公共设施，同时又是对城市建设和发展具有全局性、先导性影响的基础性公益事业，另外也是城市形象的窗口和城市文明程度的标志之一。因此，发展城市公交应当是政府责无旁贷的重要事业。交通发达国家都明智地把城市公交优先发展作为交通政策的重点，并采用立法形式加以保障。例如，美国 1964 年通过的《城市公共交通法》就明确了政府必须拨款资助公交发展的规定，1970 年通过的《城市公共交通扶持法》明确了公交路权分配优先的规定，1991 年通过的《综合地面交通效率法》对公交优先政策及所涉及资金投入、基础设施规划建设、管理与服务等做了详细规定；另外，像德国、法国、英国及瑞士等国家也都较早地构建起相对完备的公交优先发展法律体系。它们这种先行立法的好处是明显的，很符合法律经济学的观点：事前合理有效的制度预设有助于经济资源配置效率的最优化。实践证明，它们这种做法是正确的、有效的。

在我国，随着经济社会发展和城镇化进程逐渐加快，城市交通事业有了较快发展。但由于事前没有合理有效的制度预设或初始制度存在缺陷（仇保兴，2007），城市交通问题凸显，影响到了公交行业的发展。尽管现有的《城市规划法》《道路交通安全法》《道路运输条例》《城市公共交通车船乘坐规则》《城市道路管理条例》等法律法规对城市交通做了一些规定，但由于过于零散、笼统，缺少系统性，而且对城市公交优先发展的规定更为零星，改善城市交通问题的效果不甚明显。2005 年国务院办公厅转发了建设部等部门《关于优先发展城市公共交通的意见》的通知，要求各级地方政府部门认真贯彻执行；2006 年建设部等四部委联合下发了《关于优先发展城市公共交通若干经济政策的意见》；2007 年国务院公布《城市公共交通条例（征求意见稿）》公开征求意见，2012 年，国务院颁布了《关于城市优先发展公共交通的指导意见》（国发〔2012〕64 号）；2013 年，交通运输部下达了《关于贯彻落实〈国务院关于城市优先发展公共交通的指导意见〉的实施意见》（交运发〔2013〕368 号）。随着我国城镇化和机动化的加速发展，与日趋加剧蔓延的城市交通急症形成对比的是政府政策导向制定的滞后及现有立法的力度不足，有必要加快立法进程，构建合理的公交优先发展法律体系。

2.4.1 城市交通的哈定悲剧

由于缺乏有效管理，我国城市交通行业领域不同层面出现哈定悲剧，影响到行业持续发展。

第一，个体的理性选择，矢量抵消，导致城市交通集体非理性。近年许多城市出现不同程度交通拥堵现象。用哈定悲剧分析这一现象，主要是由于城市公交行业发展赶不上城市发展速度，公交客运服务满足不了人们的需求，促使个体的人基于出行便捷、舒适等理性需求选择私家车出行的行为过度，导致城市有限的道路资源无法满足机动车数量的增长需求，最终超出道路资源的承载极限而造成拥堵，出现了道路资源的哈定悲剧现象。这一悲剧的发生，一定程度反映出城市道路资源管理缺失和交通结构不合理。

第二，公交企业经营及公交规划建设等领域存在不同程度的哈定悲剧现象，影响公交行业的发展。例如，在公交企业经营过程中，公交服务盲区和争抢客源并存这一现象，是公交营运主体理性行为选择的结果，在特定的公交服务区域内，多家营运主体的无序竞争，必然导致哈定悲剧现象；又如，在公交规划管理方面，公交场站、保修、能源用地落实困难，是基层政府理性行为选择的结果，如果高一级政府忽视保护或统筹公共服务用地，同样会导致哈定悲剧现象；再如，在公交线路优化方面，如果不以 OD 调查（即 OD 交通量调查，"O" 指出发地点，"D" 指目的地）为基础而轻易听取有投诉能力的人的意见，很容易因为认可部分乘客个体理性意见而造成整体公交线网不优化的哈定悲剧现象。

城市交通系统中存在哈定悲剧现象，我国提出优先发展城市公共交通战略加以解决。当然，这要逾越诸多治诸理困难。

2.4.2 交通"囚徒困境"的博弈转换

当今，城市交通的哈定悲剧已愈演愈烈，如果无法默许并承受城市公共道路的不畅，那就必须去治理。

现在我们用博弈的思想来揭示城市交通的整体状况，进而揭示选择非技术性方案解决城市交通困局的必然性。

(1) **交通的哈定悲剧的博弈解释——"囚徒困境"**

"囚徒困境"问题于 1950 年由 Merrill Flood 和 Melvin Dresher 提出，同年由 A. W. Tucker 将其定型完善。交通"囚徒困境"描述如下：有两个出行者，均有两种出行方式选择，即选择公交出行（选择公交）和选择驾驶小汽车出行（选择驾驶）。当道路畅通时，选择驾驶个性化满足程度高，出行者的满意程度要优于选择公交；当出行者均选择驾驶，道路资源的稀缺性将造成道路拥堵，导致选择驾驶耗时费成本，出行者满意程度低。在出行者之间信息不交流的情况下，这个博弈模型的短阵表述如表 2-1 所示。两个出行者都是理性之人，即他们的唯一诉求都是要实现自身的最大利益。因此，该博弈的最终结果是两个出行者都选择驾驶（即"NASH 均衡"）。

但是，在该博弈中，两个出行者总体的最好结果却是双方都选择公交。由于个体的理性导致双方最终得益比可能得到的少，这就是交通"囚徒困境"。

表 2-1 交通"囚徒困境"博弈矩阵表述

小汽车驾驶员 B

		选择公交	选择驾驶
小汽车驾驶员 A	选择公交	-1, -1	-10, 0
	选择驾驶	0, -10	-8, -8

可见，出行者在信息不交流的情况下，通过个体的理性选择，博弈 NASH 均衡为均选择驾驶，城市道路拥堵无法避免。

(2) **"囚徒困境"博弈的转换**（李海波，2002）

"囚徒困境"的博弈环境中，改变"选择驾驶"的赢得函数具有意义。为此，给出如表 2-2 所示的附参数的博弈矩阵。

表 2-2 附参数的交通"囚徒困境"博弈矩阵表述

小汽车驾驶员 B

		选择公交	选择驾驶
小汽车驾驶员 A	选择公交	-1, -1	-10, $0+\Delta_{12}$
	选择驾驶	$0+\Delta_{21}$, -10	$-8+\Delta_{22}$, $-8+\Delta_{22}$

由于博弈对象的对称性，则有：$\Delta_{12} = \Delta_{21}$。

运用结果倒推法，得出以下结论：一是局中人都选择公交；二是局中人有一位选择驾驶，另一位选择公交，该情形至少优于都选择驾驶。于是"囚徒困境"问题得以转换。经计算，得到如下两个结论：

结论1. 当 $\Delta_{12}=\Delta_{21}<-1$，且 $\Delta_{22}<-2$ 时，局中人都选择公交。

结论2. 当 $\Delta_{12}=\Delta_{21}>-1$，且 $\Delta_{22}<-2$ 时，局中人有一博弈主体选择驾驶，另一博弈主体选择公交。

由此可见，出行者自由选择结果就是"选择驾驶"，城市道路拥堵在所难免。如果要改变城市交通的囚徒困境，需要改变选择驾驶的赢得函数。这就需要对博弈系统施加强制外力，改变自由选择的规则。

2.4.3 公交行业优先发展的立法建议

如何对博弈系统施加强制外力，改变局中人的赢得函数：（1）满足 $\Delta_{12}=\Delta_{21}<-1$，且 $\Delta_{22}<-2$，使得局中人都选择公交；（2）满足 $\Delta_{12}=\Delta_{21}>-1$，且 $\Delta_{22}<-2$，使得局中人有一博弈主体选择驾驶，另一博弈主体选择公交。从对出行者节制立法角度，建立分时段、分路段机动车辆收费分流诱导机制，利用经济杠杆调控道路资源的供需关系，可有效避免城市交通行业的哈定悲剧状态，为城市公交的优先发展提供制度保障。同时，通过立法明确公交公益性属性定位，可以进一步定位政府对城市公交行业的职责，进而推动政府投入，促使政府将公交事业纳入公共财政体系，建立健全城市公共交通投入、补贴和补偿机制；促使政府在财税支持、土地配置、路权分配、科技投入等各个方面统筹安排，优先重点扶持。为改变 Δ_{21} 或 Δ_{22} 的值，具体措施列举如下：

第一，完善公交专用道相关法律规定。合理设置公交专用道，可以优化道路资源配置，保障公交车辆获得路权优先，增强其通行能力，提高其运载效能。但是，由于机制不健全，城市公交专用道在规划、管理、使用等方面产生诸多问题，影响其效能发挥。例如，城市收费路段规划公交专用道因无法律依据引发争议；出租车等特定车辆是否可以有限使用公交专用道引发争议；对进入公交专用道的行人及其他车辆缺乏详细管理规定等。因此，有必要通过立法来规范公交专用道规划、管理、使用，确保其经济效益与社会效益的最大化。

第二，加强公交基础设施的保护。城市公交基础设施的建设与完善，对满足人们出行需求，保障城市公交系统正常运转，提升城市品位、优化对外形象等方面起到了积极作用。但是，由于缺乏有效的管理、保护，许多城市公交基础设施不断遭到破坏，不仅影响到公交功能发挥，而且也给政府造成直接的财产损失。一些城市每年都要投入数额不少的维修经费来维护修复公交站亭、站牌等设施。就目前而言,仅仅依靠社会道德舆论及公交职能部门来保护公交基础设施,其作用是有限的,有必要加强公交基础设施的立法保护,为执法部门加大管理力度提供法律依据。

第三,加强公交用地的保护。公交用地包括场站用地及公交枢纽用地。目前,公交用地严重不足已成为我国城市普遍面临的问题。其主要原因是政策规定存在不明确性,无法落实到位。例如,住建部《城市用地分类与规划用地标准》及国土资源部《划拨用地目录》中对公交用地范围的规定均未涉及公交枢纽用地,导致公交枢纽用地很难落实。另外,受地方政府土地开发经济利益的驱使,城市公交用地划拨落实不到位的现象、随意挤占公交用地及改变使用性质的情况时有发生。在这场地价利益博弈中,由于缺乏法律保障,公交用地方往往处于弱势地位,最终以妥协而告终。因此,有必要加强对公交用地的性质、功能、位置、用地规模及管理等立法保护,确保城市公交用地优先落实。

第四,保障交通拥堵补偿机制的长效性。交通拥堵补偿机制是采用在一定时段内对驶入城市特定区域或某些路段的机动车辆征收拥堵费来补偿公共交通的方式,它以价格机制干预出行者交通行为的选择,实现用经济杠杆调剂道路资源的供需关系,达到合理优化道路资源配置。如果这一补偿机制能给予有效的保障,其较为稳定的资金来源可以推动公交行业不断优化自身,其价格机制可以减少出行者使用私家车的比例,进而让城市交通发展形成良性循环。因此,有必要进行立法保障,使交通拥堵补偿机制成为长效机制。

优先发展城市公交是一项系统工程,城市要想以此获得丰厚的社会效益和生态效益,除了财政支持、科技投入及基础设施改善,还需要增强法律法规的保障,并且,只有让法律的"护航车"行驶在城市公交的前面,才能有效保证这一切。

2.4.4 城市公交发展效率的系统性分析

优先发展公共交通的效果普遍不佳。本书试图给出公交投入为什么总不能赢得等比例回报的原因。

(1) 公交吸引力的木桶原理

安全、方便、快捷、舒适及经济是公交吸引乘客的五个方面。公交吸引力遵循木桶原理。即公交吸引力 Q 为:

$$Q = \min\{A, F, K, S, J\} \tag{2-1}$$

其中,Q 为公交吸引力;A 为安全;F 为方便;K 为快捷;S 为舒适;J 为经济。

例如，单纯追求"快捷"，站点间距离过长，出行者极不"方便"乘坐公交车，公交吸引力不会因为"快捷"这单一因素而得到提高。公交对乘客的吸引力是很脆弱的，单纯强调某一方面的改进往往无济于事，公交优先发展需要系统推进。

（2）公交的投入产出模型

城市公交的生产要素为道路、市场、土地、资本、人力。公交分担率或载客人次 F 与诸要素有如下关系：

$$F = F(D, S, T, Z, R) = F_1(D) \times F_2(S) \times F_3(T) \times F_4(Z) \times F_5(R)$$

$$(2-2)$$

其中，F 为分担率（载客人次）；D 为道路；S 为市场；T 为土地；Z 为资本；R 为人力。

$F_1(D)$ 与 D 成正向关系；$F_2(S)$ 与 S 成正向关系；$F_3(T)$ 与 T 成正向关系；$F_4(Z)$ 与 Z 成正向关系。

人力资源的影响是复杂的，且也是重要的。但往往不被讨论。

不难发现，在模型 2-2 中，只要生产要素有一项增长比例小于 1，就需要其他要素翻番增长才能弥补。事实上，公交线路的开行（市场）、公交专用道的开设（道路）以及公交场站的建设（土地）均很有限。即使翻番投入资本，F（分担率或载客人次）的增长也极其有限。

比如：$0.1 \times 0.1 \times 0.1 \times 5 = 0.005 \ll 0.1$。可见，公交优先发展需要系统推进。

第 3 章 城市公交考核评价体系[①]

　　构建以准点率为核心的指标体系和赋权方法，是城市公交发展的科学评价标准。当前，随着我国城市化、机动化进程的加速，各大中城市交通拥堵日益加剧，由此带来的群众出行不便、能源浪费严重、空气质量下降等问题，极大程度影响了人民生活的幸福指数与全面小康社会的建设进程。如何破解城市交通拥堵的困局，无疑是摆在我们面前亟待解决的重大课题。公交行业的发展，要抓住提升公交准点率这一"牛鼻子"。

3.1　城市公交的价值选择

　　企业使命是企业生产经营的哲学定位，也就是经营观念。企业确定的使命为企业确立了经营的基本指导思想、原则、方向、经营哲学等，它不是企业具体的战略目标，或者是抽象的存在，它不一定表述为文字，但影响经营者的决策和思维。它包含了企业经营的哲学定位、价值观以及企业的形象定位。比如，经营的指导思想是什么？如何认识事业？如何看待和评价市场、顾客、员工、伙伴和对手？城市公交企业确定的企业使命：积累资源、增强实力，致力于让更多百姓有尊严地选乘公交车出行。

　　企业愿景是企业家的立场和信仰，是企业最高管理者头脑中的一种概念，是这些最高管理者对企业未来的设想。是对"我们代表什么""我们希望成为怎样的企业"的持久性回答和承诺。城市公交企业确定的企业愿景：引领城市发展，优化市民出行结构，提升市民生活品质，实现"五个满意"（乘客、政府、员工、社会、股东），成为卓越的国际性公共交通服务企业。

　　成都公交基于顾客满意导向主张的企业价值序列如下。

　　当乘客与一线员工利益有冲突，价值选择标准：提倡一线员工利益服从于乘客利益。

　　当一线员工与非一线员工的利益有冲突，价值选择标准：非一线员工利

---

　　① 部分内容由本书作者刊发于《城市公共交通》，2021，(8)：51—56。

益服从于一线员工利益。

当百姓利益与企业利益有冲突，价值选择标准：企业利益服从于百姓利益。

当员工利益与股东利益有冲突，价值选择标准：股东利益服从于员工利益。

成都公交积极推行公交市场整合，城乡公交融通。这是基于以上价值判断和选择，得出公交行业多主体间竞争的不适应性，从而提出的经营方向。其纲领主要有三条。

一，城市公交公益性、事业性定位，是其固有属性，相当长时期，只能加强，却无法改变。

二，刚性的市场机制无法适应柔性的政府要求和市场需求。多主体竞争对减少公交服务盲区，缓解城市交通拥堵，帮助不大。

三，资本追逐利润与公交公益性定位有冲突，多主体竞争是可以降低财政投入，但是，公益性却无法保证。按照"两害相权取其轻"的原则，优先发展城市公交是正确的战略选择，满足市民出行需要是政府职责，为此，增加财政投入是必要的。

3.2 城市公交 KPI 指标体系

城市公交是满足人民群众基本出行的社会公益性事业，更是一项重大的民生工程。为优化国际营商环境贡献城市公交之智、发挥城市公交之力当好先行，亟待形成全员参与、全员监督、全员负责的城市公交治理新局面（崔园园，2020），打造可靠、安全、舒适、快捷、方便、经济、绿色的都市公交网络。构建城市公交 KPI 考核体系，并以此来控制城市公交企业的运营管理成本、提升其服务质量水平，从而吸引更多出行者选择公交出行，进一步强化交通行业营商环境建设对确立公交在城市交通中的主体地位开从根本上解决城市交通问题意义重大。

城市公交考核评价是对结果的考核，更是一种过程管理。城市公交 KPI 考核体系的构建，在实践中主要体现为企业为实现特定的战略目标而设定一系列关键绩效指标，这些指标是开展城市公交绩效考核评价的基础。目前，关于公交评价指标体系的相关研究，国外主要集中在乘客满意度、服务水平、公交网络优化等方面（Belokurov V，2020），关于政府规划落实、企业经营管理、优化社会环境等方面的研究相对较少（Sun C，2019）。而现实中，不同城市评价指标体系的侧重点不同，不同目标层下指标体系的构成也不尽相同（Zhang X，2018；于强，2021），再加上计算应用过程中由于量纲、统计口径往往不统一，致使各指标体系的实际操作与应用并不是十分方便，难以实现程序化和标准化（陈瑶，2016），且针对评价指标标准和考核规范的研究涉及较少（韦清波，2016）。鉴于以上种种原因，目前关于公交评价指标体系的研究，国内学术界尚未形成一套系统科学、可操作性强并在全国范围内普遍适用的指标体系（魏东阳，2020）。此外，现有关于城市公交及其评价指标等相关标准大多以国家标准和建设部颁布的经济技术指标、城市公交客运服务等行业标准为主，也没有构建规范统一，面向城市公交发展的综合评价指标体系和考核方法，实难针对各城市公交发展水平进行客观公平的评价。

综上，目前如何在国内外研究基础之上，结合现行国家行业规范和标准及实地调研结果，构建城市公交 KPI 考核体系，并引入熵值法和层次分析法计算城市公交 KPI 考核指标权重，找出公交行业的关键事项或活动，适时为城市公交发展提供事前预防、事中控制和事后治理的科学决策参考，以提升城市公交运营管理效率和服务质量水平，是摆在企业管理者面前亟须解决的问题。

3.2.1　城市公交 KPI 考核指标选取依据及基本原则

城市公交 KPI 考核体系的确定是将企业战略管理转化为日常运营管理的关键步骤。本书根据《国务院关于城市优先发展公共交通的指导意见》（国发〔2012〕64 号）、《交通运输部关于贯彻落实〈国务院关于城市优先发展公共交通的指导意见〉的实施意见》（交运发〔2013〕368 号）等文件对城市公共交通发展绩效评价的要求，结合交通运输部印发的《公交都市考核评价指标体系》等指标选取依据，按照评价指标的方向性、完备性、一致性、相容性和独立性等基本原则，通过调查分析，从可靠性、安全性、方便性、快捷性、舒适性、经济性、绿色性构建城市公交 KPI 体系的一级指标。图 3-1 从宏观层面简要概括了城市公交 KPI 考核指标的选取依据及基本原则，主要用于反映公交系统运行效率及公交系统在促进公交基本服务水平提升、支撑城市经济运行、缓解交通拥堵、节能减排等方面所做出的贡献和取得的效果。

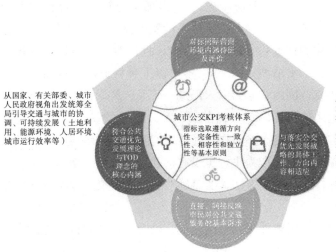

引导市民优先选择更环保、更集约、更绿色的交通出行方式

图 3-1　城市公交 KPI 考核指标选取依据及基本原则

3.2.2　构建城市公交 KPI 考核体系

在拟定城市公交 KPI 考核体系，运用德尔菲法对评价指标进行筛选和修改，经过两轮专家咨询后，专家意见基本趋于一致，最终经过专题研讨形成"城市公交 KPI 考核体系"，具体步骤如下。

第一步：初步拟定"城市公交 KPI 考核体系"。通过文献检索、专家咨询和专题组讨论等研究方法，结合 3.2.1 节城市公交 KPI 考核指标设计与选取原则中的内容，对标国际化营商环境内涵特征及评价初步拟定了"城市公交 KPI 考核体系"。

第二步：遴选专业咨询专家。专家选取是指标体系构建的关键。根据方向性、完备性、一致性、相容性和独立性等原则，选取 20 位在企业管理、市场经济、项目管理、交通经济、统计学等相关领域有影响力的专家学者（他们对优化营商环境、城市公交发展、宏观经济、统计分析等有着深刻的理解和认识）参与完成指标体系构建。

第三步：第一轮专家咨询，收集专家对指标体系设置提出的意见。在开展第一轮专家咨询时，分组逐一联系各位专家，向各位专家介绍研究背景，说明咨询目的，请各位专家对评价指标进行增减和修改，并提出相关意见和建议，以优化完善评价指标体系的结构与各级指标设置。在汇总各位专家的反馈情况后，研讨确定评价指标体系（征求意见稿）。

第四步：第二轮专家咨询，确定指标体系。根据专家反馈汇总形成的评价指标体系（征求意见稿），再次征求专家意见。在汇总各位专家的反馈情况后，再次进行专题研讨修订，最终形成"城市公交 KPI 考核体系"，见表 3—1。通过后文指标权重的计算结果可知，专家组对一级指标给出的权重排序为：可靠性＞安全性＞方便性＞快捷性＞舒适性＞经济性＞绿色性。专家组认为，城市公交可靠性最为关键，城市公交组合搭乘本质特性决定着其绿色性的先天优势。

表 3—1　城市公交 KPI 考核体系

	一级指标（α）	二级指标（β）	三级指标（γ）
城市公交 KPI 考核体系	1. 可靠性	1.1 公交准点率	1.1.1 发车准点率
			1.1.2 站点准点率
		1.2 服务质量一致性	1.2.1 公交服务满意度
	2. 安全性	2.1 场站用地配置	2.1.1 公共汽电车车均场站面积
			2.1.2 港湾式停靠站设置率
		2.2 防疫监控	2.2.1 溯源技术实现率
		2.3 安全成本	2.3.1 百万公里事故率
			2.3.2 责任事故死亡率
			2.3.3 安全行驶间隔
	3. 方便性	3.1 公交智能化	3.1.1 现金支付占比
			3.1.2 公共汽电车车载智能终端安装率
		3.2 与其他出行方式换乘方便性	3.2.1 万人综合枢纽站数量
		3.3 公交换乘方便性	3.3.1 平均换乘系数
		3.4 线网优化程度	3.4.1 线网覆盖率
			3.4.2 线网重复系数
	4. 快捷性	4.1 公交运转效率	4.1.1 高峰时段公共汽电车平均运营时速
			4.1.2 乘客平均出行耗时
		4.2 站点保障	4.2.1 站点 500 米覆盖率
		4.3 道路保障	4.3.1 专用车道设置比率

（续表 3－1）

	一级指标（α）	二级指标（β）	三级指标（γ）
城市公交KPI考核体系	5. 舒适性	5.1 运力保障	5.1.1 万人公交车量保有量
			5.1.2 高峰时段公交平均拥挤度
		5.2 车厢温度调适性	5.2.1 空调车占比
		5.3 噪音扰民	5.3.1 车厢噪音分贝
		5.4 服务纠纷处置	5.4.1 纠纷处置效果及效率
	6. 经济性	6.1 公交票价	6.1.1 价格弹性
		6.2 成本效益	6.2.1 人次票款收入
			6.2.2 人次营运成本
		6.3 用工效率	6.3.1 人车比
	7. 绿色性	7.1 能源结构	7.1.1 城市公交绿色公交车辆比率
		7.2 能源利用效率	7.2.1 百公里平均能耗

3.2.3 城市公交 KPI 指标权重

指标权重必然会直接影响综合评价的结果，客观合理确定各级指标权重是科学合理做出城市公交 KPI 考核评价的关键，也是完善和规范城市公交 KPI 考核评价指标体系的重要环节。下面结合 3.2.2 节确定的城市公交 KPI 考核体系，根据专家组对可靠性、安全性、方便性、快捷性、舒适性、经济性、绿色性这七个一级指标重要程度的排序，运用熵值法计算各一级指标的权重。

在城市公交 KPI 考核评价中，m 个专家对 n 个一级指标进行评价，专家 i（$i=1, 2, 3, \cdots, m$）给指标 j（$j=1, 2, 3, \cdots, n$）的重要程度赋值（序位）为 x_{ij}（由上节知 $m=20$，$n=7$），则矩阵式（3－1）为专家组对城市公交一级指标重要程度赋值的原始矩阵。

$$(x_{ij})_{m\times n}=\begin{bmatrix} x_{11} & \cdots & x_{1n} \\ \vdots & & \vdots \\ x_{m1} & \cdots & x_{mn} \end{bmatrix} \tag{3-1}$$

根据各指标的差异程度，利用信息熵计算各指标的权重，具体步骤如下。

第一步：运用 Sigmoid 函数对原始数据进行归一化处理，即 $x'=1/(1+e^{-x})$，得归一化矩阵（3－2）。

$$N=[x_{ij}]_{m\times n} \tag{3-2}$$

第二步：根据式（3－3）计算第 i 个专家对第 j 项指标赋值占该指标的比重。

$$\rho_{ij} = \frac{x_{ij}}{\sum\limits_{i=1}^{n} x_{ij}} \tag{3-3}$$

第三步：由于自然对数或者以正数为底取对数无意义，对于归一化矩阵需要专门处理，根据式（3－4）计算第 j 项指标的熵值。

$$e_j = -k \sum\limits_{i=1}^{n} \rho_{ij} \times \ln(\rho_{ij}) \tag{3-4}$$

式（3－4）中，通常取 $k = \dfrac{1}{\ln(n)}$ （$0 \leqslant e_j < 1$）

第四步：根据式（3－5）计算第 j 项指标的差异系数。

$$d_j = 1 - e_j \tag{3-5}$$

第五步：根据式（3－6）定义第 j 项指标的权重。

$$a_j = \frac{d_j}{\sum\limits_{j=1}^{n} d_j}(j = 1,2,3,\cdots n) \tag{3-6}$$

第六步：综合上述测算原理及计算步骤，运用 SPSSAU 计算各一级指标权重，结果见表 3－2。

表 3－2　运用熵值法计算城市公交 KPI 考核体系一级指标权重结果汇总

指标	信息熵值 e	信息效用值 d	权重系数 α_j
可靠性	0.7842	0.2158	20.96％
安全性	0.8038	0.1962	19.06％
方便性	0.8458	0.1542	14.98％
舒适性	0.8764	0.1236	12.00％
绿色性	0.9151	0.0849	8.24％
快捷性	0.8607	0.1393	13.53％
经济性	0.8844	0.1156	11.23％

由表 3－2 可知，基于熵值法运用 SPSSAU 计算城市公交考核 KPI 考核体系一级指标的权重 α_j （$j = 1$, 2, 3, …, 7），使得 $\sum\limits_{i=1}^{n} \alpha_j = 1$，即可靠性、安全性、方便性、舒适性、绿色性、快捷性、经济性总共 7 项，它们的权重值分别为 0.210、0.191、0.150、0.120、0.082、0.135、0.112，且各

项间的权重相对较为均匀，均在 0.143 附近。关于二级指标和三级指标的权重可按照层次分析法思路进行分配，将在 3.3.4 节城市公交 KPI 考核绩效的综合评价给出测度值。

3.3.4　城市公交 KPI 考核绩效的综合评价

关于城市公交 KPI 考核绩效的综合评价，一级指标权重的测度最为关键，已运用熵值法在上节中给出计算步骤及测度值，二级指标和三级指标的权重结合层次分析法的具体步骤进行计算确定，各指标权重见表 3－3 和表 3－4。

表 3－3　城市公交 KPI 考核体系二级指标权重

指标编号	权重（β_{jk}）	指标编号	权重（β_{jk}）	指标编号	权重（β_{jk}）
1.1	0.1155	3.3	0.0375	5.3	0.03
1.2	0.0945	3.4	0.0375	5.4	0.03
2.1	0.0573	4.1	0.054	6.1	0.0336
2.2	0.06685	4.2	0.0405	6.2	0.0448
2.3	0.06685	4.3	0.0405	6.3	0.0336
3.1	0.0375	5.1	0.03	7.1	0.0369
3.2	0.0375	5.2	0.03	7.2	0.0451

由表 3－3 可知，经一级指标倒推出二级指标权重（β_{jk}），使得 $\alpha_j = \sum_k \beta_{jk}(j = 1,2,3,\cdots,7)$。

表 3－4　城市公交 KPI 考核体系三级指标权重

指标编号	权重（γ_{jkl}）	指标编号	权重（γ_{jkl}）	指标编号	权重（γ_{jkl}）
1.1.1	0.05775	3.1.2	0.020625	5.1.2	0.0165
1.1.2	0.05775	3.2.1	0.0375	5.2.1	0.03
1.2.1	0.0945	3.3.1	0.0375	5.3.1	0.03
2.1.1	0.02865	3.4.1	0.01875	5.4.1	0.03
2.1.2	0.02865	3.4.2	0.01875	6.1.1	0.0336
2.2.1	0.06685	4.1.1	0.0324	6.2.1	0.0224
2.3.1	0.0233975	4.1.2	0.0216	6.2.2	0.0224
2.3.2	0.0233975	4.2.1	0.0405	6.3.1	0.0336

指标编号	权重（γ_{jkl}）	指标编号	权重（γ_{jkl}）	指标编号	权重（γ_{jkl}）
2.3.3	0.020055	4.3.1	0.0405	7.1.1	0.0369
3.1.1	0.016875	5.1.1	0.0135	7.1.2	0.0451

由表 3－4 可知，经二级指标倒推出的三级指标权重 γ_{jkl}，使得 $(\beta_{jk})\sum_l \gamma_{jkl}(j = 1,2,3,\cdots,7)$。

综上，城市公交企业 q 的考核综合评价值 z_q 可根据式（3－7）计算获得。

$$z_q = \sum x_{jkl}\gamma_{jkl} \qquad (3-7)$$

其中，x_{jkl} 为三级指标的测度权重，若能获取所有参与考核评价城市公交企业的 30 个三级指标值，则据式（3－7）加权求和即可得各被考核公交企业的综合评价得分，据此进行排序，z_q 值越大，则说明该企业考核绩效越优，反之，则说明该企业考核绩效相对较差。

构建一套良好实用的城市公交 KPI 考核体系、综合运用客观科学的权重确定方法，对评价城市公交现行运营状况、挖掘其可能发挥的潜力、把握其总体发展水平，并为进一步发展提供规划、建设和管理方面的决策参考等都将起到积极的推动作用。本书以考核城市公交企业绩效为目标，兼顾监督公交企业运营管理和市民出行服务等要求，对标国际化营商环境内涵特征构建了一套城市公交 KPI 考核体系，从可靠性、安全性、方便性、快捷性、舒适性、经济性、绿色性七个维度建立了包含 30 个三级指标的评价体系，分析了城市公交 KPI 评价指标体系应具备的功能，并综合运用熵值法计算城市公交 KPI 考核体系一级指标权重，运用层次分析法确定二级指标和三级指标权重，能减少主观确定权重形成的偏差，评估过程更科学、客观及合理。

研究成果可为政府和城市公交行业管理部门准确把握不同城市公交发展的总体情况、服务情况和运行状况提供决策参考，同时也可为考核城市落实公交优先发展情况和公交企业绩效考核提供科学依据，对于促进各级政府落实公交优先政策措施、完善机制保障、推进设施建设、创新公交服务（数智化）、加快公交绿色发展以提高公交系统的吸引力具有重要作用。

第二篇

HANGYEPIAN

行业篇

第4章　城市交通市场结构分析

城市交通主要包括轨道交通和地面公交。长期发展中，成都逐渐形成公共交通、小汽车出行、慢行系统三种交通出行方式均摊匀散、呈现三角形"稳定性"分担格局。在这种格局下，公交的准点运行和优化的城市交通结构相互影响、相互促进。

4.1　城市交通结构与治理效率

城市交通治理的先进城市并不在西方，而在东方。东京、香港，这些被公认的先发城市，公共交通分担率都超出了黄金分割点 0.618。研究这些先发城市的交通，会发现当某一种交通方式的交通分担率超出 0.618 这个阈值以后，就能让城市交通的效能达到较高水平且只须付出较低的维系成本。美国一位交通专家到成都考察后声称，成都是全球城市交通最复杂的城市之一。为什么会给出这样的判断呢？专家解读：成都城市地形平坦、四季气候温和，限制市民慢行出行都很难，百姓的理性选择就是要骑电瓶车、骑自行车，无论政府怎样作为，这个城市的慢行系统分担率都不会低于 1/3。同时，成都人很自我，更具有消费勇气，因此，小汽车出行分担比例也是 1/3。

政府在努力发展公共交通，因为公共交通的道路承载力强，耗能产生的效率高，人均碳排放低，优先发展公共交通被广泛实践。实践的结果呢？分担率还是 1/3。这三个 1/3，你追我赶，就是无法形成一个主要的出行方式，由此形成城市交通分担结构泥潭效应，最终使成都牢牢陷入这种僵局。关于缓解大城市病尤其是解决交通拥堵问题，政府投入不可谓不大。但效果呢？这就是不得不说的一个大家不愿意相信的话题：城市交通陷入了交通"分担陷阱"难以自拔。

城市交通结构直接影响着城市交通效率，而要提高城市交通效率，不仅仅是增加投入就能够做到的，也许投资只是转移堵点的无效投资。更糟糕的是因投资的方向性偏差，治堵项目变成"致堵"项目。比如，修宽路本意是让更多车跑。认真观察比较，总会发现城市道路路宽与拥堵是成正比的，几乎见不到单车道出现拥堵的现象。这种类似治堵导致堵塞的例子很多。交通基础建设、交通发展政策影响着交通结构，我们不能忽视百姓的交通出行习惯，如果他已经形成骑电瓶车的习惯，要想改变是很困难的。有的城市形成了 0.618 交通结构，顺应这种出行习惯，交通治理效率就高。有的城市总是三个 1/3，就无法选择顺应习惯，必须要引导才行。创造条件来引导市民的出行习惯，这就需要用心谋事、用心做事，还要有面对质疑的勇气和坚持的定力。近十年来，大城市重视轨道交通建设，公交分担比例呈现良好增长势头，助推城市交通结构优化升级。然而，滴滴、共享单车等共享出行模式问世，小汽车和慢行系统的出行分担率也同步迅速增长，直接冲抵了轨道交通建设带来的交通结构优化成果。对这个话题的评价是复杂的、困难的，但是，发展的结果存在让人遗憾的一面。

4.2 "三重因素叠加"加固城市交通"分担陷阱"

新冠肺炎疫情防控进入常态，疫情期间，私家车、自行车、步行等出行方式自成系统，其独立性或封闭性好，让群众出行更加安全，成为市民出行首选。

4.2.1 熵理论和耗散结构

德国物理学家克劳休斯提出的热力学第二定律告诉我们，系统总是自发地从非平衡趋向平衡，从有序趋向无序。熵是以上描述的定量表述，即系统总是处于自发熵增状态，越熵增越无序。普里戈金提出耗散结构理论，以开放系统为研究对象，通过不断地与外界交换物质和能量，给系统以强制外力，使系统从原来的无序状态自发地转变为时空上和功能上的宏观有序状态，形成新的、稳定的有序结构。这种非平衡态下的新的有序结构就是耗散结构。熵理论和耗散结构对管理系统的阐释力较强。目前，地铁建设、共享出行、新冠肺炎疫情可以看成是城市交通系统的三个强制外力，在这些强制外力作用下，城市公交需求产生新变化。

世界城市发展实践反复证明"有序的交通方式"才是城市交通出行的主要分担方式。摆脱城市交通"分担陷阱"，无疑要重点发展有序的交通出行方式。按交通秩序高低排列的城市交通出行方式依次为地铁、BRT、地面公交、出租、小汽车、滴滴、单车和步行。影响出行者选择的因素大体上可以分为六个方面：安全、舒适、可靠、方便、快捷和经济。有种提法用便捷代替方便和快捷，我们认为有失偏颇。事实上，方便和快捷往往是对立的，要方便就要站点密，站点密车就跑不起来，快捷不了。

4.2.2　城市交通结构的变化分析

（1）地铁主导下的城市交通结构变化

地铁具有准点可靠的显著特点，无疑是城市交通系统治理的有效强制外力，使得城市交通系统熵减。地铁对其他交通方式的分担能力是很强的（表4-1）。

表4-1　地铁对城市交通结构的影响（按交通秩序排列城市交通出行方式）

属性＼出行方式	轨道交通	地面公交	出租	私家车	滴滴	单车	步行
安全	++						
舒适	++						
可靠	++						
方便							
快捷	++						
经济							
分担变化	↑	↓	↓	↓	↓	↓	↓

注：表中"+"表示性能增加，"↑"和"↓"分别表示分担增加和减少。

（2）共享出行下的城市交通结构变化

现代信息技术蓬勃发展，各种共享平台问世，仅小汽车共享服务模式都近百种，T3、喜行天下、呼我出行、麦霸出行、首汽约车、曹操专车，太多啦！共享单车也有小黄车、青桔、摩拜、哈罗等，一批一批上线，一批一批下线，热闹非凡。因为共享出行带来的便捷，金融机构介入后，受经济性的影响，增加了共享出行的交通分担能力（表4-2）。

表4-2　共享出行对城市交通结构的影响（按交通秩序排列城市交通出行方式）

属性＼出行方式	轨道交通	地面公交	出租	私家车	滴滴	单车	步行
安全						++	
舒适					++	++	
可靠						++	
方便					++	++	
快捷					++	++	
经济						++	
分担变化	↑	↓	↓	↓	↑	↑	↓

（3）新冠肺炎疫情影响下的城市交通结构变化

受新冠肺炎疫情的影响，私家小汽车、单车、步行成为最为安全的出行方式，这种强制外力具有极强破坏性，交通的出行量总体下降，组合搭乘方式的交通工具受传染性高的影响，分担能力下降（表4-3）。

表4-3 新冠肺炎疫情对城市交通结构的影响（按交通秩序排列城市交通出行方式）

出行方式 属性	轨道交通	地面公交	出租	私家车	滴滴	单车	步行
安全	—	—	—	++	—	++	++
舒适							
可靠							
方便							
快捷							
经济							
分担变化	↓	↓	↓	↑	↓	↑	↑

（4）三种强制外力合力作用下城市交通结构的变化

将以上数据进行汇总，再把几种出行方式进行归类，分成公共交通、小车出行和慢行系统。在对数据进行分析后，我们得出结论：三重因素的叠加影响，进一步加固了城市交通"分担陷阱"。这是我们非常不愿意看到的结果（表4-4）。

表4-4 城市交通重新陷入"分担陷阱"（按交通秩序排列城市交通出行方式）

项目	轨道交通	地面公交	出租	私家车	滴滴	单车	步行
地铁营运引发 分担变化	↑	↓	↓	↓	↓	↓	↓
共享出行引发 分担变化	↑	↓	↓	↓	↑	↑	↓
新冠疫情引发 分担变化	↓	↓	↓	↑	↓	↑	↑
分类汇总	公共交通			小车出行		慢行系统	
总体分担率 变化	→（↓）			→（↑）		→（↑）	

综上，城市交通需求变化的情况是：①地铁主导的城市交通结构已形成，市民对交通可靠性需求高；②不管面临怎样的强制外力，对地面公交总是不利的，除了经济性占优势外，地面公交在安全、舒适、可靠、方便、快捷方面均没有明显优势，公交市场萎缩严重，反过来也印证了市民的交通出行经济性敏感度在下降。③传统出租行业与地面公交的命运一致，被共享小汽车基本取代。④受准点、可靠的影响，理性消费者助推轨道交通和共享单车的发展。这就是今天地铁主导下的城市交通需求的一个基本格局，在这种格局下，公共交通分担率难以提高，城市交通形成了"分担陷阱"，需要系统分析加以解决。

（5）城市公交经营困境分析

地铁建设、共享出行、新冠肺炎疫情"三重因素叠加"影响持续深化，城市交通"分担陷阱"进一步加固。影响最甚无疑数地面公交。近年来，地面公交持续加大投入，而公里人次分担率断崖式下跌，服务主体陷入经营困境，公共资源低效率的空置、空转甚至失灵，城市公交需求新格局产生的问题，给城市运行秩序和管理带来混乱，也造成公共资源极大浪费和人均碳排放增加。

如果用每公里人次分担率进行衡量，问题还会更为严重。事实上，也不能忽视公交出行距离。片面追求换乘，体现更多经济效益也是有问题的。换乘也有个度的问题，如果公交分担率高，而出行距离短，公里人次分担率还是低。这种情况下，地面公交就会失去汽车远距离出行的优势，很容易被转移至慢行系统。公交的经济性应服从于市民出行对公交的依赖性。笔者曾经到过一个地级城市，其公交票价1元没人坐，而2元的三轮车生意好。公交企业总在争取政府支持却总是无果。我们给出的诊断意见是：公交缺乏可靠性，市民不依赖你。

认知城市交通需求变化，掌握城市交通发展格局，有利于把握城市公交发展的环境。核心的观点是：有地铁的城市不要陷入"分担陷阱"，地铁成网后的地面公交不可避免地会出现经营困境。

4.3　摆脱城市交通"分担陷阱"的探索

城市交通系统是一个巨复杂系统、自适应系统和管控系统。交通系统的复杂性和自适应性几乎是没有争议的，畅通和拥堵不是永恒的，只要标准、规则是稳定的，通过自选择是可以均衡的，大客流问题、拥堵问题也都是阶段性的。如果不认清这个系统的特性，治理者过于频繁地作为，就会破坏自适应系统的特性，有拥堵就作为，不断地、频繁地施加强制外力，会使出行者无从适应，这是不对的。对于公益项目，为了避免"公地悲剧"，管控是必要的，从体制设计来看，需要坚持国进民退。这一点，基本形成行业共识，争论不再激烈。

4.3.1 避免公交落入"分担陷阱"，应坚持优先发展公交战略

优先发展公交（疏）的同时，还要用群众可接受的方式尽可能地限制其他无序交通方式的野蛮发展（堵），全力以赴使得公共交通分担率跨过0.618。对于靠自由选择实现出行目的的集体性非理性状态要加以管控。因此，城市交通系统是个管控系统，而不仅仅靠其自适应。

4.3.2 把握好各种交通方式的有序性

任何资源都有承载限额，当保有量小的时候，效率变化不大。当保有量足够大时，效率也基本不变，已经无效了。当公交车上装满人，电梯里装满人、马路上跑满了车，占用这些已饱和的资源时，就超出了这些资源的承载力。治理者对资源管控有个最佳时机。在有效管控时期，一旦减少保有量会有很明显的效率增加。成都施行过二环至三环的限行，缓堵效果很明显。疫情期间我们认为是取消限行的绝佳时机，也是基于交通资源承载力的判断。取消限行不光是疫情防控的需要，更是因为限行之后的几年小汽车的迅猛增加，城市道路资源承载力已经饱和了，限行这种强制外力也就失效了，交通系统的自适应性特点又在发挥着关键作用。

基于资源的承载力认知，我们对各种公共交通工具占用资源进行测度，给出各种交通工具资源占用效率排序：轨道交通＞BRT＞地面公交＞出租小汽车＞滴滴＞单车＞步行。

（1）优先发展大容量的交通方式

对于超大城市，虽然地铁已处于城市交通的主导地位，我们仍要支持轨道交通建设。同时，承认城市交通系统强制外力的有效性和必然性，进而探寻适应新格局的发展策略。

（2）规范发展或转型升级"滴滴""摩拜单车"

城市交通的治理需紧紧围绕提高公共交通分担率这一核心目的。以目的导向制定城市交通发展政策，引导市民理性出行、绿色出行。同时，制定服务标准，加强市场监管，实现安全发展、有序发展。

（3）地面公交创新发展

地面公交企业应以习近平新时代中国特色社会主义思想中的"精准理

论"为指导，重点关注城市公交精准服务问题，即精准掌握需求、精准适配运力、精准实施调度，在数智化条件下通过动态、智能、联合调度，解决久候、空跑及服务盲区问题，进而提升地面公交的服务效能。

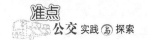

第5章 城市公交信息化建设

在公交智能调度系统建设之前，公交行业的管理盲点多。不难发现驾驶员以车辆故障为由将车内乘客清空，在沿线僻静处休息、喝茶、打牌的情况，给公交企业带来极坏的影响。而公交公司管理人员却又极难发现并查处，这种现象严重扰乱了公交运营生产秩序。公交运营生产各个环节可视、可查，成为标准化服务的必备条件，更是公交准点服务的技术保障。

5.1 以信息化建设助力传统公交向现代公交转变

近年来，现代信息技术在行业内越来越得到重视（周晓云，2005），我国部分大中城市公交企业已经引入 GPS 智能调度系统、智能监控系统、实时公交信息服务系统、IC 卡电子收费系统等现代信息技术（胡非与，2009），管理效率和服务水平普遍得到提升。

5.1.1 应用 GPS 智能调度系统，实现公交智能调度管理

通过在公交车上安装 GPS 终端，企业能够实时掌握车辆运行状态，并根据具体情况生成发车方案，及时科学地调整运力。此外，在运行里程统计方面，以 GPS 里程取代过去人工路单统计，减少车辆无效重复投放，数据更加准确、真实，从而让公交企业节省成本，提高社会效益和经济效益。

5.1.2 利用视频监控系统，对公交车进行实时监控

通过在公交车上安装视频监控系统，企业可对车厢内外进行实时、全面监控，监督和规范司乘人员的操作和服务行为，提升安全服务水平，同时为处理交通事故、破获车内违法案件提供佐证。

5.1.3 增加公交信息服务，方便乘客出行

通过增加电子站牌、短信查询、网络查询、手机公交快讯查询、LED显示等智能系统，为乘客提供出行前、出行中的公交信息服务，方便乘客掌

握线路调整及车辆运行的实时动态信息。

5.1.4　实行分段限速，增加行车安全性

利用车辆 GPS 测速系统，根据公交车辆所经路段的不同状况，对车辆设置不同的速度限制。当车辆超速时会以语音、文字等方式提示驾驶人员，同时向后台管理中心报警，有效保证行车安全。

5.1.5　安装车载专用道监控系统，保障公交路权优先

通过车载专用道监控系统进行不间断的移动式监控、全自动拍照取证，防止社会车辆对公交车道的违法占用，提升公交车的运行速度。

5.1.6　建立车辆救援就近应急响应机制

利用 GPS 系统定位，公交车辆抛锚后，离抛锚车辆最近的急救车能够第一时间得到通知，到达现场施救，降低有限道路资源的交通压力。

5.2　RFID 技术及应用

随着小康社会建设的全面推进，广大乘客对公交服务提出更加安全、快捷、方便、舒适、优质的新要求。城市公交可充分借助物联网和互联网等信息技术实施管理创新，进一步提升发展质量和效益，加快现代服务业的转型升级。

5.2.1　RFID 技术概述

RFID 射频识别，又称电子标签，是物联网的核心技术（陈子侠，2003），是 20 世纪 90 年代开始兴起的一种利用射频信号通过空间耦合（交变磁场或电磁场）实现无接触信息传递，并通过所传递的信息达到识别目的的技术。通常，射频识别系统一般由阅读器、电子标签、天线和主机几部分构成。其基本工作原理：当电子标签进入磁场后，如果接收到读写器发出的特殊射频信号，就能凭借感应电流所获得的能量发送出存储在芯片中的产品信息，或者主动发送某一频率的信号，阅读器读取信息并解码后，送至中央信息系统进行有关数据处理。RFID 技术具有非接触、读取速度快、环境干扰小、便于使用等诸多优点，应用领域非常广泛。

5.2.2　RFID技术系统在城市公交应用中的总体设计思路

通过应用RFID物联网技术，企业能够根据客流、车流的实时动态，平衡人、车、路三者之间的关系，提高管理运营效率。公交行业可将RFID标签作为主要的信息载体，分别用于乘客IC卡、站台和公交车辆上，同时在公交站台、车辆、路口信号灯等处安装阅读设备，在一定空间范围内，阅读设备可以自动识别RFID标签，再通过有线或无线网络将数据传回系统中心，就可以实现对客流、车流的实时动态统计（如图5-1所示）。

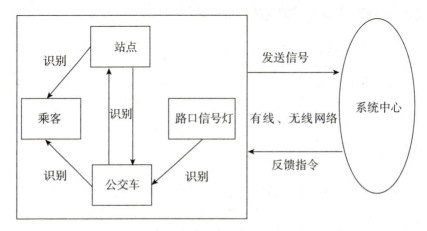

图5-1　RFID技术系统在公交应用中的总体设计

5.2.3　RFID技术在城市公交系统中的具体应用

一是建立基于RFID技术的交通流计数管理系统。与传统人工方式的OD调查（交通起止点调查）相比，通过RFID技术进行客流、车流OD调查不需要消耗大量的人力和时间，系统建成后可以适时进行OD分析，能大大降低调查和管理成本，提升管理效益。此外，基于RFID技术的客流计数管理系统不仅能实时对车内、公交站台的乘客数进行统计，还能通过RFID卡号的唯一性获知客流、车流的出发点、目的地、出行时间等重要信息，使所获的数据更全面、精准、及时。

二是科学优化线网、调整运力。公交企业可以将RFID系统提供的数据，作为公交线路规划的优化算法演算和论证的基础，对公交线网及站点进行优化并对已实施的优化效果进行验证。同时，公交企业也能按照公交线路客运量的变化规律科学调整运力，在不同时间段、不同公交线路合理选择车型，调整车辆配备。例如，在高峰时段，企业可以依据乘客的出行规律有针对性地对高峰段面客流进行专门的临时公交线路设置及车辆配置,实现两点间的直达性客运。在平峰时段,企业可根据站台上乘客数量,将相关信息发送给调度部门,调度部门根据具体情况合理安排车辆。通过RFID的应用,企业可实现对客流、车流的动态掌握,避免公交资源的投入不足或浪费,使公交运力高效地发挥作用。

三是实现公交车路口信号优先。当公交车运行至装有RFID阅读设备的路口时,阅读设备会自动识别电子标签,同时将信号传输给信号灯控制器,实现公交车路口信号优先。公交路口信号优先可为公交车提供便捷的优先通行服务,由此减少公交车辆的行程时间,提高准点率。

四是实行限载。通过对公交车内乘客的实时统计,在保证运力充足的情况下,系统可对公交车进行限载。当车内乘客超过限额,车门将无法关闭,待超载乘客下车后方能正常关闭。这能有效保证乘客乘车的舒适性和安全性,同时避免公交车拒载投诉问题。

5.2.4　应用 RFID 技术的意义

(1) 提高管理效率

公交智能调度系统等信息化系统的全面应用对公交公司的发展发挥着重要作用(李喜军,2007),它在公交的营运、安全、服务等方面均可起到积极作用。信息化系统的全面应用在以下几个方面表现尤为突出。

①有效降低生产成本。信息化系统的建设,可减少管理员、调度员人数,人车比有较大降低空间。

将高峰运行比例作为考核指标,高峰投放率可得到提高,车辆的有效利用率可得到提高,这相当于节省车辆购置成本并节约人力成本。

在使用GPS里程作为考核里程后,非营运里程和营运里程都会有所下降,其中非营运里程下降比例更甚,全年成本节约较为可观。

②提高公交运行效率。集团采用总调度中心、分公司分调度中心、车队三级调度模式。运力调拨与客流分布匹配情况得到改善,可极大消除盲目发班导致低峰期比高峰期发车频率高及驾驶员故意踏班的现象,提高车辆周转率,降低无效里程,可大大节约线路非高峰运力成本。

③人力资源的合理利用。若不使用智能系统,驾驶员的工作量很难通过科学的手段确定,在计算时存在或多或少的误差。使用智能调度系统后,每个驾驶员的工作时间可以通过系统后台自动确定,因此在核定驾驶员工作量时可以做到更加准确、更加具备科学性。

使用智能调度系统,预计驾驶员人力资源利用率可提高15%,全年可节约的驾驶员人力成本相当可观。

（2）**提升服务质量**

信息化系统的全面应用可为乘客提供更加优质的服务，并取得良好的社会效益。

①提高公交服务质量和安全监管水平。信息化系统的有效监管提高了公交服务质量，可降低有效投诉率、事故及违章率，为乘客提供安全优质的出行服务。

②公交服务更加人性化。目前，在客流较多的公交站点安装电子站牌，实现站台候车的乘客通过公交电子站牌，实时了解车辆到站、线路调整等公告信息，为出行线路的选择提供参考；市民还可通过网站、手机网页或手机客户端等方式在出行前或出行中免费查询公交车到达地点、换乘方式、站点位置等相关信息，还可查询公交卡余额信息、消费记录、充值点信息、最新发布的改线信息、失物招领信息等。

智能公交车内还可安装车内 LED 屏，能够显示驾驶员姓名，实现亮证服务，便于乘客监督。同时，还能够在到站后提示乘客下车，同时显示即将到站的两个站点的站名，方便乘客提前了解到站信息。此外，还能够实时发布线路调整及公益信息，方便乘客换乘和了解公益信息。

公交站台上还可安装 WIFI 设备，乘客可以通过手机、笔记本等带 WIFI 功能的设备上网，既可以查询公交乘车的相关信息，也可以上网办公或娱乐，充分享受无线网络带来的便捷。

③有效改变城市交通面貌。信息化系统的全面应用能为乘客提供更加方便、快捷、优质的公交出行服务，吸引更多的人选择公交出行，减少城市交通压力，减少车辆对环境的污染。

在公交车上安装移动电子抓拍设备，对侵占专用道的社会车辆进行自动抓拍，由交管局对抓拍的车辆进行处理，可有效提高公交车的运行速度，既体现了公交路权优先原则，又可有效提高公交车辆运行速度和线路的运行效率。增设公交专用道，可为乘客提供更加快捷、准时、舒适和安全的服务，吸引更多的人选择公交出行，是有效缓解城市交通拥堵状况的应为之举。

5.3　手机刷卡技术及应用

5.3.1　NFC技术简介

NFC近场通信技术由非接触式射频识别RFID及互联互通技术整合演变而来。其在单一芯片上整合感应式读卡器、感应式卡片和点对点的功能，能在短距离内与兼容设备进行识别和数据交换，工作频率为13.56MHz。但是使用这种手机支付方式的用户必须更换特制的手机。目前这项技术在日韩被广泛应用。手机用户凭着配置支付功能的手机就可以行遍全国。这种手机可以用作机场登机验证、大厦的门禁钥匙、交通一卡通、信用卡、支付卡等。

NFC手机是指带有NFC模块的手机。带有NFC模块的手机可以做很多相应的应用。NFC是Near Field Communication的缩写，即近距离无线通信技术。这个技术由免接触式射频识别RFID演变而来（李刚，2006），由飞利浦半导体（现恩智浦半导体）、诺基亚和索尼共同研制开发。近场通信是一种短距高频的无线电技术，在13.56MHz频率运行于20cm距离内。其传输速度有106 kb/s、212 kb/s或者424kb/s三种。目前近场通信已成为ISO/IEC IS 18092国际标准、EMCA－340标准和ETSI TS 102 190标准。NFC采用主动和被动两种读取模式。

（1）**卡模式**

该模式将具有NFC功能的设备模拟成一张非接触卡，如门禁卡、银行卡等。卡模式主要用于商场、交通等非接触移动支付，应用中用户只要将手机靠近读卡器，并输入密码确认交易或者直接接收交易即可。此种方式下，卡片通过非接触读卡器的RF域来供电，即便是NFC设备没电也可以工作。在该应用模式中，NFC识读设备从具备TAG能力的NFC手机中采集数据然后将数据传送到应用处理系统进行处理。基于该模式的典型应用包括本地支付、门禁控制、电子票应用等，在andriod4.4之后，可以支持HCE（host card emulation）的方式，通过手机端软件模拟卡实现卡模式，而不像以前一样仅仅用安全元件（Secure Element）来加密解密，通常以芯片形式提供。

（2）**读卡器模式**

读卡器模式即作为非接触读卡器使用，比如从海报或者展览信息电子标签上读取相关信息。在该模式中，具备读写功能的NFC手机可从TAG中采集数据然后根据应用的要求进行处理。有些应用可以直接在本地完成，有些应用则需要通过与网络交互才能完成。基于该模型的典型应用包括电子广告读取和车票、电影院门票售卖等。比如，在电影海报或展览信息背后贴上TAG标签，用户可以利用支持NFC协议的手机获得有关详细信息或是立即联机使用手机购票。读卡器模式还能够用于简单的数据获取。比如公交车站站点信息、公园地图等信息的获取等。

（3）**点对点模式**

即将两个具备NFC功能的设备链接，实现点对点数据传输。基于该模式的多个具有NFC功能的数字相机、PDA计算机、手机之间都可以进行无线互联实现数据交换，后续的关联应用可以是本地应用也可以是网络应用。该模式的典型应用包括协助快速建立蓝牙连接、交换手机名片和数据通信等。

（4）**主要应用**

NFC设备已被很多手机厂商应用，NFC技术在手机上的应用主要有以下五类。

一是接触通过（Touch and Go），如门禁管理、车票和门票等，用户将储存着票证或门控密码的设备靠近读卡器即可，也可用于物流管理。二是接触支付（Touch and Pay），如非接触式移动支付，用户将设备靠近嵌有NFC模块的POS机就可进行支付，并确认交易。三是接触连接（Touch and Connect），如把两个NFC设备相连接，进行点对点（Peer－to－Peer）数据传输，如下载音乐、图片互传和交换通讯录等。四是接触浏览（Touch and Explore），用户可将NFC手机靠近街头有NFC功能的智能公用电话或海报，来浏览交通信息等。五是下载接触（Load and Touch），用户可通过网络接收或下载信息，用于支付或门禁等功能，如前述，用户可发送特定格式的短信至家政服务员的手机来控制家政服务员进出住宅的权限。

诺基亚推出的Lumia920/800及Lumia920型号手机对NFC技术的应用比较成熟，不仅有传统的NFC技术应用，还开发了基于NFC技术的外部设备，如NFC无线耳机。

除以上几种情况，其他的一些应用使用起来也同样方便。

手机卡和一卡通虽然合二为一，却仍然分属两个账户。因此，NFC手机一卡通还不支持直接扣话费刷卡，而手机欠费也不会影响一卡通的使用。

以前的一卡通是不记名的，丢失后无法补办，也无法冻结或找回卡上的余额。这一点，NFC手机一卡通也无法避免。一旦手机丢失，注册账户中的钱还能找回，但已经圈存进刷卡账户里的钱就无法找回。

（5）**技术支撑**

NFC手机用于公交支付属创新性探索，未来应用前景应该很广阔。其实，刷手机乘公交车并不是什么新鲜事，几年前，在上海、深圳、成都、西安等多个城市均已实现。

之前，刷手机乘公交采用的是SIMPass技术，即在原来的SIM卡上增加外置感应天线，是具有接触和非接触式功能的双界面卡。接触式界面可以实现SIM应用，完成手机卡的通信功能；非接触式界面可以支持各种非接触应用。手机与刷卡机之间的感应就是通过这个装置来完成的。但这一技术存在诸多缺陷。不能开启后盖的手机无法享受这一业务。如果手机是金属外壳，会对刷卡造成干扰，需要将塑料天线放到手机外面，再套上手机壳，才可以使用。如需调整电池等装置，要确保黑色纸片的一卡通不将手机电池完全覆盖，否则还会影响手机的正常使用。此外，还需尽量使用线充，减少插拔，以防止一卡通损坏。

（6）**与传统刷卡的比较**

和传统的近距通讯相比，近场通讯（NFC）有天然的安全性，以及连接建立的快速性。NFC天线是一种近场耦合天线，由于13.56MHz波长很长，且读写距离很短，合适的耦合方式是磁场耦合，线圈是合适的耦合方式。业界在手机中通常采用磁性薄膜（如TDK等公司生产）贴合FPC方式来做天线。一种新技术是磁性薄膜与FPC合一，即磁性FPC。

（7）**普及情况**

NFC手机的出现是一种改进。"NFC是近场通信，又称近距离无线通信，是一种短距离的高频无线通信技术，允许电子设备之间进行非接触式点对点数据传输数据交换。"有专家解释说，由于NFC安全性较高，因此，这一技术被认为在手机支付等领域具有很大的应用前景。比如，在台北市的一家酒店，房客在入住期间可向酒店方申请免费使用NFC手机，该手机可取代传统房卡进出饭店门禁系统，外出时还可以代替悠游卡（公交卡）搭乘大众交通工具或在便利商店内进行小额消费。在伦敦的几家酒店也曾进行过相同的探索。

5.3.2　基于NFC手机支付的互联互通实施方案

传统公交IC卡的互联互通方式在实施中存在实施周期长、建设投资大、相关各方协调难度大等问题。随着技术的发展，手机支付日益成熟，在技术创新与业务创新的推动下，手机支付项目为公共交通一卡通互联互通提供全新的技术方案和业务模式。目前，国内一些城市开展的NFC手机支付项目做出了卓有成效的尝试。

（1）**科技创新，以手机支付推进互联互通**

经过多年的发展，手机支付技术已开始普及。根据报道显示，中国人民银行肯定了 NFC 支付的安全性与风险控制，NFC 手机支付迎来政策利好。中国移动、中国电信、中国联通三大运营商均进行了海量 NFC－SWP 卡的集采。Gartner 公司估计，越来越多的智能终端将会支持 NFC 技术。

在不久的将来，使用手机支付将会如同使用卡片支付一样被用户认可并习惯。NFC 将会打开一扇新型支付的大门，使用户享受更加快速、方便、安全的移动支付。以手机支付为载体，为在不同标准体系和运营主体间实现互联互通创造了条件。

（2）**手机支付实施思路**

一是根据安全模块（SE）位置的不同，NFC 手机支付卡模拟应用有不同模式，公交一卡通手机支付以 NFC－SWP 为主要实现模式。二是以各通信运营商（中国电信、中国移动、中国联通）的用户识别卡（SIM/UIM）为 SE 的载体。三是各地的一卡通公司为传统预付费卡发行商。四是公交零票（不属于预付费卡体系，以公交为主体进行运作）以创新的手机支付方式（公交电子票）实现，作为预付费卡的补充，以手机支付为基础来实现公交一卡通系统的互联互通。

（3）**手机支付整体架构**

NFC 手机支付需要一个完整的系统协同工作来实现支付业务。该体系应由有互联互通愿望的 TSM 大区平台、手机支付管理平台、各通信商 TSM 平台、手机应用等多个部分共同构成。通过整体协作全面实现 NFC 手机的支付应用。手机应用示意图如图 5－2 所示。公交手机支付系统架构图如图 5－3 所示。

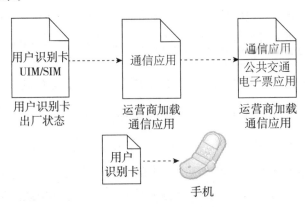

图 5－2 手机应用示意图

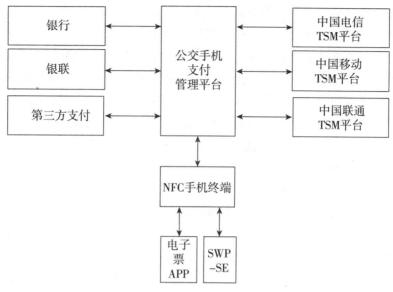

图 5-3　公交手机支付系统架构图

（4）**公交电子票简述**

公交电子票为以 NFC 手机支付技术为基础的客票应用，可发行于任意运营商的 SE。用户可自由选择通过任意或特定的线上/线下交易方式购买电子票。电子票存储于 NFC 手机安全模块（SE）内，以非接触刷卡方式在受理终端上实现验票通行。

公交电子票为公交行业主导发行的电子客票，将与现金购票和预付费卡共同构建完整的票务体系。公交电子票通过手机客户端（App）可发行在任意运营商的安全模块（SE）中。

用户可通过众多支付方式进行电子票的购买，如银行账户、金融 IC 卡、支付宝、通信运营商的支付产品（翼支付、沃易付）、第三方支付运营商发行的支付产品（天府通）等。

传统的卡支付应用为支付运营商（或银行）各自发行 IC 卡，各自拓展应用领域。IC 卡的应用受到支付运营商拓展能力的限制。对于应用行业，每接入一个支付运营商均须进行系统及终端的升级改造，实施周期长，整体社会性投入极大。

公交电子票是一种支付创新的 O2O 应用，改变了以往接入支付运营商均须进行系统及大量终端升级改造的情况，不同的支付运营商只需与公交手机支付管理平台完成对接，即可用手机应用实现公交电子票支付。

初拟电子票业务规则：电子票按照票据金额存储于手机钱包内；电子票即买即用，有使用期限；电子票有效期限由系统设定；电子票使用为一票一人，不支持带人；电子票的退票规则由公交票务部门加以确定。

电子票的应用流程：公交电子票应由公交企业统一发行，持 NFC 手机的用户采取自主方式下载安装公交电子票的手机客户端（App），自助操作开通公交电子票应用；开通公交电子票应用的 NFC 手机用户根据自身需要，自行操作公交电子票手机客户端（App）购买电子票，自主选择支付方式进行付费；用 NFC 手机轻触车载机感应区，听到"嘀"的提示音后，表示刷卡成功。卡内未购买电子票或电子票过期，语音提示"请投币"。

（5）**系统建设内容**

一是密钥系统（含认证码功能）。公交专属密钥系统为公交电子票应用的重要技术基础，密钥主要负责应用数据的加密保存、摘要数据或签名的生成、应用之间的安全认证等。根据业务特征，对应用密钥（圈存、消费密钥，以及 TAC、PIN 等）进行相应设定。

二是手机应用管理系统。手机应用管理系统（Handset Application Management System），即 HAMS 是一套多方合作的信任体系结构，是为通信运营商或服务提供商提供一种安全、可靠、便捷的加载和管理应用服务与客户数据的管理系统。系统包括：发布和管理基于安全载体（SIM 卡）的应用，允许用户下载应用服务至 NFC 终端并开通使用和管理；为参与手机支付的通信运营商与服务提供商提供互相信任的平台链接，允许各方通过此链接互相接入，传递应用与服务内容的数据；在安全载体更换时为用户提供安全账户与支付账户的迁移服务。HAMS 为参与 NFC 业务的公交公司、通信运营商、银行、其他业务合作伙伴等分别建立各自的应用管理平台，并实现安全的对接，允许用户通过某一方提供的安全载体下载应用并使用和管理。

HAMS 的功能主要包括三个方面，即应用发行管理、安全模块管理和标准的制定。应用发行管理包括以下几个方面的内容：一是根据应用发行者的委托、按照规定的格式和安全加密要求制作支付应用数据和配套的账户数据；二是负责审核应用发行者所提交支付应用的安全性、合法性和规范性；三是面向客户承担应用数据的查询、备份、挂失和补办等职责。

安全模块管理包括以下几方面的内容：一是承担安全模块发行者的角色，控制和管理安全模块的主控密钥；二是通过空中下载（OTA）等技术在安全模块中新增、变更或删除支付应用数据和配套账户数据。

标准的制定包括以下几个方面的内容。

一是制定应用发行标准。

二是制定安全模块的标准。

三是 O2O 移动支付系统。O2O 移动支付系统是将线下的支付业务与互联网结合，让互联网成为线下交易的前台，改变了以往接入支付运营商均须进行系统及大量终端升级改造的情况，不同的支付运营商只需与公共交通 HAMS 平台完成对接，即可在手机应用中实现公交电子票支付。O2O 移动支付系统是手机支付的前置交易系统。O2O 移动支付系统须与银行、银联、第三方支付等金融支付平台对接互联。

四是手机应用客户端。手机应用客户端软件运行在 NFC 手机操作系统中，通过 NFC 手机操作系统对智能卡发送支持标准 APDU 指令完成应用流程的交互。手机应用客户端是用户交互的重要渠道，直接为用户提供全面的服务体验。

五是建立统一的清算系统。在互联互通大区清分结算平台上实现手机支付交易的统一清算功能。

六是系统对接联调。手机支付是一个涉及众多环节的产业链，系统的建设涉及公交公司、通信运营商（中国电信、中国移动、中国联通）乃至银行（或银联）等金融机构，需各方平台相互对接及联调测试。

5.3.3 NFC 手机支付方式与传统一卡通在实现互联互通上的比较

（1）客户接受可行性难易度比较

传统一卡通受限于受理环境，须充值后方能使用，导致市民的资金形成一定的积压。而充值网点的布设规模直接影响了刷卡应用的用户体验。NFC 电子票采取现用现买的模式，市民在使用中无须提前充值。NFC 手机本身的特点决定用户可以随处随时进行购票，为市民提供了极大的便利。

传统一卡通一般由独立的通卡公司（或第三方支付公司）运营，对公交公司采取先消费后结算的业务模式，这对公交公司的现金流形成了一定压力。NFC 手机支付可实时到账，购票或消费资金可实时到位，在业务模式上实现了传统票据向电子票据的转变而不影响资金流向，公交企业接受程度高。

（2）操作可行性难易度比较

一是密钥体系。传统一卡通互联互通，需要统一的密钥体系。而 NFC 电子票的应用密钥可采用原有密钥，当城市改变时，通过密钥替换，来支持当地的应用。

二是硬件终端。传统一卡通互联互通需要整体改造所有互联互通城市的终端机具，工程量庞大调试极为复杂。NFC 电子票应用在本地实现时，采用当地标准，硬件终端升级便捷，甚至不需要改造。

三是成本费用。因统一密钥、设备改造或更换、平台升级、更换 IC 卡等工作，传统一卡通互联互通体系建设费用投入巨大。NFC 电子票应用则主要在手机端进行应用匹配，从而可极大降低互联互通的整体投入。

四是建设周期。传统一卡通互联互通体系建设，涉及技术环节众多，业务规范的统一更需要综合各地的实际情况，故而建设周期长。NFC 电子票应用为移动互联网创新产品，应用模式与技术特点便于异地复制，广泛推广。

（3）发展趋势比较

NFC 手机应用作为新兴技术产品，受到中国人民银行及三大通信运营商（中国移动、中国电信、中国联通）的大力推广。NFC 电子票应用不仅可在各大中型城市的各区市县间实现互联互通，亦可推广至全国，实现全国的互联互通。

NFC 手机支付不仅可用于公交行业，亦可广泛应用于众多电子票务行业，如出租、长途客运、旅游等。

5.4　城市公交数智化转型[①]

2020 年，习近平总书记在杭州考察时指出，让城市更聪明一些、更智慧一些，是推动城市治理体系和治理能力现代化的必由之路，前景广阔。总书记的重要论断给智慧城市建设提供了根本遵循，更是给出城市数智化建设的战略目标、方向路径和关键环节。新一代信息技术的广泛应用，加快了城市治理的现代化进程，这使城市治理变得更"聪明"。调研发现，数智化的普遍应用有利于实现转型跨越，数智化转型需要有新基建的支撑，需要生产流程的彻底再造，是对公共服务进行本质的改造。

在常态化疫情防控条件下，如何"聪明"应对城市公共交通安全保障问题，需要有面向现实的长远谋划。但从新冠疫情防控实践来看，地铁、地面等公共交通对病毒溯源工作贡献甚微。在这种情况下，公共交通工具可能成为病毒传染场所，安全通勤问题成为百姓焦虑的重要来源，客流量因此受到显著负面影响，城市交通结构也随之变化（公共交通分担率下降）。公共交通数智化转型有利于主体"聪明"地应对疫情防控工作，但是影响数智化转型跨越的因素很多，需要系统思维、整体推进，构建动态、智能、联合调度为主要功能的城市公共交通数智化指挥系统。

---

① 部分内容由本书作者刊发于《城市公共交通》，2021（9）：12—13，18

5.4.1　把握好新一轮新基建建设机遇，动态掌握城市公共交通数字化信息

如今，我们可以通过红外技术、线圈技术、图像识别技术等多种技术路线获取交通信息，但是，这些技术路线很难把交通信息转化为数字信息，用于动态、职能指挥。近年来，物联网技术的广泛应用，数字信息获取得以低成本实现，很有必要重新评估技术路线选择问题，在新基建领域重视对RFID电子标签技术的推广和应用。比如，以车辆行驶证、车牌、公共交通卡、手机卡等为介质，植入城市智慧标签，在城市传统公共基础设施上，如交通路牌、街牌、站牌、景区、车厢、建筑门牌等设施处集成具备识别标签的读写器设备（READER－WRITER），可及时统计读写器周边的RFID标签数量，并可精准获取标签编码，如图5－4所示，通过这种技术路径，城市治理者可动态掌握数字信息，结合大数据挖掘和5G技术，城市公共交通可建设一个面向公众的通勤服务平台，为精准掌握交通需求信息和城市溯源管理提供技术支撑。这种技术路线较身份识别、指纹、人脸识别等更具有私密性。有关"多卡合一"信号干扰的问题已由大唐电信技术攻关突破，RFID电子标签技术路线是城市公共交通数智化转型高效、可行的技术路线。

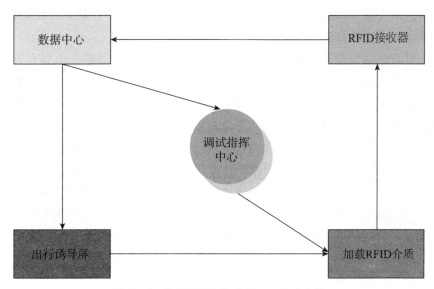

图5－4　基于RFID技术的时空分流系统

5.4.2 秉持交通协同治理理念，以"数智化"驱动城市公共交通智慧治理

城市交通运行机理与动物血管分布具有惊人的相似性，出行目的地要具备可达性，更多的是需要"毛细血管"和"动脉、静脉的支脉"，而非仅依赖于"大动脉、大静脉"。在交通大数据挖掘技术的支撑下，构建城市公共交通治理动物血管模型，通过实施动态智能联合调度，解决线网密度与目的地客流适当性匹配问题，布设毛细血管式路网、增设微循环公共交通运力、提升城市交通整体通达能力，是城市公共交通数智化治理的实现路径。

实现城市公共交通的数智化需要多个环节，明确数字化需求后，智能化调度要对供需进行精准、快捷的高效匹配，实现精准调度。此外，情势不断变化，这种智能化的过程还要适应动态变化。掌握动态需求后，及时精准适配运力是世界性难题。关键需要解决调度和运力储备两个层次的问题。这不仅仅是一个科学调度问题，靠人的反应来不及，需要智能调度；仅有调度指令也不行，要有合理的运力储备。

经调研分析，成都市是最具备智能调度条件的城市之一。近年来，成都在旧城改造中同步建设公共交通停靠点，规划建设小规模运力储备点。在成都的大街小巷，已经储备了密密麻麻的城市公共交通运力，需要时能快捷到达指定站点，这为动态、智能调度提供了条件。

城市公共交通数智化建设中有数字化、智能化还不够，还要有智慧化。城市交通的智慧化可尝试联合调度。联合范围包括：上联下联，内联外联和左联右联。上联要联系交通的需求者，下联要落实储备运力，保障精准服务。内联要联好城市公共交通的忠实乘客，优化城市交通结构，外联要联好城市公共交通潜在客户，拓展公共交通市场。左联要联好大客流站点的客流便捷换乘，右联要联好社区居民使其能够通过便捷换乘系统抵达城市快速交通站点。要建立一体化联合调度指挥系统，提高多种交通工具的协同效应，方便市民出行。公共交通的数智化可以有效解决久候、空跑及服务盲区问题。数智化时代到来，是不同组合搭乘出行方式发挥各自刚柔优势、摆脱经营困境的绝佳机会，有利于在智慧城市建设中突出城市公共交通"数智化"体系地位。

5.4.3 城市公共交通"数智化"转型的波及效益再挖掘

城市公共交通"数智化"转型应用场景很多，列举如下。

（1）**免检乘车，为公共交通安全性赋能**

持有写入有效健康认证记录 RFID 标签的出行者，可以凭免检二维码乘车，在提高公共交通通勤效率的同时，提升公共交通的安全性能，增强市民选择公共交通出行的吸引力。

（2）**精准溯源，提高疫情防控效能**

交通站点、车厢读写器可以对乘客进行精准时空溯源，为疫情防控，甚至公安破案提供精准有效的证据线索。

（3）**诱导出行，动态时空分流提高道路资源承载力**

路口的读写器可以精准统计特定时期、特定路段的交通保有量，交通指挥系统根据不同路段的承载力给出拥堵程度的精准判断。建立分时段、分路段机动车辆收费分流诱导机制，利用经济杠杆调控道路资源的供需关系，鼓励机动车辆免费驶入绿色路段，如图 5-5 所示，可有效避免城市交通行业的哈定悲剧状态。建设城市交通诱导系统，可为交通承运机构、个体出行者提供适时适路的决策参考，提高供需协调效率。

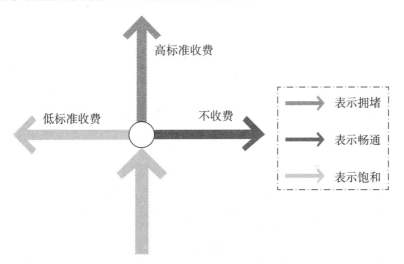

图 5-5　分时段、分路段收费系统

（4）**精准记载减碳记录，为碳交易、减碳积分奖励提供权威交易依据**

现代城市发展实践反复证明必须落实公共交通优先发展战略，提高公共交通分担比例，保障城市高效、安全、绿色、健康可持续发展，这也是碳达峰、碳中和行动方案中的重要举措。RFID 标签精准记载公共交通出行记录，可为碳交易、减碳积分奖励提供机制保障。

5.4.4　加强顶层设计，稳步推进数智化治理的试点示范工作

以习近平新时代中国特色社会主义思想为指引，以精准治理为主要抓

手，推进治理体系和治理能力现代化。

（1）**加强数智化治理体系的顶层设计**

把握好新基建投资机会、选择好技术路线、拓展好应用场景，系统构建新型城市公共交通数智化治理的精准服务体系，着力于发展民主、凝聚共识，让市民出行有更多的选择机会，更具安全感、获得感、幸福感，以体现政府的领导力和号召力。

（2）**协同推进数智化建设和信息安全工作**

智慧城市的建设建立在数据共享基础上，要建立一个具有公信力的数据管理平台，促进由单纯强调个人隐私保护向数据共享转变。

（3）**高起点谋划、高标准推进、高质量建设数智化治理示范区**

选定一些新建城区为试点先行和示范带动区，整体谋划新区的数智化建设工作，增强公共服务领域调适能力，提升城市公共资源的承载能力，使政府城市治理成本降低。

第6章　城市公交协调发展

地铁成网后，城市交通分担结构中地面公交的主导地位渐失，营运服务日趋困难。常规公交需要着力抓好公交准点服务主业的同时，通过线网优化调整、城乡公交一体化发展、公交与轨道交通协同发展以及公交地产综合开发等举措，加大统筹城乡发展力度，增创公交协调发展新优势。

6.1　城乡地面公交协调发展

随着城市化进程的逐步加快，城乡公交二元结构问题将制约公交发展。市场分割、城乡分割、线网不融通；城乡票价不一致，城市近郊市民不能享受中心城市发展成果；城郊公交运力投放不足，近郊公交分担率低，进城的其他交通方式反堵中心城市，可见这种交通结构显然不适应当前交通环境。因此，破解城乡公交二元结构，实现统筹发展迫在眉睫。

6.1.1　城乡公交融通

归集城乡公交线网不融通的原因（汤吉军，2013）：其一，城乡票价不一致，城市近郊市民不能享受中心城市发展成果；其二，城郊公交运力投放不足，万人标台远远低于中心城市，近郊公交分担率低，形成"农村包围城市"式的交通结构反堵中心城市的交通困局，这种交通结构显然不适应快速城市化特点下的发展环境，破解城乡公交二元结构，实现统筹发展迫在眉睫（李乐，2014；邱敦国，2014；黄恒学，2015；毛寿龙，2014）。

"网运分离"模式厘清了线网管理主体与各经营环节的市场化关系，可有效解决资源配置无序所带来的高耗低效问题，是实现公交线网资源最优化配置和营运生产成本最低化运作的有效途径，不但为公交成本规制管理奠定了坚实基础，也为城乡公交一体化发展探索出新的运行体制。

6.1.2　公交线网的规模效益

从公交营运的现实情况看，线路延长导致堵点增加，影响车辆周转效

率,需要增加配车,无疑降低公交营运效率。

（1）米字形公交线网与线路条数的例证

公交线网的布设,离不开支撑线路调停的首末站。以图 6-1 所示的米字形线网结构为例,说明线网布设的优化程度对公交营运生产效率的影响。

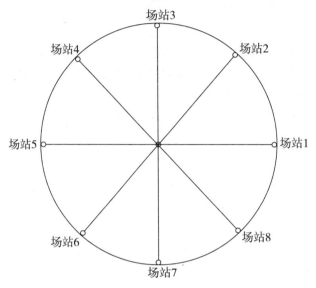

图 6-1 米字型公交线网

假设直径为 12 公里的圆形区域,存在 8 个场站,全连通这个区域的骨干线网仅需要 6 条线路,因环线长 37.68 公里,需开行两半环线路加以连通。

若直径为 24 公里的圆形区域,同样存在 8 个场站,全连通这个区域的骨干线网需要 28 条线路。

米字形全连通路径需要线路 $\sum_{i=1}^{7} i = 28$

此种路网情况下,最近的两站点间线长达 9.18 公里,最长的线路达 24 公里,如图 6-2 所示。

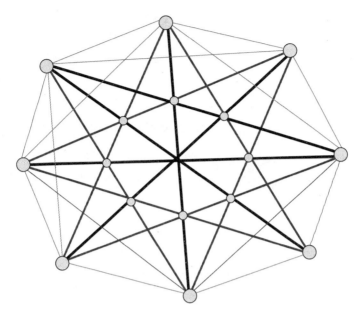

图6-2 直径为24公里的米字形公交线网

上述两种情况下，区域直径增加1倍，线网面积扩大了4倍，骨干线网扩大的倍数却高出4倍。同时，因线路过长、线网不优化、统一服务标准的综合影响，随着线网区域面积增加，公交营运线路将会高比例增加，若管控失当将会降低公交的营运效率。

（2）**公交线网规划规则**

公交线网的规划应满足以下规则。

①不改变乘客既有出行习惯。即既有骨干线路应保留。

②在每个规划线网内，任意OD出行方案，仅需要换乘一次。

③不与轨道交通、BRT线路重合，连续重合站点不超过三个，不超过两次重站。

④按照二八原理，分层规划骨干线网（准点）、干线网（方便换乘）和支线网（摆渡车、社区巴士等，高频率发车）。

⑤线路长度保持在15～30公里。

⑥不开行锐角线路，同时线路直线系数不高于1.414，即线路长度与直线距离比不高于1.414。

⑦城市道路公交线路重复系数应不低于2条，但也不高于10条（如图6-3所示）。

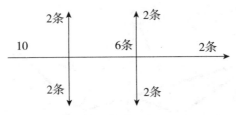

图6-3 城市道路公交线路重复系数

⑧任何途经站点不超过10条线路。

⑨骨干线路可跨规划区域，干线公交和支线公交仅在本规划线网区内开行。

（3）公交线网规模效益递减

当城市公交发展超出一定规模时，存在比较明显的规模效益递减现象，即人均营运成本和单公里营运成本不减反升；线路过长、线网不优化、服务标准单一、营运效率低等多种因素造成了超规模效益的不经济性。因此，类似北京、成都等超大城市公交大力推行"互联网＋"行动，按照市域公交线网划定适度规模的责任市场，分区域规划线网，落实营运主体，实现城市公交跨区换乘可达的线网管控模式。同样地，在推进城乡公交融合发展中，也要重视公交线网规模效益递减问题，也要分区划定线网责任市场和线网责任主体，实现城乡居民跨区换乘可达。

6.2 公交与轨道交通协调发展

6.2.1 公共交通融合发展

城市交通出行方式除了地面常规公交外，还有地铁、私家车、自行车（包括电动自行车）、BRT、城市短途客运、出租车和三轮车等方式。地铁和BRT享有独立路网，其便捷性和准点性堪称城市交通之最。在城市交通路网中，地面常规公交参与道路资源的竞争，提高其交通分担比例不仅依靠于自身的发展，还依赖于其他交通出行方式的便捷性。私家车、自行车和常规公交企业在同一路网中参与道路资源争夺，政府的调控政策显得尤其重要，尤其在拥挤的干线路网中，公交专用道的开辟降低了公交企业的运营成本、城市中心区域的限号限行政策降低了私家车出行强度，为公共交通让路。价格手段的调控包括：继续保持低公交票价的稳定和优惠，增加私家车出行收费。吸引私家车出行客流强制转移到公共交通，用公交的经济性、便捷性、舒适性吸引私家车客流，提高城市公交分担率，提升路网车辆运输效率，减少拥堵等出行外部性效用。认识到城市交通出行方式之间的竞争性的同时，也需要正确处理好交通出行方式之间的协作关系。以上海市为例，过分强调地铁与常规公交的竞争性，在上海地铁线网日益完善的情况下，上海市地面公交生产效率逐年下降，同时，上海地面公交失去了良好的线网调整的契机。

地铁、BRT 运营和常规地面公交具有相同的公益性和普遍性。但不同的交通出行方式之间具有明显的特点。地铁和 BRT 运营特点主要是大运量、准点、快速，常规地面公交线网更具有柔性。重视城市交通发展，就是发挥各个交通出行方式的优势，形成有序的竞合关系。例如，BRT 企业和地铁企业，与常规地面公交企业形成既相互竞争又相互协作的格局，在发达的城市路网中，对于相同线路走向的常规公交线和地铁运营线，常规公交的定价策略会影响地铁的客流，如果常规公交的票价过高，公交的客流会转移到地铁上，反之如果常规公交票价过低，甚至免费，将极大地影响同线路地铁的客流，进而影响地铁运营效率、收入、利润等。

乘客往往借助轨道交通实现长距离快速位移，与轨道交通接驳的常规公交线路的定价关系到乘客换乘轨道交通的意愿。尤其在一体化公共交通出行快速发展的背景下，常规公交定价和轨道交通联合定价关系到整个交通系统的优化。

6.2.2　地铁站点的综合开发

从提升服务效能的角度来看，将地铁站点由传统孤立站点升级为具有首末站功能的现代公交综合体，不仅满足地铁客流上下客的需要，还能行使地铁客流换乘起点发车的公交线路功能，香港多数地铁站点均采取现代公交枢纽站方式建设。这种具有枢纽功能的交通站点更加安全、智能、环保、便民。通过人车分流，场站内交通组织合理，人、车流动顺畅，有效减少安全隐患；实现车辆调度、站内管理智能化，营运管理更加智能高效；各种医疗、IC 卡充值和残障人士无障碍通道等便民设施更加周全，充分体现公交人文关怀；现代、美观的外立面，提升了城市形象，宽敞舒适的乘车环境更能吸引市民选择公交出行；引入污水回收、尾气处理、减振降噪等绿色、环保技术措施，减少了交通站点对周边居民的干扰和影响；可配套电动公交车充电设施，为新能源车的推广应用创造了良好条件；场站配套的商业部分具备的购物、娱乐等便民服务功能，可满足市民复合型生活需求，增强公交出行吸引力；通过与地铁、火车、长途等其他交通方式的无缝对接，更方便市民出行，提高公共交通的整体运行效率；配套充足的私家车停车位，方便市民在私人交通和公共交通之间自由换乘。

从经济效益的角度看，以地铁站点综合开发收益反哺公益设施的建设，可提升公共服务的自我造血机制和能力。综合体商业开发后，企业可从两种途径获取发展资金。一是物业销售，通过综合体的立体开发，对部分物业进行销售，用所得资金支持综合体的滚动建设。二是商业租赁，通过对部分商业物业的持有和租赁，获得优质商业的持续收益，可用于弥补公交营运主业的亏损，达到可持续发展的目的。

6.2.3 公交与轨道交通目标市场定位

城市地面公交应加强与地铁线的无缝接驳，通过城市统一布设交通线网加以实现。地面公交不与地铁开行平行线路，要开行"鱼骨刺型"线路，在地铁成网的区域发挥公交柔性功能，主动辅助地铁线路，实现公交地铁"两依赖、两促进，协调发展"。在地铁未成网的区域发挥公交城市交通的主导作用，不断加密线网布设，低成本培育城市交通客流，为地铁运营做铺垫。

城市公交路网可实行差别定价。地铁与 BRT 具有独立路网，可按照成本定价法决定服务价格。地面公交涉及与小汽车、自行车进行路权竞争，适宜选择低价定价策略。在城市交通扶持政策下，根据财政全预算幅度，可精算出公交票价。

6.3 公交场站资源的综合利用

公交基础设施是城市基础设施的重要组成部分，主要包括公交枢纽站、停车场、保养场、首末站、中途站点和专用道等，是公交营运不可缺少的基础资源，具有先导性、基础性和社会性等特点。由于城市土地资源的稀缺性以及公交基础设施对社会资本的投资吸引力不高，导致公交基础设施建设难以满足快速增长的公交运营需求，成为制约城市公交优先发展的短板。为此，基础设施建设作为保障公交优先发展的重要任务，政府应将建设公交场站、开辟公交专用道等重点任务，作为为民办实事"民生工程"督查项目下达给市级有关部门及公交集团，确保和促进公交基础设施的建设进度。

6.3.1 实施现代公交场站综合立体建设

随着社会的发展，市民对公交出行舒适度的要求越来越高，这不仅体现在对公交车的服务需求上，也反映在对公交场站的要求上。传统公交呈现"小而全、大而全"的局面，平面式布局的公交场站不仅停车数量受限，而且人车混行，配套不足，对残障人士的人文关怀设施设置不到位，居住在公交场站周边的市民更是每日忍受噪音、尾气、震动的干扰，简陋的外观也极大地损害了城市形象，公交业态与社会发展水平不相匹配，资源得不到集中、有效利用。划拨用地性质的土地资源，无法形成有效资产，企业融资能力弱，制约扩大再生产能力。针对这些问题，本书提出充分利用地上空间，建设现代公交场站综合体的理念。

立体建设，让公交车上楼，是在城市土地资源日益紧缺的形势下，缓解公交停车难最有效的办法。实施立体建设后，停车数量将比传统平面停车方式增加80%，大大提高土地集约利用效率。公交场站立体综合开发建设的新路子，不仅能彻底改变传统公交场站的落后面貌，而且还能利用公交人气资源重塑现代公交商业运作模式，企业可持续发展能力显著增强。

6.3.2　公交场站开发的新模式

城市公交作为公益性行业，客观上要求其公交运营主业须以社会效益为重。因此，为维系公交行业的可持续发展，必须高度重视和充分挖掘公交优质辅业资源所蕴藏的市场经济价值，以弥补主业的政策性亏损。公交辅业资源中，较为突出的资源当属土地资源，特别是大中城市的公交企业，均有数量、规模较为可观的场站土地资源，但这些资产往往受制于土地性质或规划用途，仅发挥单一的公交场站功能，未能将公交场站汇聚的人气资源，通过提供各种商业服务配套，转化为现代公交应有的巨大商机。

按照"从场站资源分散低效向集中高效转变"的改革思路，公交企业可以尝试整合公交土地资源，切实保障并有效夯实土地资产，探索公交场站综合立体开发。

（1）实施黄金地段公交场站"腾笼换鸟"

黄金地段的公交场站，因公交车频繁进出对周边交通有一定影响，而且公交车噪音、尾气污染也招来周边居民诟病，因此，公交场站外迁，所谓的"腾笼换鸟"往往被列入为民办实事项目。但对于城市公交而言，若将原本稀缺的市区公交场站外迁，公交线路也将随之延伸，这样势必导致公交车长时间占用道路资源运行，不仅运营效率低下，而且也给市民公交换乘带来不便，最终导致公交吸引力进一步降低，私人交通出行量持续增加，造成更加严重的交通拥堵和环境污染。因此，应尽可能保留或者改造升级黄金地段的公交场站。

一是积极争取将原有的公交场站、保修场的用地性质由划拨改变为出让的商业或综合用地。通过转变用地性质夯实公交土地资产，不仅能有效增企业融资能力，还能为公交土地综合利用打下良好基础。二是对新增公交用地，建议一律以出让用地的方式获取，土地出让金由企业自筹支付或由政府以资本金的方式注入。

应该说，城市公交要实现又好又快的良性发展，不仅应在城市新区建设时前瞻配套规划公交场站用地，而且在旧城改造时也应留出必要的公交首末站用地，以弥补"历史欠账"。

（2）商场周边交通拥堵的思考——催生公交综合体理念

随着城市化、机动化进程的加速，城市交通拥堵日益严重，特别是在人流聚集特别高的商业区，交通拥堵尤为严重。以大型商场为例，无论它开在闹市区，还是主干道沿线，均会成为交通堵点。究其原因在于，购物者基于方便性的考虑，一般都倾向于开小汽车进出商场，而不愿意拎着大包小包的物品去挤满载的公交车。

上述状况，应该引起公交企业的思考。根据 TOD 发展理念，应前瞻规划建设城市公共交通系统，并根据其客流承载能力进行居住区、商业区的合理布局。如果将公交场站与商业区整合在一起，让公交车上楼，不仅节约土地资源，而且市民购物后可在大楼内直接乘坐始发的公交车，会将不少小汽车出行者吸引到公交车上来，周边道路的拥堵状况也会有所改善。这种符合 TOD 发展理念的公交综合体建设，通过客流交换，对商家和公交二者而言，能够实现相互促进的双赢局面，具有经济效益可行性。

第 7 章　城市公交绿色发展

交通工具可靠性保障是准点公交的基本条件，在大力发展新能源汽车的技术背景下，不仅需要先进技术，更需与之相适应的创新营商模式。通过设立新能源汽车产业发展基金，探索新型营商模式，变单一的汽车产品销售为集合新能源汽车、基础设施建设、维修服务和环境治理等关联市场的系统集成服务，以期实现新能源汽车产业的异地销售，带动产业链上下游细分领域的发展，最终实现有效缓解环境、能源压力之目的。

7.1　新能源汽车产业发展现状分析

能源危机和城市灰霾等环境压力与日俱增。新能源汽车在节约能源、减少排放、保护生态环境、防止气候恶化等方面优势明显，大力发展新能源汽车产业已上升为国家战略，得到多项具体政策扶持，拥有前所未有的发展机遇。国务院发布的《节能与新能源汽车产业发展规划（2012—2020 年)》指出，加快培育和发展节能汽车与新能源汽车，是推动汽车产业可持续发展的紧迫任务，也是加快汽车产业转型升级、培育新的经济增长点和国际竞争优势的战略举措。

7.1.1　各地新能源汽车产业发展背景

（1）能源危机和环境压力

传统的内燃机车对石化能源的依赖，加大全球石油能源日渐枯竭的风险，同时，大量排放碳氧化合物等有害气体和污染物质，导致城市污染日益严重。能源危机和环境容量的限制，制约着汽车工业的健康稳定发展，集节约能源和保护环境于一身的新能源汽车将成为未来汽车产业发展的必然选择。据测算，12 米重型 CNG 内燃机车每公里排放碳氧化合物等各类污染物约 1000 克，污染气体排向空气后再收集治理将造成巨大的环保治理代价，而纯电动车为零排放，站在社会效益的评价角度，新能源汽车具有十分显著的社会效益。

（2）发展现状

当前，各地新能源汽车产业呈现投资踊跃、产能大、研发后劲足、种类多、示范营运积极性高的强劲发展势头。各地加大招商引资力度，新能源汽车关键零部件，如电池、电控、电机等生产厂家及整车企业纷纷形成产能，包括整车制造企业、电池材料与核心原材料生产企业、电池生产企业、电机电控与动力总成企业以及储能系统应用企业，已经形成较为完整的新能源汽车及储能系统产业链。同时，各地重视基础研究和技术开发支撑体系建设，高校、企业研发机构、地方政府研究机构通过与企业建立"产学研用"合作，将研发成果应用于新能源汽车和可再生能源发电储能系统产业中，新能源汽车企业通过"产学研用"深度融合，走集成创新之路，逐步掌握以整车匹配控制技术为核心的自有技术。

7.1.2 各地新能源汽车产业发展存在的问题

（1）消费风险制约着整车市场开拓

汽车属于典型的服务型有形产品，理性的消费者在采购车辆时更多的是考虑安全、成本、方便性和舒适性等因素，在未出台排污收费政策前，鲜有考虑环保因素。相对于传统汽车，新能源汽车在性价比、零配件供应、配套服务等方面缺乏完整的服务体系作为支撑，导致市场推广情况并不理想。此外，新能源汽车与传统汽车的消费体验也不一样，消费者是否能够接受以及如何接受，都需要参与新能源汽车产业的各方在政府引导、市场培育、原油价格、交通管理等方面做出系列配套安排。

根据中国汽车工业协会的统计数据，2013 年，我国新能源汽车的产销量分别为 17533 辆和 17642 辆（见表 7-1），比上年增长 39.7% 和 37.9%，远高于传统汽车 14.7% 和 13.9% 的增幅。虽说国内新能源汽车在增长幅度上表现出良好的发展势头，但由于其本身基数小，占整个国内汽车产销量的比重仍微乎其微。

表 7-1 2011—2013 年第一季度中国新能源汽车产销量

年份		2011 年	2012 年	2013 年
汽车总产量（辆）		18418000	19271000	22116000
新能源汽车总产量（辆）	纯电动	5655	11241	14243
	插电式混合动力	2713	1311	3290
	小计	8368	12552	17533
其他汽车产量（辆）		18409632	19258448	22098467

年份		2011年	2012年	2013年
汽车总销量（辆）		18505000	19306000	21984000
新能源汽车总销量（辆）	纯电动	5579	11375	14604
	插电式混合动力	2580	1416	3038
	小计	8159	12791	17642
其他汽车销量（辆）		18496841	19293209	21966358

＊数据来源：中国汽车工业协会

（2）新能源汽车发展政策依赖性强

当前，新能源汽车运营示范最为活跃的领域应数城市公交行业。以城市公交车为例，传统内燃机车的实际运行成本为每公里5.94元，新能源汽车的实际运行成本为每公里12.26元（参考成都公交集团的统计数据）。理性的汽车购买用户出于对运行成本的考虑，缺乏利益动机去购买机会价值每公里高出6.32元的新能源汽车。同时，我国未出台有关内燃机车用户缴纳排放污染费用的法律法规。这就造成了大气环境污染日益加剧的"公地悲剧"，而"公地悲剧"的治理主体最终落在了政府财政上，不得不通过财政补贴这种"输血机制"来发展新能源汽车产业。

新能源汽车使用成本高出内燃机车的原因，集中表现在三方面：购置价格高导致的折旧费用高；续航里程短，驾驶员人工成本支出高；充电站、充电桩布局密度不足，导致无效里程高、车辆停靠成本高。

（3）跨行政区销售困难

受性能、成本、充电设施等因素影响，中央财政和地方财政双重补贴是消化新能源汽车高公里成本的主要渠道。中央财政补贴具有广泛性和标准性，不产生行政辖区间的利益再分配。而地方的财政补贴具有鲜明的行政辖区的利益边界。积极发展新能源汽车产业的各大城市寄希望通过财政资金投入带动10倍以上的GDP，缘由是地方财政收入大体上约为GDP的1/10。各地"理性选择"的结果是各地都在采购本地新能源汽车。这形成新能源汽车整车厂在各地布设生产基地的产业发展现象，形成新能源汽车分地域的自产自销产业发展格局，跨行政区域销售极其困难。显然，在这种市场格局下，非但不能带动财政资金投入量10倍的GDP，反而造成财政投入贡献等"值GDP"的窘境。

（4）关联主体多造成矢量抵消

对于新能源汽车产业发展而言，产业部门关注的是行业进入审批门槛，科技部门关注的是技术路线，工业部门关注的是生产和销售，投资管理部门关注的是投资收益，财政和税务部门关注的是补贴，各部门职能的差异性导致了其对新能源汽车产业管理的不同要求，这些要求在某些方面存在冲突，在某些方面存在重复。对正处于起步发展阶段的新能源汽车产业而言，责任主体、利益关联主体过多的发展格局，势必加大产业推进的协调成本。

7.2 公交车供应链上采购的系统分析

7.2.1 车辆采购的难题

随着城市的发展，公交也在快速发展，公交公司的车辆迅速增加，车辆配置也越来越高级，公交公司无论是在保修技工的配备，还是对场地的投入、管理人员的配备、资金的投入等都是制约保修工作的瓶颈。更重要的是零部件品种不断增多，在占用库存资金的同时，缺货断货导致的保修待料损失也不容忽视。

公交车辆不同于小轿车，其运行时间长、对安全性能要求高，车辆的维护全部由企业自己负责，从公交车 LCC 比例图可以看出采购成车在生命周期中所占的比例仅为 15%LCC。(全生命周期成本，*Life Cycle Cost*，简称 LCC)，也被称为全寿命周期费用。它是指产品在有效使用期间所发生的与该产品有关的所有成本。公交车的生命周期成本包括车辆成本、人工成本、燃料成本以及维修成本等，如图 7-1。

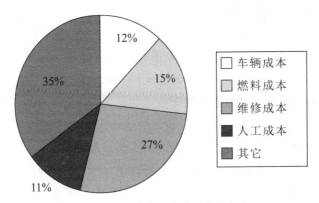

| 车辆成本 |
| 燃料成本 |
| 维修成本 |
| 人工成本 |
| 其它 |

图 7-1 公交车的全生命周期成本

随着国家优先发展公共交通战略的实施，公交企业车辆采购数量逐年增加，连续几年的招标采购导致车辆的车型复杂、零部件采购困难、维修技术难度高等连锁负效应，若问题加剧将使整个公交企业管理和营运陷入困境，这也是公交企业采购遇到的共同难题。

（1）**车型及技术配置多样增大车管难度**

公交车有成千上万个规格型号的零部件，多个客车厂家购车的直接后果就是造成车型及车辆技术配置的多样性；即使是相同客车生产厂家的同型号车辆，由于批次不同，其技术配置也可能有差异，这都加大了使用和维修管理的难度，如图7-2。此外，由于不同厂家的生产基地分布在全国各地，车辆故障处理的及时性也大打折扣。

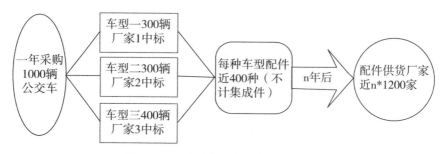

图7-2 配件供货厂家增多的成因分析

（2）**小批量的车型在使用中售后服务乏力**

由于每年新购车总量有限，由几家客车生产厂家分配后各自所获的订单数量较少，导致整车和零部件质保期满后生产厂家对售后服务工作的支持度和积极性不高，购置维修配件困难。

（3）**"舍近求远"购车不利于确保车辆正常营运**

招标新购车辆不能排除外地厂家，这种"舍近求远"的购车不便于与生产厂家的技术交流，不便于故障处理，也不便于车辆共性问题的整改。

（4）**修理人员和保修场地紧张带来安全营运隐患**

维护修理是确保车辆处于良好技术状况和保证营运安全的重要措施。全国公交企业的车辆维修工作一直由公交企业自己的修理队伍承担。随着公交规模扩大、车辆型号增多，车辆进场维修、待修所耗费的时间不断增长，造成"驾修"矛盾更为突出，对车辆的安全营运带来隐患。

通过调研分析发现问题的根源是车辆配型多和零部件种类繁杂。公开招标是价格和质量的竞争，随着"优先发展公共交通"战略的实施，城市（特别是一线城市）公交车采购的数量在逐年递增，连续几年的公开招标采购势必导致公交企业的整车招标采购负效应。如何正确处理招标采购以规避整车招标采购带来的负效应呢？

公交车有其本身的特殊性。第一，它不同于小车的采购，公交车数量多，没有小车的4S店（*Automohile Sales Sevvicshop* 4S）保障售后，其所有的售后维修都是企业自己解决，不同厂家的公交车技术配置不同，零部件供应商不同，技术线路不同。技术维修要求也种类繁多，对技术人员的要求非常高。第二，公交车辆采购价格仅仅是其生命周期总成本的一小部分，如果售后服务欠缺，那么营运效率也会降低，进而导致企业的总体效益降低。换句话说，从投入和产出的角度来看，公交车辆的采购价格仅占生命周期成本的五分之一不到，并不对生产过程起决定性的作用。因此，应该探索适应公交优先发展的采购模式，提倡"家装式"采购的车辆购置模式。

7.2.2 破解采购难题的新模式

车辆购置市场化的核心是公开、公平、公正运作，达到新购车辆性价比最优。"家装式"采购模式是借鉴邯钢"成本倒扣法"经验，通过运用类似只包工、不包料的"家装式"采购。"家装式"采购模式的流程如图7-3所示。

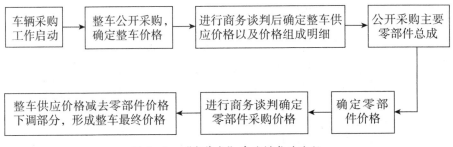

图7-3 "家装式"采购模式的流程

公交车辆采购招标工作既应注重程序，更应该注重结果，改变以往采购公交车只对客车整车生产企业进行公开招标比选的惯有做法，应将采购招标工作从整车生产厂向车辆主要零部件及其上游产业链延伸，对发动机、底盘、空调、制动器、轮胎、CAN总线和变速箱等主要零部件及总成供应商进行公开招标比选，通过向国内外知名制造商公开采购信息，引入品牌好、实力强的企业参与公平、公正角逐，并运用集中批量采购、浮动确定中标数量、优化付款等方式，积极营造供应商降低供应价格的博弈环境，获得零部件的全国或全球最低采购价格。

"家装式"采购模式既可实现整车采购成本降低之目的，又将车辆采购同招商引资相结合，以市场换投资，努力促使国内知名的客车零部件制造供应商家在公交服务半径内投资办厂，还可将部分零部件维修保质期延长至车辆全生命周期，进一步降低车辆的使用成本，实现性价比最优化。

采取"家装式"采购模式，车型技术配置逐渐趋于统一，传统公交遇到的运营维修问题将逐步破解，同时在车辆管理方面还将取得以下效果。

（1）**提高车辆档次，降低采购价格**

在车辆采购中以市场化方式介入整车的上游主要零部件和总成的供应环节，减少中间渠道，公开集中批量采购，通过规模效应和优化付款等方式，取得在钢材、橡胶等原材料价格和人工成本大幅攀升的情况下，单车采购价格降低和车辆技术配置升级的效果。零部件招标下调价格在整车报价中扣减，可降低车辆采购成本。

（2）**统一车辆配置，节约人员和场地资源**

通过在整车采购中约定关键零部件，对同车型的技术配置进行统一，既便于驾驶员的正确操作和日常维护，又便于车辆维修。每个修理人员承修的车辆绝对数将得到大幅提高。车辆配置统一后，使用和维修的一致性增强，维修时间缩短，修车效率和质量提高，节约了场地资源和人力资源。

（3）**撤销组织机构，降低生产成本**

通过整车询价比选结合零部件招标的车辆采购模式，车型固定，车辆技术配置趋于统一，关键零部件相同，弱化物资公司配件采购功能，减少配件库存种类，降低维修配件的资金占用，可向零库存方向努力。

此外，车辆修理方面要求维修配件与新车出厂配件一致，即新车出厂时装的配件在后续车辆维修中都会继续使用，无形中增加了这些零配件销量，具有规模效应，因此车辆采购价格和后续维修成本都得以降低。

新车采购中由于集中规模采购和付款方式等的优惠条件，部分零部件厂家将质保期延长至车辆全生命周期，即一直由生产厂家负责该部件的维修直至车辆报废，这在全国公交企业中具有示范效应。

从车辆角度而言，车辆技术性能的优劣可以从修理人员与车辆标台的人车比指标体现出来，单位为标台/人，该指标代表每名修理人员负责修理的车辆标台数量，在修理人员维修能力确定的条件下，该指标数据越大，代表车辆可靠性等技术性能越好。

（4）**新能源车辆采购模式探索**

能源危机及自然环境的恶化是我们当下遇到最复杂、最严峻的挑战。新能源车辆环保、节能、舒适，世界各国竞相发展。现在新能源车的发展还在起步阶段，其技术含量高、价格高昂（为普通车辆价格的 4～5 倍）、续航里程有限，不确定因素大。

随着"十城千辆""二十五城千辆"的推广示范应用不断深入，全国公交创新思路，大胆尝试应用。本书从风险共担和可控角度出发，开创性地提出"管家式"采购模式，即在电动车的全生命周期中，设置条件支付购车款进行采购纯电动公交车的采购模式。厂家负责车辆全生命周期的维护修理，期满后车辆产权归公交集团所有。此外，新能源车辆在运行期间须达到每日运行里程条件才支付费用，且公交企业不负担车辆的任何维修和电池更换费用。这种采购方式使得车辆供应商密切关注车辆的技术状态和运行状况并做好车辆的维护，一旦检测出车辆的任何问题，立即修复，甚至细化到驾驶员的操作及车辆充电等细节问题，全力确保动力电池的续驶里程能满足要求，从而达到新能源车辆的风险由多方共担的效果，促使研、商、用共同协作，做好新能源车辆的示范推广工作。

（5）**与供应商建立深层关系**

从供应商关系的历史发展来看，采购方与供应商关系可以划分为交易性竞争关系、合作性适应关系和战略性伙伴关系三种类型，如表7-2所示。

表7-2　供应商关系的三种类型

类型	交易性竞争关系	合作性适应关系	战略性伙伴关系
关系假定	•供应商之间的竞争有利于采购方 •供应商越多，采购价格越低	•依靠较少的供应商，但提出更高的要求 •要求供应商在最短时间，在合适地点，以合适方式完成某件合适的事情	•建立"实时供应"关系 •与少数甚至唯一的供应商合作，合作领域可能涉及生产、工程技术、设计、采购、营销等多方面
导致结果	•大公司通常拥有上千家供应商 •供货质量参差不齐，双方很少关注质量控制 •供应商维护和管理成本增加	•在某种程度上，这种供应商关系仍是对立的 •采购产品规格、标准越来越复杂，但供应商却少有介入其制定过程	•供应商参与采购客户的产品设计和规格的制定过程 •一揽子采购协议或其他更加非正式化的订购协议日益普遍

事实上，从交易性竞争关系向合作性适应关系、再向战略性伙伴关系的转变是有其历史背景的。20世纪80年代开始，制造商（尤其是发达国家的制造商）日益依靠供应商来降低成本、提高质量，以及在开发新工艺、新产品上超过竞争对手。如何让制造商与供应商进行更为密切的合作？在这一点上，以丰田公司为代表的企业倡导建立供应商"联盟体系"。这种"联盟体系"是一种联系密切的供应商网络，可以让供应商与制造商一起不断学习、不断改进、共同成长。

例证：丰田的战略性供应商关系。在世界汽车产业史上，日本丰田公司能够后发制人打败美国汽车制造商（以通用、福特、戴姆勒－克莱斯勒为代表），其中一个很重要的原因就是它独特的供应商管理理念与制度。美国汽车制造商采用高度垂直一体化战略，通常与1500～3000家外部零件供应商直接交易，其竞争性采购高度压缩供应商的利润空间。与美国汽车产业竞争性供应链关系不同，丰田汽车公司努力和供应商建立长期合作关系。丰田往往与少数一级供应商签订生产合同，把较大的订单派给有限的几个生产商，从而使其获得规模经济，而由此获得的成本削减就由供应商和丰田共享；其直接供应商数量只是美国竞争对手的 1/10，而且供应商更为稳定（大约为 100～200 家，不超过 300 家）。

同时，这种丰田供应链模式的内涵远远不止激励目标。丰田花费大量时间评估众多潜在供应商，考虑除了价格外的很多其他因素，目标是建立长期的相互信任关系。评估后，丰田和关键部件的关键供应商建立长期的供货协议（至少持续该型号汽车的整个周期，大约 4 年）。这并不意味着供应商就可以高枕无忧。恰恰相反，丰田从很多维度持续地评估每个供应商的绩效，包括质量、可靠性、创意的提出，以及同其他供应商的协作等，当然也包括成本。同时设立全供应链成本削减 30％ 的目标要求。丰田的生产专家和生产商合作，寻找达到目标的方法。一旦达到后，就开始盈利共享；供应商保留半数盈利，同时设立新的成本水平作为下一阶段的成本削减目标。如果绩效无法达到，丰田会在合同期末把更多的采购额分配给竞争供应商。最终，实现奖优罚劣的目标。

以上战略性供应商关系为丰田带来很好的经济效益和竞争优势。2003 财年丰田汽车公司的净利润高达 102.8 亿美元，比它最大的三个竞争对手（通用、福特和戴姆勒－克莱斯勒）的总和还要多！与供应商的知识分享为企业带来巨大的影响。例如，为丰田供货的生产部门的残次品率平均下降 84％，而同期为其最大的三个竞争对手供货的生产部门的残次品率仅下降 46％。类似的，为丰田供货的生产部门库存平均下降 35％，而为三个竞争对手供货的生产部门的库存仅下降 6％。同时，为丰田供货的生产部门的生产效率提高 36％，而为三个竞争对手供货的生产部门的生产效率仅提高 1％。丰田经验有力地证明，在供应商网络内构筑较高水平的合作关系和知识分享制度，能为企业创造和维持竞争优势。

在这方面，宋玉卿教授认为企业与供应商建立战略合作关系，管理的侧重点可从单纯削减成本转向建立竞争优势（宋玉卿，2008）。具体而言，至少可以产生以下七个方面的战略效益。

一是创新。企业在开发新产品的时候，战略合作的供应商应派专业人员加入公司的项目团队，这样可将供应商的核心能力贡献入我们的产品，最终会提升产品的价值，降低产品投入市场的周期，极大地提高企业的竞争力。

二是风险分担。企业与供应商能够互相支持以应对各自市场上的竞争，无疑扩大相互的实力。在对方市场出现风险之后，可以采取将企业的利润水平降低或者提供特别的服务等措施，以帮助伙伴渡过难关。

三是信息共享。供应市场信息的变化，供应商最有发言权；公司所在市场需求的变化，公司当然最了解。彼此不合作，就形成简单博弈关系，导致出现牛鞭效应，造成生产波动、供应链库存加大，不能实现双方利益的最大化。在合作关系中，彼此掌握的信息在约定范围内是共享的，这对于做好计划、稳定生产经营非常有利。

四是先进模式及管理实践应用。使用先进管理模式，可以大幅度节约交易成本，如供应商管理库存、效率型消费者反应、快速反应等。

五是专有投入。供应商可为企业开发特定产品或投入专用生产线。企业可给供应商提供最大的采购优先权。

六是IT使用。企业会保证信息共享、实现供应商管理库存、提供及时信息、提高决策质量以及节约交易成本等。

七是结算与绩效考核。企业与供应商彼此不再隐藏成本，暗增利润。成本公开、按服务收费，或许是比较好的模式。另外，双方可以共同开发公司的所有权总成本模型，在彼此的交易过程中，不仅仅用采购价格尺度来衡量绩效，还可从更广泛的所有权总成本角度实现成本优化。

事实上，公交能够破解车辆采购难题的诀窍在于：通过与供应商建立战略性的合作关系，不仅在全生命周期上节约成本，而且有效保证运营效率和车辆维修质量。因此，面对那些看似竞争的难题，不妨退一步再做深入思考。正如《孙子兵法》所言"不战而屈人之兵者"，为上策。

7.3 新能源汽车产业发展模式探索①

各地新能源汽车产业的商业模式创新不容乐观。一方面，大多数新能源汽车整车企业，特别是以传统汽车为主的整车企业，依旧运用原有商业模式发展新能源汽车；另一方面，虽然一些整车企业开始进行商业模式创新的探索，但并未取得实质性突破。鉴于此，从探索发展新能源汽车产业新型营商模式角度，给出新能源汽车如何实现产业跨越发展的思路建议。

7.3.1 拓展新能源汽车的投资渠道

汽车排放量是由汽车保有量、使用时间和每公里排放量三重因素叠加决

---

① 部分内容由本书作者刊发于《宏观经济管理》，2015，（8）：78-79，82。

定的。减少汽车保有量和使用时间可减少环境污染，相应采取的策略是限购和限行。而大力发展新能源汽车，不需要限购、限行的策略，同样可以实现环保。因此，既有的内燃机汽车产业的受益者有利益动机支持新能源汽车产业的发展。环境得到保护，得病的人减少，医保支出就会减少，医疗保险也是新能源汽车产业发展的受益者。因此，类似于汽车产业投资机构、环保投资机构、电网、银行及保险等机构皆是新能源汽车产业发展的受益者，故可吸引其成为发展新能源汽车产业的投资者，投资渠道的拓展势必将促进新能源汽车产业的发展。

7.3.2　加大价值链高端投入、实现产业发展梯度扩张

现代产业不断向附加价值高的研发与营销的区块移动与定位，通过研发和设计加强延展创造智慧财产权，通过营销和服务扩宽客户导向的营销渠道，利用先发优势，借助扩散效应，实现梯度扩张发展：一是寻找新能源汽车产业的量价空间；二是突破时空梯度，使产品持续销售，并能跨周期、跨地域提前销售；三是利用好金融梯度，运用分期付款或融资租赁等方式，发挥财务杠杆效应，扩大交易规模；四是组织好供应链梯度，通过标准化配型、适度竞争等，释放供应链的价值空间。

7.3.3　从严执法并逐步提高碳交易的指导价格

重型内燃机车每公里排放碳氧化合物等各类污染物约 1000 克，而碳交易的指导价格仅为每吨 200～300 元，重型内燃机车每公里的碳交易费也仅有 0.2～0.3 元。即使这样，对于碳交易的执法困难和执法不严也是普遍存在的。目前，能够查证的碳交易价格仅有 30 元/吨左右。为了有效缓解环境、能源压力，逐步提高碳交易指导价格，做到从严执法，真正实现碳交易，是发展新能源汽车产业治本之举。

7.3.4　建立新能源汽车产业的分级补贴机制

2009 年以来，25 座城市分 3 批投入"十城千辆"节能与新能源汽车示范运营。财政资金直接补贴于新能源汽车的用户，以此激励各地示范推广应用。从示范的结果看，这一补贴政策，实际上引导各地政府纷纷上马了新能源汽车项目，大大促进了新能源汽车产业的发展。与此同时，这也造成新能源汽车产业产能的严重过剩。在残酷的过度竞争市场中，新能源汽车技术创新仍未达到明显效果。

事实上，对于创新补贴应选择生产者，而非消费者。若补贴消费者，通

过消费拉动技术创新，因市场的交易费用和信息失灵都会造成补贴效益衰减，是不经济的。在产能过剩的情况下，向生产厂商给予的直接创新补贴，会阻碍产能优化整合。在过度竞争的产业发展环境下，技术创新风险更大，不利于新型产业发展，也是不经济的。当前，更需要建立新能源汽车的分级补贴机制，即销量大者获得高标准补贴，通过利益机制引导过剩产能的优化整合，集中力量促进新能源汽车产业的技术创新。

7.3.5　助推新能源汽车产业的自循环发展

高额的新能源汽车补贴已对国家财政造成了巨大压力，同时也使得新能源汽车生产企业产生过度的补贴依赖，削弱了市场竞争，带来资源浪费，不利于行业的健康发展。财政补贴是一种沉没成本，即使补贴资金用于投资，在当前的市场格局下，对 GDP 的贡献也只是等值财政资金，若能变财政补贴为投资，不仅可以引导投资实现产业发展资金的一次放大，还可以通过融资杠杆方式，实现发展资金的二次放大。尤其在新能源汽车产业发展的初创阶段，发挥资本的放大效益，变"输血"模式为"造血"模式，可助推新能源汽车产业的自循环发展。

7.3.6　设立新能源汽车产业发展基金

解决跨行政区销售和扩大财政资金投入的 GDP 贡献率问题是发展新能源汽车亟须突破的两个关键问题。可借鉴高铁出口的商务模式，创新新能源汽车产业发展的营商模式，通过设立新能源汽车产业基金，为新能源汽车用户提供系统服务，变"销售新能源汽车具体产品"为"提供新能源汽车系统集成"，全面涵盖新能源汽车市场、基础设施建设市场、维修服务市场和环境治理市场，从基础设施建设、金融服务、汽车设备、技术标准、智能管控到营运维护，全面实现新能源汽车的系统集成服务，详见图 7-4。

比如，可设立新能源汽车产业投资引导基金，吸引新能源汽车产业的利益关联者加盟。基金凭借资金及主体责任明确的优势，为新能源汽车用户提供系统服务。基金与租赁新能源汽车的所在地政府签订能源管理契约，约定碳排放治理目标和碳交易定价标准，由公共财政购买专项基金提供的环境治理服务。同时，基金通过商业行为，收取融资租赁费用和充电费用。一旦通过外购的方式所取得的效益高于本地制造，且政府可通过购买无排放的行驶公里以实现环境低成本治理，则通过基金的异地系统服务，带动新能源汽车产业的异地交易将成为可能。

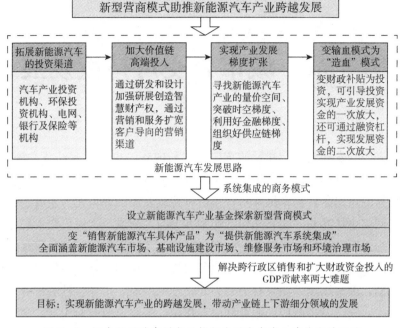

图7-4　探索新型营商模式助推新能源汽车产业跨越发展思路

　　通过设立新能源汽车产业发展基金,有望实现新能源汽车产业的异地销售,从而带动产业链上下游细分领域的发展,如充电站、充电桩、整车、电池、电控、电机、智能控制、能源以及新材料产业等,有望迎来更大的市场需求和发展空间。与新能源汽车有关的上市公司有望赢取市场和政策利好,若资本看好该产业未来发展,将为新能源汽车产业发展提供资金、管理等方面的支持。

　　这种新型营商模式,以环境有偿整治为着力点;以发展产业系统集成服务为突破口;理顺并明确界定产业发展的责任主体;形成并完善政府与市场及社会组织的联动机制,充分发挥市场的决定作用。该模式不仅能在新能源汽车产业运用,还可在包括解决交通拥堵问题在内的许多领域参考借鉴。通过系统设计、环境保护与产业发展良性互动,不仅可以实现打造新能源汽车高端产业集群的目标,同时也让各地的天更蓝、环境更加美丽宜人。

第8章 城市公交可持续发展

推进公交发展是社会建设的重要形式和内容，也是转变经济发展方式、重视民生的主要建设内容。地面公交准点服务是一项复杂的系统工程，不仅需要可靠的道路条件和车辆保障，营造可持续发展的环境尤为重要。公交建设要强调多主体参与，尤其是要强调乘客参与，形成"人民公交人民办，办好公交为人民"的建设格局。新时期，要进一步转变政府职能，将政府包揽公交事务审批的传统体制，改革为肩负引导、培育多元社会主体参与的公共管理体制，最大限度地激发社会活力。在理顺政府、市场、社会三者关系方面下功夫，充分发挥政府的服务和引导作用，最终形成政府引导、多元主体协商合作、各尽其责、市场自我调节、公众参与、企业自治管理、规范有序又充满活力的公交发展的政治环境，大幅度提升社会文明程度和群众幸福水平。

8.1 公交可持续发展的着力重点[①]

为进一步推动我国公交事业更好更快地发展，有必要思考关系到公交可持续发展的几个关键问题，诸如：转变经营发展方式，加快技术创新、管理创新和制度创新，推动公交企业科学发展。深化公交市场体制改革，推动公交企业效率革命，促进传统公交向现代服务业的转变。

（1）文化兴业

公交事业的价值判断是公交优先发展的原动力。乘客与服务者之间、服务者与公交投资者之间、公交投资者与公交行业外主体之间存在利益冲突。这些利益取舍既为公交事业价值判断的现实选择，也是公交文化的精髓所在。始终树立保护前者利益的价值判断，是公交优先发展的先进文化，应予以弘扬。公交市场的各角色中，出行者还是弱势群体，我们应该着力保护出行者的权利。

---

① 部分内容由本书作者刊发于《中国道路运输》，2012年第1期，第4～5页。

（2）科技兴企

公交视频监控系统与公安接警系统对接，生产等各个环节被有效远程监控，可实现快速急救或处置；配用科技含量高的现代设备，提升车辆技术配型，提高车辆档次、舒适性和可靠性；建设公交智能调度系统，安装车载 GPS 定位系统，实现公交智能调度；建设时空分流诱导系统，方便乘客出行，尤其要重视物联网技术的广泛应用。基于 RFID 射频技术的客流、车流计数管理系统，将乘客的 IC 卡更换为双频卡（具备 CPU 卡和 RFID 卡功能），同时在车辆上、公交站台等处安装 RFID 读卡设备，通过有线、5G 无线网络将数据传回系统中心，可实现对客流、车流的实时动态统计。通过 RFID 卡号的唯一性获知任何客流、车流的出发点、目的地、出行时间等重要信息，获取客流、车流动态的 OD（交通出行量）数据，为交通政策制定及公共运输资源的合理配置提供参考。

（3）加快"公交都市"示范工程建设

"公交都市"是以"公共交通引领城市发展"为战略导向，打造发达的一体化都市公交体系，并辅以必要的交通需求管理手段，确立公共交通主导的交通出行结构。当务之急是在当前城市交通压力日渐加大的情势下，打造与小汽车相比有竞争力的公共交通系统。"公交都市"的建设宗旨，是让绿色、安全、便捷、高效的一体化都市公交体系成为包括高收入群体在内的所有市民信赖的出行选择。

（4）**加强公交优先发展的法制建设**

建议更多地采取法律手段保护公共利益使其免受公权力的侵害。进一步加大政府公共财政投入和公交用地的配置，尽快弥补公交资源配置不足的欠账，是加快转变公交发展方式的优先方向。建议按照每年对公交投入增长不低于地方财政收入增幅的原则，建立政府基本公共服务投入增长机制；建立公共财政转移支付保障制度，使区（市）县政府间基本公共服务投入均衡；通过加大政府投入，建立与经济发展水平相适应的政府基本公共服务体系。

（5）**创新体制机制，给社会组织"还权赋能"**

公交行业事关公众利益，应当广泛听取、充分尊重公众意见。实践中，可尝试建立"公交乘客代表委员会"，给予其法律地位，实行"还权赋能"，赋予其公交的线网调整权、服务标准制定权和资源配置建议权等，充分发挥民间组织和社会公众在公交建设中的主体作用，极大地激发社会活力。将属于社会的权利及责任还给社会，以减轻政府承担的无限责任。在给社会组织赋权的同时，要健全政府购买社会组织服务的机制，政府要为社会组织提供、配置公共资源，形成社会组织建设的物质基础，同时，培训组织成员，提高其服务管理能力。建立健全社会监督、评价机制，不断提高其服务社会的能力，担负起参与社会治理的重担。

（6）**明确线网主体职责**

公交线路特许经营权由政府统一授权给有实力的公交企业，如具有规模的国有企业。按照"公交乘客代表委员会"制定的服务标准，让有实力的公交企业负责成"网"，享有统筹线网优化调整权，同时，统一配置车辆，统一制订发班计划，统一收取营运收入，由该享有公交线网权的企业展现城市形象，践行社会责任。

（7）**市场化配置公交资源**

利益空间可能成为寻租空间，遏制寻租需要从源头抓起。公交企业在采购、资产处置过程中，需要放弃决策者部分权利，交由市场去平衡。公交企业尚有七种敏感性资源，包括广告、用工、土地、车辆及配件采购、能源、保险和线网，引入市场化经营模式，可以让敏感资源不敏感、敏感岗位不敏感。在市场化配置内部资源的同时，需要推进公交业务外包工作，在更高层面上考虑市场化的问题。凡是能交给市场进行资源配置的，公交企业就尽量不要涉足，比如：将场站管理、车辆清洁保修、线路营运、物业管理、广告营销、场站开发、IC 卡充值等经营活动业务外包。实行业务外包应主要关注两方面：一是可靠性，即供给能力的可持续性；二是反控制性，需避免被合作方反控制，否则，不仅成本会更高，而且服务质量会下降。

（8）**专业化经营**

对于公交的生产环节，可逐步交由专业的客运公司经营，充分发挥社会专业化分工的效率。按照抵押托管经营的思路，发挥市场配置资源的基础性作用，充分调动社会资源的积极性，为现代公交提供高质量服务。专业客运公司，负责"运"，根据有线网权公交企业的营运计划和服务标准，专注于抓好营运生产组织、行车安全保障和内部成本控制。客运公司收入取决于有效行驶里程，即按照发班计划的 GPS 的公里数，公里单价通过抵押托管经营协议约定，需体现市场竞争性，以此实现公平和效率。

（9）**推行"网运分离"**

所谓"网运分离"，是指公交线路特许经营权与营运生产权相互分离的管理模式。公交网运分离的实施得益于物联网技术的成功应用。物联网技术让公交营运生产各个环节得到了有效监控，网和运的各主体权利义务得以明确，并能够建立科学有效的业绩考核体系。线网权企业负责集中统一收银，并按照运营公司符合要求的 GPS 里程支付公里费用。这种公交运作模式的重塑为上级考核部门对公交成本效益的核算创造了便利条件。公交企业的成本来源于市场均衡的结果；票款收入被有效监控，收入水平由票价决定；公交需要得到政府补贴的额度，取决于行业管理部门根据政府财力制定的公交服务标准和票价水平。这样，行业管理部门就可以调控和平衡公交的社会效益与经济效益，从而形成制度化的公交服务评价和补贴补偿机制。

8.2　网约公交车的探索

网约公交模式是指基于互联网技术聚集时间、空间上分散但需求相同的大批乘客，为其开行"个性化定制"公交，以乘客需求驱动企业供给，最大限度吸引包括有车族在内的广大市民选择公交出行的模式，具有高知识、高技术、高附加值的显著特征。

8.2.1　网约公交车概念

网约公交车又被称为互联网公交，是现代公交的一种团购方式。随着互联网技术的发展，团购已成为重要的电子商务模式。就公交而言，公交团购是解决部分市民不适应普通公交方式问题的有效途径之一。所谓"公交团购"，是指为满足具有共同出行规律的市民个性化公交服务的需求，公交企业通过 RFID 技术所获取的 OD 数据或乘客在互联网上申请团购，开行"点到点"公交车，以最大限度吸引包括有车族在内的广大市民组合选择公共交通出行。站在公交企业的角度，公交团购有主动和被动之分。简单地说，借助物联网技术所实现的公交团购为主动团购，借助互联网技术所实现的公交团购为被动团购。

网约公交是对传统公交服务手段和经营方式的丰富，也是推进城市公交由传统服务业向现代服务业跨越的重要路径。乘客个人需求由互联网平台传递到系统中心，中心一方面接收平台上的乘客信息，与之互动；另一方面主动搜寻乘客出行规律。然后利用互联网技术将庞大而复杂的数据进行分析，找出相同的需求，制定线路、时间、人数、票价等相关规则，并传递给营运板块，再由营运公司为乘客提供个性化定制公交服务，服务质量由系统中心进行监督。乘客可通过网上支付手段付款给系统中心。

8.2.2　基于物联网技术的公交团购运营模式

（1）大数据收集与处理

在网约公交系统中，数据信息的收集与处理扮演着至关重要的角色，关系到对乘客需求信息的准确掌握。而大数据和云计算技术是实现此过程的核心技术。Web3.0时代，网络无时无刻不产生着数据。在网约公交中，这些数据一是来源于乘客通过传统或移动互联网对需求的表达，二是通过物联网渠道由公交车辆、设备、IC卡等产生的数据，这两种渠道形成的结构化、半结构化和非结构化数据海洋就是大数据。由于大数据的价值密度较低，就需应用具有巨大运算能力的云计算进行系统筛选、提炼、统计、分析，从中挖掘有价值的信息。大数据与云计算并行，可提高信息的处理效率，降低信息处理的成本，利于公交企业将这些信息形成乘客出行信息数据库，从中找到相同或相似的需求以及最佳方案（如图8-1）。

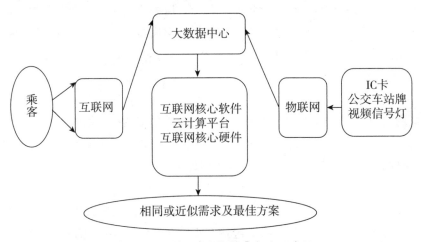

图8-1　网约公交数据收集与处理过程

（2）根据乘客OD规律定制公交团购服务

第一，以公交IC卡为介质，实现IC卡与RFID卡二卡合一。为此，可借助城市公交IC卡的发卡量优势，可获取足够多的OD数据。

第二，通过RFID标签海量数据挖掘，可获取有规律出行人群的数据规律。由于RFID标签的唯一性特点，加之公交车载GPS定位系统的普遍应用，公交企业可以主动获取出行者的出行规律。

第三，为有规律的出行族定制公交线路和班次，满足这些特定人群的个性化公交出行需求。

综上，公交企业主动挖掘乘客OD规律，提供定制的公交团购服务，可极大地提高公交的吸引力。

（3）基于互联网技术的公交团购运营模式

第一，乘客可在公交企业提供的相关外联方式上（公交互动网站或QQ群等）进行组合搭乘的申请，当申请开行公交直通车搭乘人数不低于规定人数，且公交运行线路符合一定要求时，企业成立专业团队根据具体申请予以承接。

第二，公交直通车行驶路线直接按照市民 OD 需求予以设计，满足"点对点"快速直达要求，具体可采用单位专用直通车、社区间直通车、社区直达工作区直通车、社区直达商务区直通车、社区直达学校直通车等方式。

第三，车辆定时发车，定点停靠上下客，上下客地点应满足交通管理规定。

公交团购的流程见图 8－2。

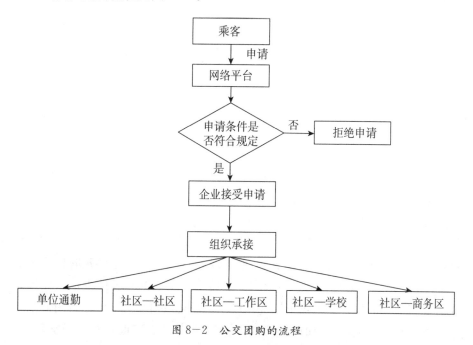

图 8－2 公交团购的流程

8.2.3 网约公交的类型

网约公交的类型主要分为乘客定制型与规律挖掘型两类。

（1）乘客定制型

根据信息来源的渠道，将网约公交分为两种类型。第一类是乘客定制型，这也是网约公交最主要的类型，主要针对那些对出行服务要求较高的乘客。乘客在公交企业提供的相关外联方式上（公交互动网站或 SNS 网站等）进行组合搭乘的申请，当申请同一 OD 和时间的人数不少于规定阈值，且公交运行线路符合一定要求时，企业与乘客签订相关协议，并根据具体申请予以承接，为乘客提供定制公交服务，票价可由乘客网上支付，也可现场分次支付。定制公交的线路、班次及服务均符合乘客个性化要求。其行驶路线和服务内容直接依照市民 OD 需求予以设计，满足"点对点"快速直达要求，具体运营时间可根据用户需求灵活安排（如图 8-3）

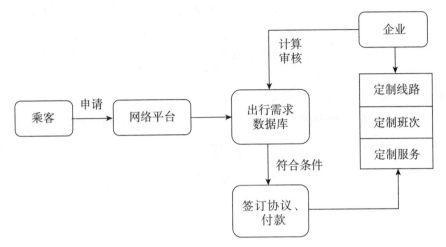

图 8-3　乘客定制型网约公交

（2）规律挖掘型

对于常规需求的乘客，可用第二类网约公交——规律挖掘型改善服务，它是第一种类型的补充。企业应用物联网技术，一方面，基于 RFID 卡号的唯一性和公交车载 GPS 定位系统的普遍性，可获知客流、车流的出发点、目的地及出行时间等重要信息，并进行实时动态统计，方便调整运力、灵活调度；另一方面，借助城市公交 IC 卡的发卡量优势，企业可获取足够多的 OD 数据，形成乘客 OD 信息数据库。然后利用大数据和云计算技术挖掘出乘客出行数据的规律，不仅可以优化线网，还可以对有规律的出行团体推出定制类公交，特别在高峰时段为其提供多点发车、大区间运行的公交服务，满足这些特定人群的高质量、个性化公交出行需求（如图 8-4）。

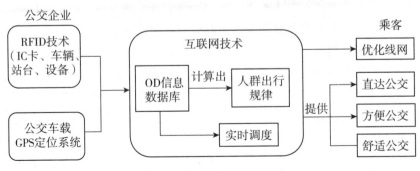

图 8-4　规律挖掘型网约公交

8.2.4　网约公交的机制建设

网约公交系统是乘客、系统中心、营运公司相互联系、相互作用的有机整体，为保障系统的良好运行，企业需要在多方面强化机制建设。

在定价机制方面，城市公交既具有公益性又具有经济性，公交票价的制定直接关乎社会公平与企业效率。若票价过高，损害公众利益；票价过低，降低企业收益，加重财政负担，造成公共资源浪费。网约公交的定价方法主要有两种：一种是成本加成法，即某条定制公交线路的运营成本加上一定比例利润再减去财政补贴的公交票价制定方法。此方法可借助 GPS 系统、互联网技术对营运成本进行精准测算，然后通过对利润大小和财政补贴数额的控制兼顾社会效益和经济效益。另一种是价格上限法，是指在充分掌握了成本和需求信息后，对网约公交限定最高的票价，营运单位可以在这个价格下自由定价。这种方法可激励营运单位节约成本、积极创新。

在乘客个人信用机制方面，网约公交企业的运营活动很大程度取决于乘客在外联平台上的申请行为，对于那些申请成功而选择分次付款的乘客，就要受到相应信用机制的约束，以最大限度避免乘客违约的行为，即已开行的定制公交被乘客"放鸽子"。首先，乘客在企业的外联平台需要进行个人身份信息、联系方式的认证，企业负责信息的审核。其次，企业建立乘客信用档案，对其个人诚信情况进行记录和考察，并依据乘客日常支付票款情况予以评分，企业依据评分采取对应的措施，如评分较高的乘客可享受优惠的票价；分数较低的乘客，则可能需要预付票款；多次恶意申请的人将被列入企业黑名单，一定时期内不得享有定制类公交服务。

在乘客信息安全保障机制方面，互联网是乘客信息传递、处理的媒介和工具，是城市公交转型升级的核心与保障，但其开放的特性使企业不得不面临乘客信息安全问题的挑战，因此，企业需要建立乘客信息安全保障机制，以保证乘客信息的完整性、保密性及可用性。技术层面上，引入高科技计算机设备，定期对计算机软硬件更新升级，在乘客信息的传递、储存、计算过程中必须采取安全防御措施，如加密、认证、权限技术等。管理层面上，建立健全信息安全管理标准和制度，通过对人事、行政等方面的科学管理，确保乘客个人数据的安全。需要注意的是，由于信息技术的持续更新，信息安全的维护也应该是一项动态且持续化的工作，因而，技术和管理两个层面上的信息安全保障工作都需动态及时跟进。

在应急响应机制方面，网约公交系统中任何一个环节的失灵，都会影响到系统的正常运行。因此，构建相关应急响应、应急救援机制，也是企业需要重视的工作。一方面是加强系统中心各操作系统及外联网络平台的应急处理工作，构筑应对非正常情况的处理和维护应急方案，并快速、有效地重建和恢复系统管理和运作平台。另一方面，运营上，建立车辆救援就近应急响应机制，利用 GPS 系统定位，在公交车辆抛锚后，离抛锚车辆最近的急救车能够第一时间到达现场施救，确保运营服务的正常。

在服务监督机制方面，作为城市重要的基础设施，城市公交服务的质量直接影响到人们的生活水平，那么，在网约公交系统中，要想确保营运单位提供的服务的质量与水平，就离不开科学的服务监督机制。系统中心应制定详细的监督制度和标准，对营运单位进行定期和不定期考察，以保障乘客的权利。监督内容主要包括服务质量和安全运营，营运单位的安全运营里程和服务质量与自身收益挂钩。同时，作为公交服务的最终感知者，乘客所处的位置就使其对营运单位的监督更加直接和具体，乘客可将企业的营运行为和服务质量随时反馈到中心互联网平台，再由系统中心按照规定处理，以此推进服务质量的不断提升。

在引导机制方面，联网公交可满足公众个性需求，更是改善城市交通的重要途径，但公众并不一定熟悉，前期必须借助有效的引导机制予以推广。一是建立有效的宣传引导机制，广泛开展宣传活动，利用主流广播电视及报纸、传单、宣传栏等便捷传播手段对公众进行"公交出行"的宣传和引导，唤起人们对交通、能源和环境的关注，增强人们公交出行的理念，提高公众对于网约公交出行的选择意愿。二是适当推行免费网约公交，让市民切身体验个性化、高质量公交服务，并将体验感受反馈给企业，再由企业进行服务改良，以此提升公交吸引力。三是以互联网、RFID 技术为支撑，对乘客出行数据进行分析，找出规律出行人群，譬如学生、上班族等，向这些特定目标人群推荐定制类公交服务，引导其主动申请、购买网约公交服务。

8.2.5　网约公交与传统公交对比研究

与传统城市公交相比，网约公交更符合社会经济的发展，下文从以下五方面具体说明。

在服务手段方面，传统城市公交仅为乘客提供预制公交服务，服务手段单一、落后，不能适应消费者不断增长的高品质需求。而网约公交的服务手段就更加多元化、个性化。网约公交从乘客出行规律和服务需求出发，为其提供"点对点"的定制性、差异化的高质服务，主动适应人们个性化需求，提升公交满意度，吸引更多包括有车族在内的解潜在乘客选择公交出行。

在经营方式上，传统城市公交属于刚性、经验式经营。传统公交线路的布设具有垄断性，公交企业的运营受限于固定线路的结构特性，导致服务水平难以提升。同时传统城市公交技术革新缓慢，经营以经验为主，存在一定的盲目性，势必造成资源的浪费。相对而言，网约公交的经营方式就更加柔性、精细。企业在整个经营过程中，借助互联网技术获取全面、精准的乘客出行数据，经过分析后，细分市场，可为有相同需求的人群提供"点对点"的定制服务，灵活地安排生产与经营，这就打破了原有线网的限制，提高了公交资源的配置效率。

在发展方式上，传统公交的发展是企业推进式的，即企业生产什么样的服务，就为乘客提供什么样的服务。运营活动仅根据线网结构和预设计划而定，公交服务可能严重偏离实际需求，造成企业逆向选择。这种带有盲目性的发展，可能使企业市场扩张成本过高，容易陷入分担陷阱。需求拉动式的发展方式就是以乘客需求引导企业发展，企业根据乘客实际需求来安排生产活动，即乘客需要什么，企业就供给什么。企业在明确乘客需求后，再充分供给，可节约市场开拓成本，满足乘客实际的出行需求，不仅可增加企业经济效益，也可增加社会效益。

在乘客出行信息搜寻方面，公交行业中对乘客出行信息统计的精确度直接影响到企业的生产效率和运营效益。传统公交企业由于未能广泛使用现代信息技术，因此所获取的信息不够全面、准确，而且，信息搜寻成本较高且效率低下，需要耗费大量人力、物力及财力。相反，在网约公交模式中，企业系统应用互联网信息技术，因而能够获得较为全面、准确的乘客出行信息，同时，信息的搜寻成本低且效率更高。具体而言，一方面，乘客通过互联网平台向企业主动提供自身需求信息，这使企业的信息搜寻工作更加高效，所得数据也更为精准；另一方面，企业应用 RFID 技术、GPS 系统以及互联网技术对车流、客流进行全面、动态统计与分析，并据此制定合理的运营方案，从而可避免公交资源的投入不足或浪费，高效发挥公交的运力作用。

在乘客角色方面，在传统城市公交中，乘客处于被动地位，只能被动地适应企业提供的预制服务。而在网约公交中，乘客的角色发生了反转，变被动为主动，成为一名参与者，乘客可直接参与公交服务的定制过程，自主选择服务内容，公司则根据乘客的个性化需求提供差异性的服务，既可满足特殊人群的需求，充分体现"以人为本、以客为尊"的服务理念，也能赢得群众口碑，符合现代城市公交的生产规律。

网约公交利用现代信息技术通过乘客申请和规律挖掘的方式掌握乘客实际需求，以乘客需求驱动企业发展，从而实现企业高效、柔性、精细化经营，提高公交资源的使用效率。同时，以乘客为中心，满足其个性化服务需求，以此提升城市公交的分担率，充分发挥在城市交通中的积极作用，对于缓解道路拥堵、改善城市环境以及维护能源安全具有重大现实意义。然而，网约公交模式的实现受区域网民数量、公交 IC 卡发行量、政府财政支持等客观条件的约束，因而，各城市需根据自身现实状况因地制宜，选择适合自身特点的网约公交模式。

传统公交与网约公交特点见表 8-1。

表 8-1　传统公交与网约公交特点

类型	服务手段	经营方式	发展方式	信息搜寻	乘客角色
传统公交	单一、预制服务	刚性、经验式	企业推进式	高成本、低效率	被动适应
网约公交	个性、定制服务	柔性、精细化	需求拉动式	低成本、高效率	主动参与

8.2.6　网约公交模式的优点

一是充分体现"以人为本、以客为尊"的服务理念。公交团购根据乘客的个性化需求提供差异性服务，既满足特殊人群的需求，也符合公交的生产规律。

二是提高经济效益。公交团购降低企业对乘客的搜寻成本，公交企业根据物联网技术所挖掘的 OD 规律，或乘客依靠网络平台自发地组合在一起，企业只需按照乘客出行需求规律提供定制服务，在体现个性化服务需求、提高社会效益的同时，又提高车辆的使用效率，增加企业经济效益。

公交较地铁而言，最大劣势在于不准点，但也存在具有柔性服务的优势。当前，应在满足乘客的个性化需求方面下功夫。一是应用 RFID 技术，实现数据实时动态统计、科学优化线网、合理调整运力、路权优先等，使公交资源得到高效利用。二是以现代物联网技术或互联网技术为基础，公交企业主动地进行"公交团购"活动，为有出行规律的特定人群提供"点对点"直通公交服务。这两种途径均以现代信息技术为基础，可进一步提高城市公交的发展质量和经济社会效益，促进传统公交向现代服务业转型升级。

8.3　公交项目 EPB 投资组合优化模式研究[①]

近年来，中国基础设施现代化程度的提高推动了经济发展和居民生活条件的改善。新时期在基础设施领域投资建设和管理方面，如何处理好政府与市场的关系、更大程度上让市场定价、降低投资准入门槛以及使社会投资者广泛参与等，引发理论与实践界的普遍关注。城市公交作为重要的基础设施具有运能大、节能、省地、污染小等特点，可满足乘客安全、便捷、舒适出行需求，是现代城乡综合交通体系的重要组成部分。该类建设项目具有自然垄断性、建设周期长、耗资大、收益低等特点，主要包括地铁、轻轨、单轨、有轨电车、磁悬浮、城际铁路等交通服务方式。城市公交所提供的产品具有准公共产品属性，项目投资具有政府主体性、主导性特点，负财务净现值形成公共财政不断输血的直接投资机制，尤其是当前地方政府负债率超高的情况下，更是制约着城市公交快速、可持续发展。然而，由纳税人出资建设城市公交，受区位的自然垄断性影响，建设项目对其他非投资主体创造了资源或资产增值的机会，存在着极其明显的投资效益外溢现象。仅建设项目原因所溢出的效益由非关联主体独自、无偿享用，对一般纳税人来说存在一定程度的显失公平，更有甚者因存在无偿外溢效益，还可能滋生腐败。传统的城市公交投资模式存在着投资资金落实困难与投资效益外溢并存的问题，究其原因是没有处理好政府与市场的关系。因此有必要针对城市公交建设的特点充分发挥市场公允定价作用，设计一种效益公平分享的投资市场化模式。

城市公交的建设是世界性问题。一方面，随着城镇化进程的加快，城乡居民出行频繁，使各大城市普遍存在道路拥挤、车辆堵塞、交通秩序混乱等现象，低运量的交通工具已远远不能满足城乡居民的出行需求。而城际轨道交通虽然可以较好地解决交通拥堵问题，但造价高昂。另一方面，融资模式受制于投资模式，陈明莉（2010）认为，以政府为主导的投资模式不仅使得政府财政负担重，且筹集资金面临诸多限制。我国香港地区充分发挥投资公共交通的市场化机制，由市场化的投资主体建设基础设施，营运票价也通过市场定价。刘新梅（2000）从交易费用、产业需求变动、技术创新及产业融合的角度，对基础设施产业的经济属性进行了重新定位，提出了基础设施"有限竞争"的产业特性，指出基础设施产业应建立

---

① 部分内容由本书作者刊发于《软科学》，2015 年第 8 期，第 129～134 页。

以间接规制和经济性规制相结合的规制结构；主张发挥市场配置资源的积极作用，促进包括城市公交在内的基础设施快速发展。于水（2010）有关创新农村基础设施建设决策机制的研究提出要建立起科学合理、符合农民真正需求的供给决策机制。

组合投资理论研究如何在不确定环境下对资产进行有效配置。Markowitz（1952）提出均值方差投资组合模型，在证券市场得到广泛应用。融入期权的投资组合模型更容易解决一般的多资产组合投资问题（Pei Wang Gao，2009）。一些学者用模糊数学方法拓展了资本资产定价模型，提出以证券收益率为模糊变量的模糊投资组合模型（Vercher，2007；Li，2010），利用计算机智能优化算法求解投资组合问题拓展组合投资模型的应用范围（Hasuike，2009；Oriakhi，2011；Deng，2012）。公交建设项目效益波及范围广，可将这些关联项目进行优化组合，应用组合投资理论和方法对公交建设项目以及关联项目进行成本效益识别，用"有无"对比分析方法，研究城市公交项目的有效投资组合，以此解决我国城市公交建设的资金来源问题。

8.3.1 城市公交项目 EPB 投资模式概述

（1）概念

定义 1：公益性项目。

对于特定的投资项目 P_s，任意的投资者 I_k（$k = 1, 2, \cdots, n$）总有 $R_k(P_s) < 0$，称投资项目 P_s 为公益性项目。其中，P_s 为投资项目，$R_k(P_s)$ 为投资项目 P_s 的经济收益。

比如，各地城市公交建设营运实践反复证明城市公交项目 $P_{(r)}$ 为典型的公益性项目，这类项目是以谋求社会效益为目的，在经济效益方面是非营利性的，具有投资大、受益面宽、服务年限长、影响深远等特点。

定义 2：项目外溢效益。

由特定投资者 I_k 出资 $C_k(P_s)$ 建设项目 P_s，其他利益主体 I_j（$j \in \{1, 2, \cdots, n\}$ 且 $j \neq k$）享有项目 P_s 的无投资收益 $R_j(P_s) > 0$（$j \in \{1, 2, \cdots, n\}$ 且 $j \neq k$），称 $R_j(P_s)$（$j \in \{1, 2, \cdots, n\}$ 且 $j \neq k$）为建设项目 P_s 的外溢效益。

比如，在其他条件均不变的情况下，规划建设城市地铁站周边的土地及房价会增值，此种增值收益即为地铁建设项目的外溢效益。

定义 3：有效投资组合。

对相互关联、相互补充的多个投资项目 P_s（$s = 1, 2, \cdots, m$）所组成

的项目集合 $P = \{P_s \mid (s=1, 2, \cdots, m)\}$，对于第 i 个投资者，若 $\sigma_i(P) \leqslant \sum_{s=1}^{m} \sigma_i(P_s)$，且 $R_i(P) \geqslant \sum_{s=1}^{m} R_i(P_s)(i \in \{1, 2, \cdots, n\})$，称项目组合 P 对于第 i 个投资者为有效投资组合。

其中，$P_s(s=1, 2, \cdots, m)$ 为关联项目集；$\sigma_i(P)$ 为项目组合 P 对第 i 个投资者的投资风险，表示投资者 i 投资项目集的一揽子总风险（当然与投资者 i 的投资比例是有关的）；$\sigma_i(P_s)$ 为第 i 个投资者对投资第 s 个项目 P_s 的投资风险；$R_i(P)$ 为项目组合 P 对第 i 个投资者的投资回报；$R_i(P_s)$ 为第 i 个投资者投资第 s 个项目 P_s 的投资回报。

一般地，项目组合集的总风险是非线性的，同时与投资者 i 投资在项目 P_s 上的投资比例有关，与其他投资合作主体投资能力和合作关系顺畅程度也有关。

对于给定的被评价项目，其关联项目是指按照评价者认可的关联规则所挖掘出的项目集。关联项目的挖掘过程是一个创新过程。比如对于公交建设项目 $P_{(r)}$，与其配套的营运项目 $P_{(o)}$，按照 $P+R$（停车换乘）建设思路规划建设的枢纽站项目 $P_{(p+r)}$，按照 TOD（交通引导城市发展）城市建设模式（丁川，2013）建设的商业项目 P，以及与项目 $P_{(r)}$ 及其所有关联项目所派生的广告媒体公共资源项目 $P_{(a)}$ 等，均为城市公交项目 $P_{(r)}$ 的关联项目集 $P = \{P_s \mid (s=1, 2, \cdots, m)\}$ 的子项目。

定义 4：投资者报价空间。

对于有效投资组合 $P = (P_1, P_2, \cdots, P_s, P_{s+1}, \cdots, P_m)$，当 $\Delta R_i = R_i(P) - \sum_{s=1}^{m} R_i(P_s) > 0$ 时，ΔR_i 表示为第 i 个投资者而言项目组合 P 的投资收益剩余，称 ΔR_i 为投资者 I_i 报价空间。

比如，香港地铁的投资组合 $P = \{P_{(r)}, P_{(o)}, P_{(p+r)}, P_{(tod)}, P_{(a)}\}$ 对于港铁基金而言，存在报价空间（下文将进行详细论述）。

（2）**城市公交典型投资模式的投资行为分析**

①以政府为主承担城市公交建设资金的投资模式。

政府设立特别交通税种（艾阳，2003），专项用于轨道交通的建设、维修以及支付有关的融资成本。比如，巴黎、东京、香港地铁投资模式。借鉴此投资模式用于公交基础设施建设项目分析，比如建设项目 $P_{(r)}$ 和营运项目 $P_{(o)}$ 进行组合，而两个项目的投资收益 $R(P_{(r)})$ 与 $R(P_{(o)})$ 均为负值。对于城市公交建设的项目组合 $P = \{P_{(r)}, P_{(o)}\}$ 模式，其特点具有集中财政依赖性，城市公交项目所产生的波及效益被沉没，且外溢无主体指向。

②政府以定额补贴的方式由平台公司为主体的投资模式。

政府给予城市公交投资平台公司定额补贴或匹配资源，平台公司通过商业化运作方式，比如 BT（建设移交，承包方垫资建设）、BOT（建设—经营—移交，在一定期限内的特许经营）、EPC（工程总承包）等工程建设模式，实施城市公交建设。如，上海地铁投资模式实际是将公交建设项目 $P_{(r)}$ 和营运项目 $P_{(o)}$ 与其他项目 P'（可能是关联项目，也可能是非关联项目）进行组合，对于城市公交建设的项目组合 $P = \{P_{(r)}, P_{(o)}, P'\}$ 模式，其特点是具有对政府资源的依赖性。当前，自然资源部明令禁止以土地换项目，此类投资模式受到极大制约。

③政府以配套关联资源的方式由城市公交专营公司为主体的投资模式。

城市公交的投资、建设及经营均由城市公交专营公司承担，政府在审批城市公交项目规划时，将项目所涉及的配套关联项目均交给城市公交专营公司建设。比如，香港地铁属于此类投资模式。

此投资模式对于城市公交建设的项目组合 $P = \{P_{(r)}, P_{(o)}, P_{(p+r)},$ $P_{(tod)}, \sum_{i=1}^{7} i = 28\}$ 模式 [这里 $P_{(p+r)}$，$P_{(tod)}$，$P_{(a)}$ 分别指按照停车换乘 $P+R$ 建设思路，建设与 $P_{(r)}$ 配套的含商业停车楼项目；按照交通引导城市发展 TOD 城市建设模式，在城市公交项目 $P_{(r)}$ 的过境站点，建设城市公交站务管理及商住项目；与项目 $P_{(r)}$ 关联的 $P_{(o)}$、$P_{(p+r)}$、及 $P_{(tod)}$ 等项目，所派生的广告媒体公共资源项目，收拢了城市公交项目所产生的波及效益] 是城市公交建设的较为先进的投资模式。

（3）**比较分析及存在的问题**

当前三种典型的城市公交投资模式的项目投资效益列表分析如表 8-2。相比之下，香港地铁的投资模式收拢了主项目的关联效益，增加了主项目投资者的综合投资效益。

表 8-2　三种典型的公交建设项目投资模式的有效性分析

模式	政府		项目 $P_{(r)}$ 的投资者 I		项目 $P_{(r)}$ 的关联者	
	投资收益	投资责任	投资收益	投资责任	投资收益	投资责任
投资模式一		$R(P_{(r)})$、$R(P_{(o)})$			外溢效益	
投资模式二		匹配资源	匹配资源的投资收益	$R(P_{(r)})$、$R(P_{(o)})$	外溢效益	

模式	政府		项目 $P_{(r)}$ 的投资者 I		项目 $P_{(r)}$ 的关联者	
	投资收益	投资责任	投资收益	投资责任	投资收益	投资责任
投资模式三			$R(P_{(o)})$、 $R(P_{(p+r)})$、 $R(P_{(tod)})$、 $R(P_{(a)})$	$R(P_{(r)})$、 $R(P_{(o)})$		

用"有无"对比法，对公交建设项目进行效益评价。项目 $P_{(r)}$ 与 $P_{(o)}$ 互为存在的前提，但是，"有无"主项目 $P_{(r)}$ 是针对关联项目而言的，主项目 $P_{(r)}$ 总是要建设的，但对关联项目 $P_{(p+r)}$、$P_{(tod)}$、$P_{(a)}$ 的价值却存在有根本变化。通常情况下，政府对拟建公交建设项目项目建设的匹配资源存在有三种价格。以土地资源为例，不妨假设政府获取土地资源的成本为 100 万元，当"无"主项目 $P_{(r)}$ 时，受道路等城市公交条件的制约，每亩商住性质的建设用地的出让价为 300 万元。当"有"主项目 $P_{(r)}$ 时，城市公交的人气可以带动商气，该宗商住性质的建设用地将增值（徐涛，2011），不妨假设土地出让价增值到 500 万元。200（500－300）万元即为主项目 $P_{(r)}$ 的直接外溢效益。

按"有无"对比法，若不考虑主项目 $P_{(r)}$ 对关联项目的贡献，将有直接外溢效益 $R_1(P_{(o)}) - R_0(P_{(o)})$、$R_1(P_{(p+r)}) - R_0(P_{(p+r)})$、$R_1(P_{(tod)}) - R_0(P_{(tod)})$、$R_1(P_{(a)}) - R_0(P_{(a)})$（如表 8-3）。这里 R_1、R_0 分别指"有""无"主项目 $P_{(r)}$ 时各关联项目的收益或价值。

表 8-3　"有无"主项目 $P_{(r)}$ 时的关联项目价值变化

类型	"无"主项目 $P_{(r)}$	"有"主项目 $P_{(r)}$	直接外溢效益
配套土地资源价值（万元/亩）	300	500	200
关联项目 $P_{(p+r)}$ 价值	$R_0(P_{(p+r)})$	$R_1(P_{(p+r)})$	$R_1(P_{(p+r)}) - R_0(P_{(p+r)})$
关联项目 $P_{(tod)}$ 价值	$R_0(P_{(tod)})$	$R_1(P_{(tod)})$	$R_1(P_{(tod)}) - R_0(P_{(tod)})$
关联项目 $P_{(a)}$ 价值	$R_0(P_{(a)})$	$R_1(P_{(a)})$	$R_1(P_{(a)}) - R_0(P_{(a)})$

"投资模式三"收拢了公交建设项目 $P_{(r)}$ 所产生的波及效益，是学界普遍认为有经济价值的投资模式。站在政府的角度，对于指定投资主体的投资

模式，配套土地资源按 300 万元/亩计价，未考虑因主项目 $P_{(r)}$ 导致的增值 200 万元/亩以及关联项目开发增值 $(R_1 - R_0)$。主项目 $P_{(r)}$ 的各关联项目因评审定价机制的计价缺乏竞争性，也缺乏效率和公平性，均存在有报价空间 $(R_1 - R_0)$。

8.3.2 公交建设项目 EPB 投资创新模式设计

（1）投资组合标的确定

给定公交建设项目 $P_{(r)}$，营运项目 $P_{(o)}$ 为必然的关联项目。挖掘所有可能的 m 个关联项目组合 $P = (P_1, P_2, \cdots, P_s, P_{s+1}, \cdots, P_m)$。$m$ 个关联项目与 $\{P_{(r)}, P_{(o)}\}$ 可形成 $2^m = (C_m^0 + C_m^1 + C_m^2 + \cdots + C_m^m)$ 种投资组合。比如，C_m^0 种指 $\{P_{(r)}, P_{(o)}\}$，C_m^1 种指 $\{P_{(r)}, P_{(o)}, P_1\}$，以此类推，$C_m^m$ 种指 $\{P_{(r)}, P_{(o)}, P_1, P_2, \cdots, P_m\}$。

在以上被挖掘出所有可能的 m 个关联项目中，若存在其中的 t 个关联项目与项目 $\{P_{(r)}, P_{(o)}\}$ 的组合 $P^* = (P_{(r)}, P_{(o)}, P_{i_1}, P_{i_2}, \cdots, P_{i_j}, P_{i_{j+1}}, \cdots, P_{i_t})$，使得对于任意的 $j \in \{1, 2, \cdots, t\}$，均有 $R(P^*) \geqslant R(P^* - \{P_{i_j}\})$ 且 $\sigma(P^*) \leqslant \sigma(P^* - \{P_{i_j}\})$；对于任意的不属于投资组合 P^* 的项目 P''，均有 $R(P^*) \geqslant R(P^* + P'')$ 且 $\sigma(P^*) \leqslant \sigma(P^* + P'')$。投资组合 $P^* = (P_{(r)}, P_{(o)}, P_{i_1}, P_{i_2}, \cdots, P_{i_j}, P_{i_{j+1}}, \cdots, P_{i_t})$，为最优投资组合。

当"无"项目 $P_{(r)}$ 和 $P_{(o)}$（即不考虑主项目的波及效益）时，投资组合 $P^* = (P_{(r)}, P_{(o)}, P_{i_1}, P_{i_2}, \cdots, P_{i_j}, P_{i_{j+1}}, \cdots, P_{i_t})$ 的收益为 $R_0(P^*) = R_0(P_{(r)}) + R_0(P_{(o)}) + \sum_{j=1}^{t} R_0(P_{i_j})$。

这里的"无"项目 $P_{(r)}$ 和 $P_{(o)}$ 是一种假设状态，此时关联项目 P_{i_j} 的投资价值仅为 $R_0(P_{i_j})$，投资组合 $P^* = (P_{(r)}, P_{(o)}, P_{i_1}, P_{i_2}, \cdots, P_{i_j}, P_{i_{j+1}}, \cdots, P_{i_t})$ 实际是不存在的，测度投资组合 P^* 的投资收益或价值 $R_0(P^*)$ 仅为一种状态值。

当"有"项目 $P_{(r)}$ 和 $P_{(o)}$ 时，投资组合 $P^* = (P_{(r)}, P_{(o)}, P_{i_1}, P_{i_2}, \cdots, P_{i_j}, P_{i_{j+1}}, \cdots, P_{i_t})$ 的收益为 $R_1(P^*) = R_1(P_{(r)}) + R_1(P_{(o)}) + \sum_{j=1}^{t} R_1(P_{i_j})$。若 $P^* = (P_{(r)}, P_{(o)}, P_{i_1}, P_{i_2}, \cdots, P_{i_j}, P_{i_{j+1}}, \cdots, P_{i_t})$ 为最优投资组合，则有：

$$\sum_{j=1}^{t} R_1(P_{i_j}) \geqslant 0 \qquad (8-1)$$

事实上，项目组合 $\{P_{(r)}, P_{(o)}\}$ 为 2^{i_t} 种投资组合中的一种，组合投资 $P^* = (P_{(r)}, P_{(o)}, P_{i_1}, P_{i_2}, \cdots, P_{i_j}, P_{i_{j+1}}, \cdots, P_{i_t})$ 称其为最优组合投资，$R_1(P^*) = R_1(P_{(r)}) + R_1(P_{(o)}) + \sum_{j=1}^{t} R_1(P_{i_j}) \geqslant R_1(P_{(r)}) + R_1(P_{(o)})$，则有 $\sum_{j=1}^{t} R_1(P_{i_j}) \geqslant 0$。式（8-1）中，$\sum_{j=1}^{t} R_1(P_{i_j})$ 即为项目 $\{P_{(r)}, P_{(o)}\}$ 的外溢效益。最优组合投资 $P^* = (P_{(r)}, P_{(o)}, P_{i_1}, P_{i_2}, \cdots, P_{i_j}, P_{i_{j+1}}, \cdots, P_{i_t})$，最优地收拢了项目 $\{P_{(r)}, P_{(o)}\}$ 的外溢效益。

挖掘关联投资项目，通过优化组合投资项目可收拢城市公交项目外溢效益，缓解对财政集中依赖度。与此同时，站在政府角度，组合投资的风险也将增加，即 $\sigma(P^*) \geqslant \sigma(\{P_{(r)}, P_{(o)}\})$，需要规范运作程序，搭建竞争平台加以防范和规避。

$$R_1(P^*) \geqslant R_0(P^*) \tag{8-2}$$

事实上，$R_1(P^*) - R_0(P^*) = (R_1(P_{(r)}) - R_0(P_{(r)})) + (R_1(P_{(o)}) - R_0(P_{(o)})) + \sum_{j=1}^{i_t}(R_1(P_{i_j}) - R_0(P_{i_j}))$，对于城市公交项目主项目自身 $\{P_{(r)}, P_{(o)}\}$，有 $R_1(P_{(r)}) = R_0(P_{(r)})$，$R_1(P_{(o)}) = R_0(P_{(o)})$。由表 8-3 得，对于任意的 $j \in \{1, 2, \cdots, t\}$，项目 $\{P_{(r)}, P_{(o)}\}$ 对 P_{i_j} 都有波及影响，即有 $(R_1(P_{i_j}) - R_0(P_{i_j})) \geqslant 0$，故有 $R_1(P^*) - R_0(P^*) = \sum_{j=1}^{i_t}(R_1(P_{i_j}) - R_0(P_{i_j})) \geqslant 0$，即 $R_1(P^*) \geqslant R_0(P^*)$。

$R_1(P^*) - R_0(P^*)$ 为投资组合 P 的报价空间。对于指定了投资主体后，所匹配的资源本身的增值和开发价值存在报价空间，评审定价机制缺乏竞争性、效率和公平性，应通过建立竞争机制进行利益分享，而非指定投资者独享。

（2）投资主体及投资额的确定

假设主项目 $P_{(r)}$ 中投资者 k 估算的投资成本为 $C_k(P_{(r)})$、营运成本为 $C_k(P_{(o)})$，其关联项目 $P_{(L)}$ 以面积为 L 的关联土地项目开发为例。投资者 k 投资项目 $P_{(L)}$ 的条件是对投资项目组合 $P = \{P_{(r)}, P_{(o)}, P_{(L)}\}$ 整体投资。投资者 k 的投资项目组合收益为 π_k。

$$\pi_k = (R_k(P_{(L)}) - C_k(P_{(L)})) - L \cdot C_k - (C_k(P_{(r)}) + C_k(P_{(o)})) \tag{8-3}$$

其中，$L \cdot C_k$ 为土地成本，L 为土地面积，C_k 为报价单价；$\pi_k (P_{(L)}) = (R_k (P_{(L)}) - C_k (P_{(L)}))$ 表示投资者 k 投资土地项目 $P_{(L)}$ 的净收益，开发成本 $C_k (P_{(L)})$ 不含土地成本。

选择土地 L 为投资项目组合 $P = \{P_{(r)}, P_{(o)}, P_{(L)}\}$ 的招标标的，投资者 k 土地报价 C_k 可由下式计算得到。

$$C_k = \frac{\pi_k (P_{(L)}) - \bar{\pi}_k - (C_k (P_{(r)}) + C_k (P_{(o)}))}{L} \qquad (8-4)$$

其中，$\bar{\pi}_k$ 为投资者 k 的投资期望收益。

投资者 k 投资项目 $\{P_{(r)}, P_{(o)}\}$，其商业运作的盈利点在于开发建设关联项目 $P_{(L)}$，为此，投资者的投资报价 C_k 需考虑以下三项报价因素：一是对关联项目 $P_{(L)}$ 进行效益费用测算，二是对主项目 $P_{(r)}$ 及配套项目 $P_{(o)}$ 的投资额及营运成本测算，三是预设投资者的回报标准 $\bar{\pi}_k$。

若招标者预设的土地 L 拦标单价为 C_L，投资者 k 获取土地成本申报单价应满足 $C_k \geq C_L$。

市场的非排他性决定有多个投资者 k （$k \in \{1, 2, \cdots, n\}$）参与竞标，按照"价高者得"的竞标规则，土地 L 的中标价为 C^*。

$$C^* = \max \{C_k \mid k \in \{1, 2, \cdots, n\}\} \qquad (8-5)$$

当拦标价设定过高，$C_L > C^*$ 时，组合项目 $P = \{P_{(r)}, P_{(o)}, P_{(L)}\}$ 流标，难以避免以政府主导方式投资项目 $\{P_{(r)}, P_{(o)}\}$。

（3）**招标流程**

招标人（主项目的建设发起人）优选含主投资项目的投资组合，确定招标标的，根据招投标的相关法律法规，委托产权交易所或产权交易中心实施项目组合的招标，招标流程如图 8-4。

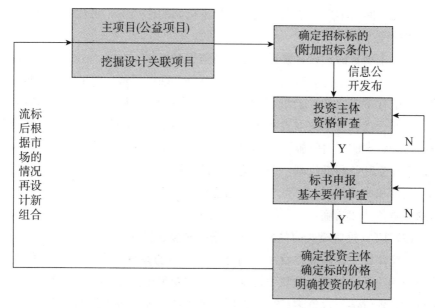

图8-4 招标流程

8.3.3 结论及启示

传统公交投资模式的共同特点是定性分析、凭借经验、依靠行政措施和以项目审批方式实施。基于科学的理论、运用先进城市发展理念,从投资制度、管理模式上进行改革,发挥创新商业模式的关联项目挖掘价值作用,以拟建基础设施项目为主项目,集成多学科、展开定量分析,研究设计有效项目组合,对发挥顶层设计对关联效益的聚合作用,同时发挥市场对资源配置的决定性作用具有重要的现实意义。

以上研究设计了一种效益公平分享的市场定价机制以解决传统公交建设投资模式存在的投资资金落实困难与投资效益外溢并存问题,主要结论和启示如下:

(1)EPB(有效投资组合招标)投资模式是民间资本进入市政公用事业的有效模式

指定投资主体仅对公益项目进行直接投资建设的方式,财政依赖性强且投资效率低;对拟建公益项目进行项目关联度挖掘,政府把关联资源或项目匹配给指定投资主体,可适当减轻财政负担,但因缺乏竞争性,投资效率低则不可避免;通过市场化方式选定投资主体仅对公益项目进行直接投资建设,这种简单的市场竞争方式存在拟建项目外溢效益、财政依赖性强等特点;EPB投资建设模式通过关联项目挖掘收拢外溢效益,同时通过市场竞争方式让民间资本广泛参与，在利益分享机制的作用下，可加快市政公用事业的可持续发展。

（2）**主项目的建设、营运应建立利益保障机制**

根据公交建设行业特点，实行附加部分关联资源或项目的拍卖，推进公共资源配置市场化和社会资本的广泛参与是对城市建设管理创新的有益探索。然而，社会资本的本质属性是追逐投资回报，主项目的公益属性不能依赖于社会资本的"自觉施舍"，需从两方面着力解决：一是在挖掘关联项目时注重建立利益捆绑机制，即被挖掘出的关联项目的效益要依赖于主项目的成功建设和成功营运。二是在市场化选择投资主体时需预设主项目建设、营运的保障条件和措施。

（3）**EPB 投资模式的关键环节在于关联项目挖掘**

公交建设项目的效益费用识别是一个复杂的系统工程，其关联项目多、建设的制约因素复杂。关联项目设计属于创新理论范畴。实践中需要集合系统科学、评价学、投资学、行政管理、创新理论等学科和技术，用多学科研究理论和方法加以系统解决。

（4）**关联项目的优化组合及项目建设的有效控制等问题直接影响项目的经济效益**

采取 EPB 投资模式建设公交建设项目需要考虑三方面因素。首先，公交建设项目关联项目多，效益外溢严重，除了需要对主项目及各关联项目的直接效益、费用进行测度，还需要对其间接效益、费用进行测度，以此动态测度主项目的波及影响。其次，要根据主项目及关联项目的不同组合，选择有效组合并逐步优化整体设计招标标的，有效促进公交事业的发展。最后，项目建设的有效控制问题，公交建设项目建设涉及利益调整分配问题，需要提前谋划、有序推进，并考虑信息发布与建设进度的时序问题。配合项目规划，尽可能提前整理并储备关联项目（尤其是关联的土地资源、旅游资源和商业资源）。聚拢主项目外溢效益是解决主项目投资资金的有效办法，有利于加快公交项目的建设。

（5）**发挥市场调节功能，合理消化交易费用**

组合项目的投资招标涉及税费等问题，需要提前模拟测算，在发布招标条件时予以公布，发挥市场的自动调节作用，以实现公允交易。

（6）**EPB 投资模式具有广泛的应用推广价值**

可推广应用于一些公益性基础设施建设项目，比如综合交通枢纽站建设、公共停车场项目建设以及非收费公路项目建设等，政府进行整体规划和搭建市场竞争平台，发挥市场的决定性作用。按照 EPB 投资模式建设可有效地解决建设资金短缺问题，加快公益性基础设施的建设步伐。

8.4　城市公交联盟发展

党的十九大提出建设"交通强国"宏伟目标，公交行业理应承担起当代公交人建设交通强国的历史使命。受中国道路运输协会城市客运分会委托，以调查研究为基础，以市场价值为导向，课题组提出组建以"中国公交企业联盟"和"准点集团"为核心平台的城市公交战略联盟运作模式。充分发挥"中国公交企业联盟平台"作用，积极参与组建"准点集团"，实现资源共享、信息共享和成果共享。在不同区域、不同领域、不同阶段动态推进公交行业联盟发展，尤其是借助现代技术，发展具有开放性、专业性的战略联盟，对公交行业抱团发展、集中集约发展，具有极强的实践意义和操作价值。

8.4.1　公交联盟的背景

（1）当前城市公交行业面临的发展处境

一是地铁时代的到来必然使公交直接面对准点出行的冲击。加之网约车等的影响，公交的客流量难增，并且将呈现下降趋势，城市交通的主导地位逐渐丧失。

二是公交企业落实公益资金将进入困难期。地方政府、平台企业融资必将更加规范，加大风险防控力度，这也会连锁反应在公交企业落实公益资金方面。

三是不少公交企业将陷入因能源转型升级带来的困境。地面公交能源升级范围广、时间紧、力度大，公交行业需认真对待新能源汽车短期内全面使用引发的系统性营运风险。

（2）城市公交的发展机遇分析

抱团联盟能够实现规模化。基于这种认识，联盟发展是提升市场定价权和话语权、扩大行业影响力、抵御变革风险的有效途径。因此，公交联盟发展是调控市场的"现实所需"，是实现公交可持续发展的"顺势而为"，更是改变当前公交市场处境的"形势所迫"。

一是要把握好传统公交制造业产能转移的机遇。在上述背景下，传统公交生产制造行业已呈现市场产能严重过剩的严峻局势。公交车居于产业链的末端，对制造业的影响不容小觑。面对这种发展局面，传统公交车生产制造企业迫切需要加速转型升级，在提升和改进传统技术装备的过程中，固然要实现自身创新和转型发展，但更重要的还是整合行业优势优质资源，积极扩大对外开放，加快"抱团出海"步伐，统筹谋划，充分利用"国际国内两个市场、两种资源"。尤其是瞄准"一带一路"市场，集聚资源以 EPC（工程总承包）方式走好"一带一路"，前景广阔、大有可为。

二是要把握好公交车能源结构巨变带来的市场机遇。一个行业的根本性变革会重塑市场格局。新能源汽车的广泛使用，公交企业不应局限于通过购买方式独自承担变革风险，而应拓展业务范围，把握新机遇，创新商业模式，化解能源变革带来的风险。

三是要把握好公交服务行业供给侧改革带来的机遇。传统公交运用大数据、物联网技术改造提升公交供给服务的质量和效率，这是积极的一面，很有价值。与此同时，我们可以清晰地认识到，公交市场的转型升级最根本的着力点在于满足潜在市场需求者。要从稀缺思维中转变过来，瞄准需求侧保障有效供给。网约公交是一个发展方向，这对传统公交冲击也是根本性的。公交行业要汲取出租车行业的教训，通过自身主动改造升级迎接行业的大变革。

8.4.2　公交联盟倡议

由中国道路运输协会城市客运分会倡议，全国公交企业自愿成立联盟，提升行业发展质量，加强交流合作与产业协作，提高行业地位和影响力，增强企业竞争力，更好服务城市可持续发展。

（1）**公交联盟的性质**

联盟是由致力于中国公共交通事业发展，从事公共交通运营服务、研究开发、生产制造的企事业单位及有关机构自愿组成的非营利性社会团体。

（2）**公交联盟的宗旨**

遵守法律法规，遵守社会道德规范，贯彻执行国家企业发展的方针、政策、规划，以"资源共享、优势互补、互惠互利合作共赢、相互促进、共同发展"为根本宗旨，发挥大型骨干公交企业的引领与带动作用，多方携手开展服务、技术、管理、信息、标准等价值链环节的协调合作、资源共享，增强企业竞争力和服务能力，促进城市地面公共交通行业整体健康、可持续发展。

（3）**公交联盟的经济学分析**

发展有序的交通方式，是解决城市交通问题的根本选择。作为城市最为有效的交通方式，地铁因其准点性和快捷性必然成为现代大城市交通发展的主导方向。换言之，地面公交受其准点性制约，将受到严重影响。公交行业应采取积极应对措施，主动迎接地铁时代的挑战。

一般地，在整个行业受到挑战而形成下行趋势之际，纵向战略的重组并购，可以收拢外溢的效益。横向战略的联盟发展，往往可以减少市场摩擦、降低交易成本，可以实现规模化经营、集约发展，最终提升行业的竞争力。

城市间公交实现联盟发展有利于降低采购成本，是一种积极应对措施。公交行业保险缴费比例过高，公交广告经营分散，车辆零部件采购标准化、规模化差，尤其是新能源产业发展更是存在行业性的系统性风险。从公交供给角度看，城市间公交不存在市场的竞争性。从需求角度看，公交联盟发展有利于行业集中集约发展。在不同区域、不同领域、不同阶段动态推进行业的联盟发展具有明显的市场价值空间。尤其是借助现代技术，发展具有开放性、专业性的战略联盟，对公交行业抱团发展有很强的实践意义和操作价值。

8.4.3 设立准点集团——城市公交战略联盟运作模式

（1）公交联盟的操作平台

由公交联盟成员单位发起设立企业法人机构——准点集团。公交的准点运营是公交企业的终极目标，故公交联盟平台取名为"准点公交投资集团有限公司"，旨在围绕公交公益职能发挥引领发展、整合资源、共建共享的平台联盟作用。

准点投资将打造全国公交企业以及各相关产业服务中最具影响力、号召力和创新力的发展共享平台，是体现整个公交行业凝聚力的集中载体。准点投资作为针对公交行业特征及需求的定向投资平台，将以合作、共享、开放、共赢为原则，按照现代化企业管理机制，将资本运作与实体经营有机结合，以资本为纽带，助力公交产业转型发展。

准点集团成立后，将充分发挥其在互联网信息、科研技术、资金和资源等方面的聚合和共享优势，打通各环节壁垒，在开发公交行业潜在增量资源的同时，优化公交行业存量资源，全面增强全国公交企业的核心竞争力。公司将着眼于提升全国公交企业的资本保障能力和经营管理能力，帮助各公交企业摆脱资金、运营规划、业务拓展等方面的桎梏，并探索和建立公交行业新的发展模式和思路，形成具有广泛适应性、统一性和代表性的行业标准，有效提升行业话语权，开启公交行业快速发展的新时代，为地面公共交通行业实现可持续发展搭建一个新舞台。

（2）准点集团业务发展方向与模式

纵观全球，国际著名的大企业以控股企业居多。准点投资也将以此模式为基础，集中和统一资金力量，组建成为比单一企业更具实力的经济实体，支持公交行业重点项目和重点企业的发展与扩张，通过资金的再投入与滚动运作，加速公司发展。准点投资将以实体经济产业发展需求为导向，通过在科研、金融、教育、广告传媒和大数据五大领域的协同推进，逐一攻破行业各环节在资源、技术等方面的难点，同时优化资源配置，探索产业经营、项目开发良性互动的有效途径，实现各业务之间的互通互融和叠加效应，打造公交行业产融一体的综合型金融服务平台和创智型产业集聚基地，如图 8-5 所示。

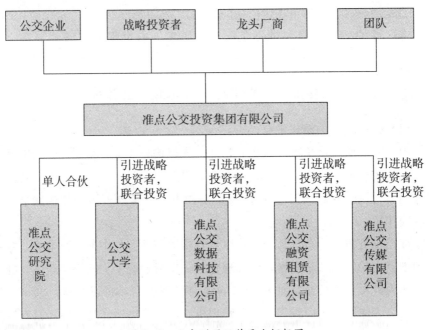

图 8-5　公交联盟运作平台框架图

①研究与咨询业务——技术保障。

科研板块，是公交行业标准制定、公交运营模式探讨、科技成果转化的重要平台，通过下设研究院，立足于中国公交行业发展，探索近年来行业规模逐年下降以及运营模式升级等问题的解决途径，同时结合互联网、人工智能、大数据等先进理念，致力于我国公共交通行业发展问题的理论及应用研究。研究院将着眼于城市公交企业改革创新实践中存在的问题，以促进和推动我国各城市交通全面可持续发展为目的，构建城市公交企业与科研院所之间的有效联动新机制，实现支撑城市公交发展、力推重大理论实践成果、培育吸引优秀人才的有机结合。

②金融业务——资金保障。

金融板块，是准点投资基于产业基础，通过产融结合、融融结合的商业模式打造的战略业务单元，下属企业包括商业保理公司、保险经纪公司、融资租赁公司、基金公司。四个专业化公司形成优势互补、合体经营的"四位一体"运营体系，在行业内与传统金融机构进行差异化竞争，为公交行业提供全面的金融解决方案，成为行业内最具特色的一体化金融服务商。商业保理公司，以公共电汽车辆制造产业链企业为核心企业，为核心企业的上下游中小企业提供具有特色和高效率的供应链金融服务。保险经纪公司，承接公交联盟企业自身保险业务，提供最适合公交企业的保险组合方案，合理优化公交企业保费支出。融资租赁公司，为全国公交企业提供灵活多样的融资租赁服务，满足公交企业各方面的融资需求。基金公司，重点聚焦新能源公交车辆、公交车后市场、车联网、高端零部件等领域，助力中国公交车辆行业企业的发展与整合。

③教育与培训业务——人才保障。

教育板块，下设公交大学，针对准点投资发展的需求和规划，构建从高层管理人员到后备管理干部、中层管理人员、骨干员工及新员工系统的管理培训体系。对内实施多层面、立体化、全覆盖式的教育培训，着力培养领军人才，保障企业创新发展战略落地；对外输出创新创业软实力，助推区域创新驱动发展战略实施。

④广告传媒业务——信息服务保障。

广告传媒板块，整合全国公交行业的传媒业务，进一步丰富和拓展媒体资源，与其拥有的同类户外媒体产生协同效应，逐步击破细分领域的资源壁垒，提高经营效率和盈利能力。

⑤大数据业务——科技保障。

大数据板块，将聚合全国公交行业各类运营和服务数据，真正实现全网式、多角度、跨维度的数据分析与共享。在城市公交大数据应用、公交媒体资源整合、规模化采购等方面，实现公交资源规模效应和乘数放大效应，为公交企业在数据共享、互联网创新、业务拓展等方面提供有力的科技保障。

随着准点投资的发展及业务的拓展，未来除上述五大板块外，还将拓展旅游等行业，参与场站建设、车辆集中采购等业务。同时积极参与国家政策热点地区如京津冀、珠三角、长三角、雄安新区、"一带一路"等的建设与开发，紧跟时代步伐，将公交行业的发展与国家经济发展紧密相连。准点投资力争在 3～5 年内成长为具有一定品牌知名度和号召力的招牌性投资集团，在科技、金融、教育、传媒等多个领域占有一席之地。

城市公交联盟正是基于经济、社会和行业环境综合分析，顺应时代发展趋势而倡议的。以"合作、共享、开放、共赢"为宗旨，集公交之力，解公交之困，助力各公交企业实现长远发展，力争做到对内提供优质、快捷、准点的公共出行服务，对外有能力参与市场竞争，提升行业价值层次。准点投资的设立目标明确，即助力全国公交企业实现长足发展，符合时代发展规律和潮流，符合国家法律法规政策号召，更符合公交行业自身的发展需求和行业转型升级的要求。

正因公交联盟平台思路清晰，准点集团设立科学，经济效益和社会效益显著，北京公交、成都公交以及部分省会城市公交企业立足当前经济形势和公交企业自身发展实际，积极响应该联盟的倡议，落实"深耕合作、互利共赢、共同发展"的联盟精神，响应"资源整合、资产高效、资金集聚、资本经营"的发展理念。这一倡议在交通运输部的大力支持下，已于 2019 年顺利启动实施。

第 9 章　城市公交监管改革①

随着我国城镇化进程的不断加快，土地、能源、环境、交通与生活品质等方面矛盾日渐突出。其中，作为多元社会矛盾的集中反映，城市交通问题受到各级政府及社会各界的广泛关注。作为城市经济发展的"动脉"，公共交通不仅是联系社会生产、流通和人民生活的纽带，更是城市功能正常运转的基础支撑和提升城市综合竞争力的关键。公交准点性是衡量城市公共交通发展水平的重要指标，直接体现了一个城市的发展质量和文明程度，同时也反映了一个城市政府的执政能力和居民的幸福指数。

9.1　公交行业监管改革新框架

9.1.1　我国城市公交事业监管现状

中国属全球公交需求量最大的国家之一，与自来水、地铁、电力、煤气和供热等其他城市公用事业相比，具有投资门槛低、经营主体多、生产分散等特点，加之道路资源的开放性以及交通需求多样性和不均衡性等复杂因素，城市地面公交市场失灵现象更为突出（郭蕾，2012）。探索构建城市公交事业科学监管体系，对于深化改革，促进公交行业优先发展具有重要的现实意义。"十二五"期间，国家实施优先发展公共交通战略，城市公交事业取得了跨越式发展。十八届三中全会以来，对于自然垄断属性明显的城市公交行业，各地不断探索实行以政企分开、政资分开、特许经营、政府监管为主要内容的改革，北京、成都、贵阳等地根据行业特点实行网运分离、放开竞争性业务的改革（王俊豪，2014）。全面深化公交事业改革已成为行业领域及公共交通理论研究的热点，各地在实践中积极运用 PPP（Public-Private Partnership）模式，探索城市公交的科学发展。

---

① 部分内容由本书作者刊发于《经济体制改革》，2017 年第 1 期，第 102～108 页。

9.1.2 监管框架革新

根据公益性行业分类特点，探索实行网运分开、放开竞争性业务，发挥市场在公共资源配置中的积极作用，对于推进公益行业体制创新、制度创新、优化公共服务的供给方式，提升公共服务整体性和民生性，具有重要的理论价值和现实意义。

（1）公交"网运分离"的概念

"网运分离"是指公交线路特许经营权与营运生产权相互分离的管理模式，具体涵义为：由政府将公交线路特许经营权统一授予"网"主体，"网"主体按照行业管理要求，负责线网的布设、调整和管理，统筹线网优化，统一制订公交发班计划，满足市民需求，展示城市形象（主要指包括车辆、站牌在内的基础设施），践行社会责任，体现社会效益。由市场化方式产生的营运生产机构（PPP模式），负责公交营运生产，根据"网"主体设定的计划和服务标准，专注于抓好营运生产组织、行车安全保障和内部成本控制，体现经济效益。

城市地面公交作为传统劳动密集型行业，相对现代新兴行业而言管理相对落后，一定程度上束缚了行业发展的脚步。深化城市公交事业改革，应从公交市场的过度竞争向公交服务的有效供给转变，从资源的无序配置向有效配置转变，从生产资料分散低效向集中高效转变，从人治管理向市场化运作转变，做到公交企业管理模式与生产要素配置标准化，实现管理模式可以复制、生产要素可以流通，构建城市公交"网运分离"管理体制框架，探索"网运分离"的科学发展之路。

（2）公交"网运分离"改革的必然性

公交行业标准规范规定：公交线路重复系数应低于70%。但是，城市功能区集中发展模式必然导致城市公交线路冷热不均的市场格局。在利益驱使下，必然导致"热线"的线路重复系数逼近70%，而"冷线"却往往难以开行。正因如此，市场利益的既有者虽然经营困难仍排挤新的服务商进入市场。城市线路一经开行便成为"垄断线路"，这种垄断是生产微观环节的自然垄断。多营运主体虽解决了宏观市场的独家垄断问题，但并未改变经营线路的自然垄断属性，且多营运主体对公交市场进行了硬分割，与人们期待的交通融通相左。

实践充分证明线网主体市场化的办法不仅不能解决公交自然垄断性问题，反而会强化线路的垄断性，而公交线路的拍卖、承包等市场化办法，又会加剧公交行业的政府失灵和市场失灵，无法满足城乡统筹发展需要，也无法满足市民的柔性出行需求。公交自然垄断属性及需求的柔性决定公交线网走多元主体以及主体多元化的路子是不经济的。鉴于此，基于城市公交存在自然垄断属性的判断，探索用"线网垄断＋运营市场化"的办法破解垄断的"网运分离"管理模式。

（3）公交"网运分离"的实施条件

公交"网运分离"管理模式改革的关键是对交通复杂巨系统的科学管控，需要建立集制度体制、组织管理、技术应用的三维集成管控体系。

一是基于现代信息技术和现代传感器（包括 IC 卡、RFID 技术、红外计数等技术）的应用，通过图像识别、探测，整合计算机技术、通信技术和网络技术，建立"网运分离"信息数据库、考核结算数据库、财务管控结算系统，在实现公交动态智能调度的同时，为"网运分离"的财务管控提供信息保障和技术支撑。

二是采用基于信息技术的网络协同组织结构理论，对城市公交企业的传统业务流程进行优化重组，从组织方式、管理方法、规章制度等方面设计管理架构。探讨"网"主体与各"运"主体之间的市场化关系，开展外包业务，不断培育目标客户市场，将公交生产的竞争环节向市场开放是提高"网运分离"经济效率的重要管理举措。

三是公交市场的相对净化和"网"的集中统一管理，是实施公交"网运分离"管理模式改革的体制保障和制度基础。公交行业改革作为一种制度变迁，必然会改变各利益主体既有收益的分配格局，打破城市公交线网相互交织和城乡公交二元化结构的现实藩篱，对公交行业"三主体"之间的责、权、利进行分割的体制安排，形成权利、利益的分配和制衡的有效机制。整合城乡公交市场主体并融通城乡公交线路，为"网运分离"的市场调控提供制度保障，如图 9-1 所示。

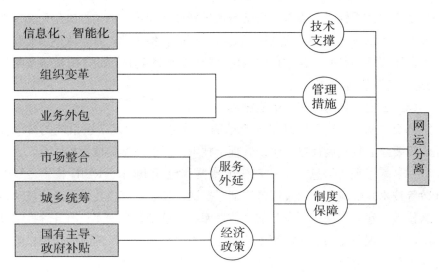

图9-1 "网运分离"模式的实施条件

（4）公交"网运分离"管理模式下主体间关系

公交行业"网"的单主体下，"网运分离"的三种模式：单一主体型、不同主体型及市场型。①单一主体型是指"网""运"主体在同一投资主体下，但"网""运"具有不同核算体系的管理模式，比如中国铁路总公司。②不同主体型是指"网"和"运"是完全不同的投资主体，通过契约关系进行核算的管理模式，比如航空、通信等。③市场型是指"网"仅负责规划、拟订、标准，通过市场化产生的"运"实施生产或服务，而不强调"网"和"运"的投资主体是否是一家的管理模式。

根据城市公益性行业的特点，探索城市公交走市场型的"网运分离"管理模式。"网"的主体享有政府特许经营权，负责参与标准的制定与变更。"网"负责集中收银结算、基础设施保障和筹集发展资金，并按照GPS里程及招标单价向"运"主体购买公交安全公里数。"运"主体只负责按市场契约法则进行生产或服务，按照符合要求的GPS里程收取公里营运收入（与公交线路的盈亏无关）。这种核算体系厘清了城市公交公益性和经济性的关系。

城市公交服务体系中，除了"网"和"运"主体外，还需要设计"监管"主体。"监管人"的主体（即监督管理主体）是一个广泛性概念，包括政党的监督、司法机关的监督、行政机关内部的监督、群众监督、社会监督、舆情监督等。在实践操作中，可成立民间组织"乘客委员会"，即由人大代表、政协委员、乘客代表以及专家学者组成一个委员会，协助"网"主体落实公交财政预算资金，协助行业监管部门监督"网"主体资金使用效率并督促提升公交服务质量。"监管人"指导、监督"网"主体制定与城市发展相适应的公交服务标准，并借助市场化方式由"运"主体实施公交的安全营运服务。"监管人"并非直接监管"运"的具体生产环节，且"网"主体也非直接实施"运"的业务，而是通过"网"与"运"之间的契约关系加以实施。"监管人""网""运"三主体间关系如图9-2所示。

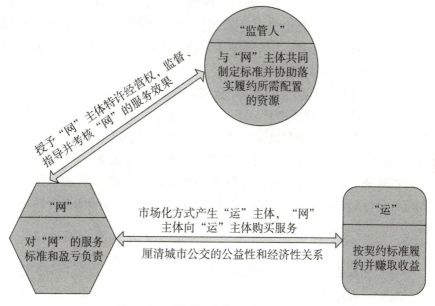

图9-2 "监管人""网""运"关系图

（5）"网运分离"管理模式评价

公益行业的"网运分离"有助于形成权责利的制衡关系。"网运分离"破除了公交行业的行政垄断，将"运"交由市场主体加以实施，政府主导的"网"通过购买生产或服务的方式履行公益职能，有助于实现城市公交的专业化分工、市场化运作，提高运营效率。

①公益行业的"网运分离"有助于形成权责利的制衡关系。

决策权（网）与经营权（运）分离是遏制腐败行为的有效方法。决策权与执行权分离，决策者对决策后果负责，科学决策和有效监督才能成为可能。经营权的市场化程度越高，被监督的力度越大，越有利于防控劣成本问题。"网运分离"破除了公益性行业各种形式的行政垄断，把能够通过市场化进行的操作环节（即"运"）交由市场主体实施，"网"通过购买生产或服务实现公益职能，公益行业监管人负责评价考核"网"，并确定收取或支付经营损益。

②"网运分离"有助于实现专业化分工、市场化运作。

"网"根据所服务对象的整体需求制定服务标准，以保障公益性和整体性。"运"按照市场规则、契约约定履行生产或服务义务，可走PPP投资体制模式，依法赚取安全生产和优质服务报酬。专业化分工利于培育市场的规模化和专业化，利于提高效率；而市场化配置资源则可实现公开性、广泛参与性，更能够体现公平和正义。

③信息技术有助于提高管理效率。

"网运分离"管理模式使得多目标问题转化为不同管理层的单一目标，从而使得多目标管理问题由于单目标的体制安排而得到简化。在该简化过程中，现代信息技术的合理运用至关重要，能确保不同管理层之间信息流的畅通，从而有助于提高管理效率。

④"网运分离"有助于提升城市公交管理水平。

"网运分离"的管理模式下，公交行业的票款收入由票价决定，作为国有性质的"网"主体可根据财政预算确定票款标准和服务标准。政府对公交企业的补贴标准取决于管理部门根据政府财力制定的公交服务标准和票价水平。政府可以对公交企业的社会效益与经济效益进行有效调控和平衡，有利于科学制定公交行业的成本规制，并形成制度化的公交服务评价和补贴补偿机制。

9.1.3 城市公交行业监管改革促进公交优先发展的重要举措

针对全面深化城市地面公交的改革，本书提出了现代公交事业体制顶层设计的建议，以协调处理好城市公交的社会效益和经济效益的对立统一关系；通过揭示公交科学发展的内在规律，明确了在促进公交优先发展的前提下，政府与市场的权责关系，强调政府向市场、企业、社会组织放权，公交线路开行及调整应还权于民（公交乘客委员会），并构建了与城市公交事业良性发展相适应的科学监管体系。更重要的是，进一步思考与总结了城市公交行业监管改革促进公交优先发展的重要举措。

一是选择市场型的"网运分离"管理模式，公交行业实施混合经济体制制度，用政府和市场两种手段进行运作。将"基础设施网"的盈亏纳入地方财政的公共事业预算，以达到公交行业科学投入、政府加强管理和保障民生之目的。而"生产运作"则交由市场竞争提高生产效率，形成以市场竞争价格为依据的生产性支出机制。将公共服务行业的生产环节主动向市场放权，向社会组织放权，向企业放权，大力提倡采用PPP发展模式。成立包括人大代表、政协委员在内的乘客代表委员会，由该社会组织拟定公益性服务标准，提交财政补贴预算申请；根据财政预算，公交企业制定可持续发展的年度服务标准，将政府的公益投入落实到位，并接受权力部门检查、审核。

二是加大公交生产要素配置保障力度。各地政府应在路权、用地、资金、能源等保障条件方面给予大力支持，创造公交优先发展的良好外部环境。在符合条件的城市道路开设公交专用道并通行成网，确保公交路权优先，建立公交出行效率比较优势；前瞻规划并落实公交场站用地，满足公交车辆运营需求，为线网优化提供硬件支撑；建立公交长效财政补贴（偿）机制，保证公交车辆购置、员工待遇提升所需资金，巩固并进一步提升公交优质服务水平；加强公交能源保障，配套建设公交专用燃料加注点。

三是营造理性出行的良好环境。提高公共交通出行比重，在做好公交自身优质服务工作的同时，对公众公交出行意识的培养也至关重要。儿童时期是培育和树立良好行为习惯的关键时期。若实行3~6周岁儿童与一名成年监护人共同乘坐公交车辆成人免费的票价政策，同时，加强幼儿园对幼儿的节能减排教育，可有效引导孩子、促进家人、带动社会，形成首选公交出行的大众化交通自律意识，强化公共交通出行的文化氛围，实现城市缓堵保畅。

四是优化公共交通服务的供给方式。为解决有车族对普通公交方式的不适应，可采取电招公交车的方式，提供组合搭乘公交服务，以满足市民对公交服务多样化、分层次的需求。市民可通过电话、微信、微博、QQ等方式告知其出行需求，公交集团收集并汇总需求信息后，统筹进行线路设计，开行公交通勤车，这些行驶路线车辆按照定时发车、定点停靠方式上下客，满足"点对点"快速直达要求。该模式在充分体现"以人为本、以客为尊"服务理念的同时，还能满足特定人群的个性化服务，也符合公交生产规律。

五是加强公交行业管制。从城市公交的公益性出发，可按照"网运分离"的思路重塑公交行业管理模式。由特定区域单一线网主体统一制订发班计划与服务标准，各营运单位按计划负责安全行车并提供优质服务，弱化乃至取消对驾驶员经济任务的考核，从而在城市公交升级为公共产品后，仍能有效保障其服务质量。

9.2　城市公交"网运分离"管理模式

城市地面公共交通作为传统劳动密集型行业，相对现代新兴行业而言管理相对落后，一定程度上束缚了行业发展的脚步。不少城市公交市场结构复杂，公交经营主体性质包括国有、合资与民营等多种类型。合资及民营公交企业为追逐利润，对于客流量大的线路竞相重复开线，对于客流量小的线路则留给国有公交经营，市场恶性竞争现象突出，公交线网优化难度大，服务质量不均衡，市民对公交满意度较低。为此，本书提出要从公交市场的过度竞争向公交服务的有效供给转变，从资源的无序配置向有效配置转变，从生产资料分散低效向集中高效转变，从人治管理向市场化运作转变，做到公交企业管理模式与生产要素配置标准化，实现管理模式可以复制、生产要素可以流通，探索"网运分离"的科学发展之路。

9.2.1 "网运主体"的类别

"网运分离"涵义为由政府将公交线路特许经营权统一授予"网"主体，"网"主体按照行业管理要求，负责线网的布设、调整和管理，统筹线网优化，统一制订公交发班计划，满足市民需求，展示城市形象（主要指包括车辆、站牌在内的基础设施），践行社会责任，体现社会效益。由市场化方式产生的营运生产机构（PPP模式），负责公交营运生产，根据"网"主体设定的计划和服务标准，专注于抓好营运生产组织、行车安全保障和内部成本控制，体现经济效益。一般意义下"网"与"运"的主体模式较为复杂，详见表9-1。

表9-1 "网""运"主体模式分类表

行业	"网"		"运"		备注
	网的主体	所有权	运的主体	所有权	
竞争行业	单主体	一元或多元	网运一体	与"网"一致	应反对垄断市场
			网运分离	多种经济	
	多主体	多种经济	网运一体	多种经济	市场竞争，难以辨别网运关系
			网运分离	多种经济	
公交行业	单主体	一元或多元	网运一体	与"网"一致	市场垄断，公益性投入代价大，效率低
			网运分离 内部考核型	与"网"一致	"网"与"运"不同的考核体系
			网运分离 不同主体型	多种经济	进入门槛高，"网"与"运"平等地位，通过契约关系进行核算
			网运分离 市场型	多种经济	"网"具有主导地位，通过市场竞争产生"运"
	多主体	多种经济	网运一体	多种经济	市场竞争，难以辨别网运关系。整体性、公益性难以保证
			网运分离	多种经济	

9.2.2 "网运分离"的实施条件

实施"网运分离"改革应具备以下条件。一是公交市场的相对净化和"网"的集中统一管理，是实施公交"网运分离"管理模式的重要基础。针对公交线网相互交织，各种经济性质的公交经营企业之间利益相互影响，给公交线路的调整、开行带来了极大难度，城乡之间公交二元化结构藩篱十分明显的现实矛盾，成都市大力支持整合中心城区公交市场主体和融通城乡公交，为实现公交市场的相对净化和"网"的集中统一管理，奠定了坚实基础。二是"网"内各营运公司实现集中统一收银结算，是实施公交"网运分离"管理模式的重要条件。通过 IC 卡信息系统、智能调度系统、视频监控系统等物联网技术在公交系统的成功运用，市公交集团对营运生产各个环节已实现全面、实时的监控。市公交集团票务管理中心已全面接管中心城区各营运子公司的收银工作，为公交"网运分离"管理模式的实施创造了良好条件。

实施"网运分离"改革，对提升城市公交行业管理水平有着重要意义。在"网运分离"管理模式下，市公交集团负责集中管理公交线网和统一收银，并按照各营运公司符合要求的 GPS 里程支付公里费用。运营子公司通过公交集团认可的市场化方式经营，其生产服务成本被锁定，成本费用通过获得的公里收入来支付。这样，公交企业收入和成本的构成实现信息对称，公交系统的灰度降低，票款收入被有效监控，收入水平由票价决定。成本构成全部来源于市场，一目了然。政府对公交企业补贴标准的确定更具有可操作性和可控性，补贴额度取决于管理部门根据政府财力制定的公交服务标准和票价水平。从而，政府可以对公交企业的社会效益与经济效益进行有效的调控和平衡，有利于科学制定公交行业成本规制，并形成制度化的公交服务评价和补贴补偿机制。

9.3　基于网运分离的城市公交组织变革

一是实行了集中收银，为"网运分离"管理模式的实施打好基础。二是划分清楚了"网"和"运"的权利义务。公交线路特许经营权由政府统一授权给公交集团，公交集团按照行业管理要求，负责"网"，统筹线网优化，统一制订公交发班计划，满足市民需求，展现城市形象，践行社会责任，体现社会效益；下属营运子公司享有营运生产权，负责"运"，根据集团营运计划和服务标准，专注于抓好营运生产组织、行车安全保障和内部成本控制，体现经济效益。三是厘清了集团与各经营环节的市场化关系。集团负责集中统一收银，并按照运营公司符合要求的 GPS 里程支付公里费用，运营公司通过市场化竞争方式确定运行收费标准，集团购买公交服务成本被现代技术计量和市场方式计价锁定，营运公司通过加强内部管理提升竞争力。

网运分离模式改革，实现了公交系统的全方位优化整合。公交公益性、事业性定位主要体现在公交车档次、开行线路、发班频率等方面，由国有经济加以保证和实现；营运生产的各个环节交由市场均衡，充分发挥市场的调节作用，实现资源的最优配置。同时，网运分离模式可以有效测度获取社会效益需要的经济投入，政府对公交企业补贴标准的确定更具有可操作性和可控性。

9.4　网运分离管理模式波及效应

公益行业的"网运分离"有助于形成权责利的制衡关系。"网运分离"破除了公交行业的行政垄断，将"运"交由市场主体实施，政府主导的"网"通过购买生产或服务的实现方式履行公益职能，有助于实现城市公交的专业化分工、市场化运作，提高运营效率。

9.4.1　公益行业的"网运分离"有助于形成权责利的制衡关系

决策权（网）与经营权（运）分离是遏制腐败行为的有效方法。决策权与执行权分离，决策者对决策后果负责，科学决策和有效监督才能成为可能。经营权的市场化程度越高，被监督的力度越大，越有利于防控劣成本问题。"网运分离"破除了公益性行业各种形式的行政垄断，把能够通过市场化进行的操作环节（即"运"）交由市场主体实施，"网"通过购买生产或服务实现公益职能，公益行业监管人负责评价考核"网"并确定收取或支付经营损益。

9.4.2　"网运分离"有助于实现专业化分工、市场化运作

"网"负责收营，根据所服务对象的整体需求制定服务标准，以保障公益性和整体性。"运"按照市场规则、契约约定履行生产或服务义务，可走PPP 投资体制模式，依法赚取安全生产和优质服务报酬。专业化分工利于培育市场的规模化和专业化，利于提高效率，而市场化配置资源，则可实现公开性、广泛参与性，更能够体现公平和正义。

9.4.3　信息技术有助于提高管理效率

"网运分离"管理模式使得多目标问题转化为不同管理层的单一目标，从而使得多目标管理问题由于单目标的体制安排而得到简化。在该简化过程中，现代信息技术的合理运用至关重要，它能确保不同管理层之间信息流的畅通，从而有助于提高管理效率。

9.4.4　"网运分离"有助于提升城市公交管理水平

"网运分离"的管理模式，公交行业的票款收入由票价决定，作为国有性质的"网"主体可根据财政预算确定票款标准和服务标准。政府对公交企业的补贴标准取决于管理部门根据政府财力制定的公交服务标准和票价水平。政府可以对公交企业的社会效益与经济效益进行有效调控和平衡，有利于科学制定公交行业的成本规制，并形成制度化的公交服务评价和补贴补偿机制。

第三篇

SHIJIANPIAN

实践篇

第 10 章　成都公交变革的整体谋划

成都市公共交通集团公司成立于 1952 年 7 月，系国有独资大型公益性企业，全面负责成都市中心城区地面公交营运服务。2012 年，中国质量协会将中国质量奖的最高荣誉——"中国用户满意鼎"授予成都公交集团；国务院发展研究中心《经济要参》专题刊登《我国城市公交优先发展"成都模式"调研报告》(申耘，2012)。成都公共交通集团公司在科技进步、制度建设、服务能力、企业实力、文化品位等方面均取得了明显提升。

10.1　成都公交践行《郑州宣言》[①]

2005 年 11 月，来自全国 100 多个城市的 350 多名政府和公交企业代表，共同签署了主旨为"公交优先在中国，让我们做得更好"的《郑州宣言》。2008 年 11 月，在践行《郑州宣言》三周年大会上，成都公交交流了实践经验。

10.1.1　公交发展要坚持科学发展观

1968 年，美国生态学者哈定在《科学》杂志上发表了一篇文章，提出了"公共资源悲剧"，后来人们习惯称其为哈定悲剧。哈定举了公共牧场的例子，当公共草地向牧民完全放开时，每一个牧民都想尽量多养一些牲口，因为多养一头牲口增加的收益大于饲养的成本，在利益的驱使下，每一个牧民都增加牲口，公共牧场的牲口越来越多，必然导致过度放牧。由于供草量不断下降，牲口不断增多，牧场的供草量不能满足牲口的需要，导致所有牧民的牲口都被饿死。哈定悲剧准确地揭露了个体理性、集体非理性这一普遍经济现象。要避免哈定悲剧的发生，就需要对公共资源进行管制。

当今，环境污染和能源大战也是一种哈定悲剧。如果一个企业保护公共资源，而其他企业不顾公共资源，那么保护公共资源的这个企业的生产成本

---

① 部分内容由本书作者刊发于《世界城市交通》，2009 年第 1 期，第 30~32 页。

就会增加，利润就会降低。

在公交企业经营发展过程中，也普遍存在着哈定悲剧。比如，公交服务盲区和争抢客源并存这一现象，是公交营运主体理性行为选择的结果，在特定的公交服务区域内，多家营运主体的无序竞争，必然导致哈定悲剧。再比如，公交场站、保修场、能源用地落实困难，是由于各区政府寄希望其他区政府解决公共服务用地，本区所在土地用于招商引资或房地产开发，甚至希望或要求将公交既有的用地外迁。公交用地落实困难，是基层政府理性行为选择的结果。如果高一级政府重视保护或统筹公共服务用地，将有效避免哈定悲剧的发生。

10.1.2 重视市区内公交场站的保护和建设

通常公交线路长度标准为 12~15 公里，由于城市不断外扩，市区公交场站不断外迁，导致线路长度延长至 30 公里甚至更长。线路越长、堵点就越多，需要配车的数量就越多。比如，15 公里的线路配 30 辆车，但 30 公里的线路要实现同样的运行效果，配 60 辆车就不够了，大体需要配 80 辆车，即一条 30 公里的线路比 2 条 15 公里的线路需要多配 20 辆车。试想一下，如果市区给公交一个 10 亩地的场站，可以为不同方向上的 6 条 30 公里线路提供中转，使 30 公里线路降至 2 条 15 公里线路。我们测算一下对于公交企业这 10 亩地的价值如何，有了中心城区这一场站，我们可以节约以下成本：6 线路数×每条线路可节约 20 辆配车×每辆车每天趟数 4×往返系数 2×线路长度 30×单车公里成本 5 元，那么，每天可节约 14.4 万元，一年乘以 365 天，就是 5256 万元。按照土地经营权 70 年计算，就可节约 36.8 亿元。换言之，市中心的 10 亩地，对于公交企业来说每亩地价值 3.68 亿元，我想这应该是天价吧！更何况，我们所需要的场站还可以放在地下，地面还可以进行立体开发，土地资源价值可以得到充分的发挥。有了市中心的场站，公交线路可以缩短，配车可以减少，还可以避免公交车造堵，节能环保减排的效果更加明显，公交的营运效率也得到更进一步的提高。可见，市中心城区的场站很重要，应加以保护，不宜轻易地外迁。同时，应尽可能在旧城改造的时候，规划公交地下停车场的建设。

10.1.3 重视公交企业的精细化管理

公交企业谋求生存和发展，一是要让乘客满意。让乘客满意很复杂，它涵盖了方便、快捷、舒适、安全、经济等五个方面。二是要让员工满意。一流的公交需要一流的人才，一流的人才要有一流的薪酬来吸引，高于市场水平的薪酬待遇是让员工满意的主要方面。三是要让股东满意。股东要追求利润最大化，股东满意实际与企业的可持续经营发展不无关系。让股东满意也可以理解为公交企业要在提高员工待遇、让利于乘客时，不能影响企业的可持续经营发展。四是要让政府满意。如果企业稳定发展、不出或少出安全事故、市民的投诉得到很好解决，再加上企业不忘向政府要资源，政府自然就满意了。但事实上，公交的哈定悲剧普遍存在，公交没法不向政府要资源，土地、路权、能源、资金、线路等都需要政府优先给予配置。五是要让社会满意。公交的优先发展离不开社会的支持，我们要让没坐公交车的人也要满意，公交车走专用道，不与他们挤道，不与他们发生纠纷，尽量减少公交优先发展障碍，公交的社会满意度就可以不断提高。同时，还需要与社会的企事业单位建立良好合作关系，公交企业占有较多社会稀缺的资源，广告资源、线路资源受到众多企事业单位的广泛关注，尤其是对于本地企业，可以尽量给予他们方便，从而获得他们对公交经营发展的支持。

综上，可以看出经营管理好公交企业实际上是很困难的，要做到五个满意，很多的时候，是顾此失彼的。面对这样的管理环境，可通过精细化管理来降低费用，在股东利益不受损失且让利于乘客的同时提高员工满意度，实现五个满意。

一般认为，公交企业的成本主要由四大块构成，即人工成本、能源成本、折旧、保修费用。我们试图通过各种办法降低这四项成本。

$$成本=线路数×单条线路车辆配置数×每天趟数×往返系数×$$
$$线路长度×单车公里成本×时间 \qquad (10-1)$$

分析公式（10-1）不难发现，上述的人工成本、能源成本、折旧、保修费用仅仅影响了成本构成的 7 个因素当中的单公里成本，而 7 个因素是乘积关系，单公里成本降得再低并不一定能够降低经营成本。事实上，对这 7 个因素都需要进行认真的研究分析。我以成都公交为例分析其他 6 个因素降低成本的具体做法：

第一因素——线路数。2 年来，成都公交集团停开了 30 条线路数，单就这项举动就节约成本上亿元。

第二因素——单条线路车辆配置数。目前，成都公交专用道路网络建设较为顺利，运行效果明显。与此同时，公司内部安排了 50 多名管理干部，组成了勤务大队，只在高峰期公交线路的堵点值勤，协助交警排堵，大大提高了公交车运行速度，专用道的配车仅是过去的 30%，有效地实现成本节约。

第三因素——每天趟数。过去把每名驾驶员跑的趟次纳入任务管理，完成后才有奖励，现在根据客流需要安排趟次，不再过分强调跑的趟次，给调度员适情调度的权利，大大节约了成本支出。

第四因素——往返次数。成都公交的潮汐、单边线路多，开行了高峰车，对于单边线路上的高峰车，最后一趟车不再安排返回，而是就地等待下一个高峰，大大节约了空驶里程。

第五因素——线路长度。成都公交加大了线网优化调整的力度，在线网优化过程中，特别重视缩短线路长度，对于 30 公里以上线路，只要具备在中途调度条件的，就尽可能地切断这些线路，线网得到了明显的优化；同时，对于一些长期堵塞的小区和路段，加开了免费摆渡车，尽量缩短整条线路的长度，提高车辆的周转率。

第六因素——时间。上班时间和周末节假日时间，客流需求不一样，在计算一年成本时，不能简单乘以 365 天。周六、日早上发班可以晚一点，高峰期也不明显，可以发疏一些，周五、周六晚上收班可以晚一点，而周日晚上收班可以早一点。春节、国庆等长假也有明显客流规律，根据客流的规律调整发班次数，可以大大提高满载率，降低行驶公里数，从而降低成本。

10.2　政府应主导公共产品更好惠民[①]

党的十八大报告强调要把生态文明建设放在突出地位，努力建设美丽中国，提出着力推进绿色发展、循环发展、低碳发展。政府应更加强化公共产品和公共服务的职能，增加公共产品供给，提高公共服务质量，以推动资源节约型、环境友好型社会建设。

就城市交通而言，应借鉴国防、环保、科技、医疗、养老、教育、文化等公共服务改革实践经验，全面落实"五位一体"总体布局，尤其是在扎实开展生态文明建设中，城市交通更应重视"转方式、调结构"，优先发展公交、努力办好人民满意的公交，这对改善百姓出行条件、缓解城市道路拥堵、节约资源能源消耗、降低社会交通成本、建设低碳生态城市具有十分重要的意义。成都公交的改革可以说是一种成功的实践与探索，对于我们怎样把好事办好，使公共产品更好地利民、惠民具有可资借鉴之处。

10.2.1　政府创造了让公交姓"公"的大环境

2007 年的春天，成都市有关领导到成都公交集团调研，首次代表政府提

---

① 部分内容由本书作者刊发于《南方》，2012 年第 22 期，第 58 页。

出，要坚持公交的公益性，并就此确定了包括土地配套改革在内的一些工作方向。当时公交集团向市领导汇报："如果按照我们的民生公交改革思路，今年可能会亏损 1.8 亿元。"政府及时为企业排忧解难，当年成都公交就获得了 3 亿元的财政补贴。同年 5 月，《成都市人民政府关于优先发展城市公共交通的实施意见》颁布，政府的大力支持无疑给了公交集团改革的勇气和底气。

10.2.2　既要坚持公交的公益性，又要走市场化的高效之路

公交企业不能赔钱赚吆喝，只讲社会效益而忽略经济效益，只伸手向政府要补贴，那是无法可持续发展的，最终也无法可持续惠民。因此，成都公交在改革中始终坚持引入市场机制，实现资源配置、经营生产的高效率、高效益，创新性提出城市公交"网运分离"新模式，即公交线路特许经营权与营运生产经营权相分离，公交线路特许经营权统一授予市公交集团公司，营运生产经营权则交由市场专业的营运生产企业承运。彻底突破城市公交传统的基本格局和发展方式，有效解决了城市公交长期以来社会效益和经济效益难以兼顾的难题。就社会效益而言，成都公交 70 岁以上老人乘车免费，刷卡乘车 5 折，两小时内免费换乘 3 次等，惠民金额每年就近 11 亿元。

10.2.3　牢牢把握公共产品的三个关键点——充足供给、理性需求和有效管控

要让公共产品更好地惠民、利民，这三点缺一不可。近年来，公园、图书馆、文化馆、博物馆等公共品逐步实现完全免费；部分景区景点、名胜古迹等门票也开始降价；一些城市的公交、地铁推出低价甚至免费路线；还有一些地方推出免费医疗等。在一定意义上说，我们正迈入一个公共资源、产品、服务等逐渐降价甚至免费的时代。在这种情况下，尤其要注重把握好公共产品三个关键点的平衡，否则就可能把好事办坏。成都公交免费通过智能指挥系统实现了有效管控。若没有管控，必然变得无序混乱。

总之，政府应强化公共产品为公众服务的职能，而相关企业也应担当起公共产品更好地惠民利民的责任，才能真正提升城市管理的百姓满意度。

第11章　成都公交组织变革调整

针对安全管理新形势，成都公交按照"专业化分工、市场化运作"原则，从组织机构入手，构建起精干、高效、专业、扁平化的现代公交系统组织架构。

11.1　实施"网运分离"改革

企业的组织架构是体现企业组织性质定位及实现发展战略目标的基础。组织架构变革的合理与否，不但决定着整体工作效率的高低和定位及目标的实现程度，而且还影响着企业的稳定及员工的士气。基于对成都公交集团组织定位是"为群众提供准公共产品的公益性服务企业"，战略目标是"努力建成'安全便捷、全国一流、群众满意'城市公共交通企业"的认真思考和准确把握，成都公交集团审慎确立了"专业化分工、市场化运作"的组织架构改革思路，明确了"集中发展公交主业、围绕公交主业发展辅业"的组织改革目标。"长风破浪会有时，直挂云帆济沧海"，厘清了组织架构改革思路和目标的成都公交集团，拉开了大刀阔斧的组织改革序幕。

11.1.1　成都公交的历史转折点

该走什么样的道路？2007年改革时，成都公交曾经面临重大的历史转折点。不改，公交线路设置不合理，车辆档次不高，票价不优惠，现有的公交条件远不能满足市民的出行需求；改，政府每年的补贴不多，降了票价，要亏损多少？购买高档新车，要背多少债？收入不上去，员工的利益谁来保障？……

各种议论和博弈中，成都公交的领导感受到了"孤独"。然而正是这种孤独感，迫使成都公交决策层冷静下来，直面解决成都公交面临的首要问题，理清公交的属性，寻找发展的内生动力。他们也曾考虑将成都公交集团股份多元化并改制重组上市的策略，甚至已经完成了可行的上市改制方案，但考虑到公交主业的社会效益属性显著的问题将其否定了。

（1）实施公交"主辅分离"改革

集中发展公交主业，围绕公交主业优化配置资源，实现公交主业快速独立发展壮大，辅业则走上了专业化发展的路子。

第一步，成立集团财务中心，实行财务集中管理。以往，企业内部的资金分散于下属各二级非法人单位，造成资金管理效率低下。没有资金就没有底气，也没有变革的基础。在从成都商业银行取得1.2亿元的信用贷款，并偿还了过去所有抵押贷款的基础上，成都公交集团于2007年1月4日，在玉带山庄组织召开了一次关于财务集中的专题研讨会议。财务集中管理意味着今后下属分公司的所有财务凭证必须经集团公司审核后才能报销，相当于变以前的财务报销"不透明"为"全透明"，实质上是收掉了分公司经理手中的财权，改革工作难度相当大。经过一天一夜从早到晚的"艰苦"专题研讨，从有利于集团整体利益和长远发展的角度，与会人员终于统一了思想，达成了"集团只有实行财务集中管理，才能彻底解决企业内部的三角债，才能最大限度发挥集团的资金蓄水池作用，最大限度地提高资金使用效率"的共识。次日上午，便召开集团公司经理办公会议，形成了财务集中管理的决议，随即付诸实施。成都公交集团配套建立了财务集中管理信息系统（"NC"系统）。之后，企业利润开始涌现，当年就有2000多万元利润。银行信用评级逐步上升。从此，公交集团就再也没有缺过钱。后来，成都公交集团又实行了集中收银改革，将以前分散在各运营公司的无人售票收银清分业务，交由以前只负责IC卡销售的票务管理中心统一管理，资金回笼更加快速，资金蓄水池作用更加凸显。同时，也消除了以往运营公司及车队分别到各个场站分散收银所带来的人员及车辆配备重复和低效劳动的现象，大大提高了收银效率。

在财务集中管理实施过程中，成都公交集团将以前在分公司担任实质、有财权的经理，与此前没有财权的机关部门经理互换调整。这样做的好处是，此前没有财权的机关部门经理到了分公司没有什么不适应，不觉得"亏"，反正自己一直没有财权；以前在分公司有财权的经理到了部门也没有多大意见，新任的分公司经理也没有财权，毕竟自己还享受过几年财权，反而觉得自己有得"赚"。大家的心态都比较平和，最大限度地减小了"财务集中"带来的改革阻力与难度。

第二步，重新划分主体责任市场，实行主业就近集中管理。改革前，成都市中心城区二环路以内的公交市场主体有5家，其中2家为成都公交集团分公司，3家为成都公交集团参股子公司，各公交企业之间线路相互交叉，重复度较高，服务质量参差不齐。车队管理的公交线路所对应的首末站往往遍布城市各个方向。一名车队长要想将这些公交线路检查一遍，往往一天也跑不完，苦不堪言。其管理区域幅度及管理难度之大、效率之低，可想而知。而集团车队之间、公司之间，这种区域交叉管理、交叉跑动，所形成的劳民伤财、隐性浪费，更加惊人。

为了充分体现公交服务的公益性，明确市场服务责任主体，提高服务质量，改变公交主业分散运营管理的现状，成都公交集团首先采取降低公交票价策略，既进一步惠及了广大市民，受到群众普遍欢迎，又有效挤压了以往合资运营公司的利润空间，以较低的价格全部回购了星辰公司、运兴公司和巴士公司外部投资者的股份，使得中心城区公交系统变成了纯国有成分。在此基础上，通过线网优化调整了100条次，停开了46条，按逆时针方向旋转45度分东、南、西、北区域规划线路归属，按场站规划车队，近万人、3866辆车、175条线路都根据既定原则，在2007年下半年的一夜之间进行了全面重分。同时，取消了线路重复的运兴公司二三六公司。按照分区域经营的原则，将过去的7家营运公司归并为东、南、西、北4家公司（如图11-1），各自履行本区域的市场服务主体责任。与以上组织调整配合的是人员竞聘和人员分流。此举进一步增加了线网覆盖率，降低了重复里程投放，提高了车辆利用率，方便了公司和车队的经营管理工作，有效提高了各区域间及区域内的公交服务效能。许多车队长在公交场站足不出户，就可实现对全部线路人员及车辆的管理。

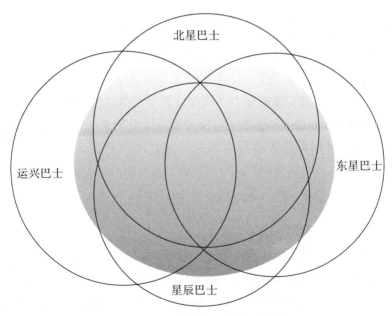

图11-1 成都公交公司市场布局图

第三步，实行公交"主辅分离"改革，建立了公交"网运分离"发展模式。在改革前，成都公交集团作为大型传统国有企业，内设机构小而全，管理层级多，资源分散、共享度低等问题比较突出。各家运营公司除设有营运、服务、安全、技术等职能部门以外，还设有保修场、材料科（含油库或加油站）、多经科、收银中心等部门；还要管理公交场站、职工子女幼儿园等。一分公司设有职能部门 19 个、车队 7 个、保修场 2 个，管理场站 10 个。四分公司设有职能部门 19 个、车队 8 个、保修场 1 个，管理场站 6 个。运兴公司机构改革前设有职能部门 21 个、车队 14 个、保修场 3 个。公交运营公司主要经营管理者的精力有限，难以持续集中、专注于公交运营服务业务。

成都公交集团按照专业化分工、市场化运作原则，分批实施了公交运营公司主业与保修、场站、物资、票务等保障类辅业的全面分离。在将 6 个保修场、16 个场站、6 个材料科、4 个收银中心彻底剥离后，中心城区 4 家公交运营子公司得以"瘦身减负"、轻装上阵，专注于抓好主业生产安排，专心做好运营安全服务，不再为各类保障性辅业分心。保修、场站公司则集中了全集团各类专业性人才，统筹运用对应资源，专业从事车辆保养维护、场站后勤服务等保障性业务，实施了总成互换维修等工作，实现了资源的集约利用，大幅度提高了管理的集中度和专业化水平，有效避免了"短板效应"带来的效率低下问题。驾驶员得以享受就近救急、修车、保养，就近调停、加气、加油、洗车、停放，就近收换投币机内胆和采集 IC 卡刷卡机数据等一条龙服务，心情愉快、精神饱满地安全驾驶公交车辆。

改革也并非一帆风顺。成都公交集团在改革过程中，曾面对诸多困难与挑战。以保修整合为例，在将国有的一、四保修场和以前合资的运兴公司二、三、六保修场整合至保修公司后，就出现了人员薪酬待遇体系、标准不一致的问题。一保修场人员收入最高，人均月收入约 2400 元；二、三、六保修场居中，约 2200 元；四保修场最低，约 2100 元。刚整合在一起时，各保修场按照各自以前的工资体系及标准计发。在经过一段时间过渡后，人均收入水平相对较低的保修工对此就十分不满了，认为"大家在一口锅里舀饭，凭啥同工不同酬"，为此经常消极怠工或直接罢工，严重影响了生产的正常进行。为了尽快扭转这一被动局面，成都公交集团没有采取单纯涨工资增大成本的"简单"做法，而是实施了基于保修工岗位技能等级评定的薪酬制度改革。将保修工按照工种类别分为一至八级，每级对应不同的技能水平，公开考核评定。薪酬结构与保修工岗位技能等级评定挂钩。刚开始时每人给两次评审机会。初次评审结束后，以后每年组织一次晋升评审，建立上升通道，并设立培训班。然后根据保修技能评定等级和工作完成考核质量，对应核发薪酬待遇。2009年，当时经评定级别最高的六级保修工，月收入约4200元。级别最低的一级保修工，月收入约1900元。大多数保修工的收入得到了提升。虽然极少数人的工资比改革前吃"大锅饭"的平均工资还低，但是考评的规则是公开透明的，办法也是大家认可的，他们也说不出多大意见，并且还有希望在来年争取评审更高的技能等级。成都公交集团通过实施这项制度改革，在2009年保修人员工资成本只增加约8%的情况下，彻底消除了改革之前保修工薪酬结构不统一、水平差异大的矛盾，充分调动了广大员工学习技术、提高技能的主动性、积极性，在员工队伍中形成了以技术为荣、质量为荣、服务为荣的价值观，从员工个人技术等级的提升全面带动保修整体技术水平的提升。

（2）**建立公开、公平的竞聘机制，平衡好权力和利益的冲突及矛盾**

企业组织变革实质是打破固有利益格局的体制改革，涉及人员分流安排和利益的重新调整，这是最难把握和处理的问题。实施的关键是要建立公开、公平的选择和竞聘机制，平衡好权力和利益的冲突及矛盾，让改革结果符合大多数人或绝大多数人的利益。

以整合运兴公司为例。2007年，成都公交集团为了发展公交主业，收购了港方持有的运兴公司64%股权。运兴公司成了成都公交集团的全资子公司。由于成都公交集团之前的总经理兼任了以前合资的运兴公司总经理，运兴公司部分管理人员在心理上容易"自觉不自觉"地与成都公交集团本部对应管理职级画等号，持有"人员平级"观点。这给运兴公司管理人员调整、安排带来了极大的困难。成都公交集团班子成员的任命权在上级部门，不可能因为将运兴公司收购整合了，运兴公司以前的班子成员就能自然而然地对应成为成都公交集团的班子成员。存在同样情况的还有百余名的运兴公司总部部门经理，被撤销的二、三、六分公司经理和职能部门经理，被合并的车队长及管理人员。此时的运兴公司矛盾大、骂声多，改革面临前所未有的巨大挑战。

为了彻底解决这些矛盾，成都公交集团采取了两个办法：一是"原退原"。以前组建运兴公司时，那些从成都公交集团到运兴公司工作的管理人员，原来是处长、副处长、科长、副科长等的管理人员，这次整合回来就按照对应职级进行认定和安排。由于以前引资组建运兴公司时，是以原成都公交集团二、三、六公司为基础搭建的，绝大部分管理都来自成都公交集团内部，因此80%到90%管理人员得到了对应安排。二是"给出路"，公开竞聘上岗。对于部分到运兴公司工作后得到晋升的老员工，或者运兴公司新招聘的其他管理人员，以及求上进、爱学习的其他人员，成都公交集团分批提供了让他们在全集团范围内公开竞聘上岗的机会，建立人员上升通道，让这些持有原运兴公司"内部粮票"的人员通过"考试""公招"进行职级评定和晋升，较好地解决了这些人员的分流安排和职级晋升问题，调动了员工的积极性，促进了成都公交集团的稳定和发展。

再以整合蓉城出租汽车公司为例。原蓉城出租汽车公司主要包含三家子公司，代管个体出租汽车的服务公司。国有的成都出租汽车公司和公用事业房地产公司，最初隶属公用事业局管理。2005年，公用事业局撤销后，先后划归市国资委和市交委、交投集团管理。蓉城出租汽车公司内部不断有人写信反映内部薪酬待遇差异化过大等问题，企业内部矛盾大，员工队伍不太稳定。与之相对应的是，成都公交集团当时卓有成效的一系列改革，取得了积极的社会反响，给市领导留下了"公交集团想干事，能干事，一干就能干得好事"的良好印象。为了提升出租汽车服务质量，加快塑造蓉城出租汽车品牌，2008年上半年，成都市将蓉城出租汽车公司整体划归成都公交集团管理。至此，蓉城出租汽车公司由以前与成都公交集团"平起平坐"的国有企业，变成了成都公交集团的一家全资子公司。

划入之初，由于蓉城出租汽车公司运作相对独立，员工收入待遇相对成都公交集团内部其他单位高出了一大截，但又低于外部同行。在蓉城出租汽车公司内部公司之间，员工收入待遇差异化也很大。比如，成都出租汽车公司员工月均收入2000～3000元，服务公司员工则为5000～6000元，公用事业房地产公司员工达到7000～8000元。然而，蓉城出租汽车公司的80％利润来源于成都出租汽车公司。蓉城出租汽车公司内部对薪酬待遇不统一的意见很大，要求同工同酬的呼声很急迫，矛盾很突出，信访等事件时有发生，严重危及企业内部和出租汽车行业的稳定。

接管蓉城出租汽车公司后，为了有效加强对蓉城出租汽车公司的重视与管理，尽快稳定蓉城出租汽车公司队伍，成都公交集团任命集团总经理兼任蓉城出租汽车公司董事长，集团副总经理兼任蓉城出租汽车公司党委书记、总经理。原蓉城出租汽车公司班子老领导则享受成都公交集团领导班子成员对应的级别待遇，给予了这些老领导足够的尊重。原蓉城出租汽车公司班子其他领导，比照成都公交集团对应职级就高调整职级、全集团范围内安排工作岗位。其他管理人员，按照"只提级别、不涨工资"的原则，对应安排为成都公交集团二至四级管理人员，既有效稳定了蓉城出租汽车公司管理人员，又未增加集团公司管理人工成本。对于蓉城出租汽车公司员工工资差异大问题，按照"较低的，小步快跑；领先的，慢慢等"原则，采用"帕累托改进"办法，实施薪酬结构调整，积极、稳妥、逐步地进行解决，解开了员工心结，理顺了员工心气，实现了蓉城出租汽车公司政通人和的和谐稳定发展局面。企业服务品质、服务形象大幅度提升，促进了出租汽车行业稳定。"5·12"汶川大地震时，蓉城出租汽车公司以强烈的社会责任感，当夜立即组织386辆出租汽车在第一时间火速奔赴都江堰抗震救灾，后期成立了100辆出租汽车的抗震救灾应急车队，运送了大量伤员、物资及救护专家，赢得了宝贵的抢救时间，挽救了大量的无辜生命，塑造了良好的企业形象。

与此同时，成都公交集团对蓉城出租汽车公司在2009年进行了公司化改造和机构整合，实现了三级扁平化管理架构。近年来，通过收购、无偿划转获取和新取得出租汽车经营权，蓉城出租汽车有限公司成为全市出租汽车服务行业龙头企业和标杆单位，以及促进出租汽车行业稳定的国有中坚力量。

（3）优化部门组织结构，平衡好整合和差异化问题，为推行公交"网运分离"奠定了坚实基础

公司发展往往是多目标的。部门的设置，职能的确定，既需要考虑部门之间的相关性，同时更需要实行专业化管理。让专门的部门、专业的人员集中精力做专业的事情，是明晰管理职责、提高管理工作效率的有效途径。部门设置最好是单目标，一般不要超过两个目标，最多不能超出三个目标。同时，应该尽量让一名管理人员做一个目标的事情。

成都公交集团以前部分职能部门、管理岗位存在职能职责过于集中的多目标决策，甚至涉及"相反目标"决策问题，决策压力大、难度大、效率低。以原来的安全运营部为例，部门设经理三正六副，其中二名副处职享受正处级待遇。部门主要职责包括线网规划及线路开行、运营生产计划与调度管理、安全生产预防与事故处置、票务管理等，职责内容多，工作繁重，责任大。从全面落实成都市优先发展城市公共交通战略，加快公交事业发展步伐出发，满足市民群众日益增长的公交出行需求出发，每年在制订运营生产计划时，该部门理应提出最大幅度增大线网覆盖面、新开行公交线路、提高运营班次的计划。但大幅度增大线网覆盖面，就需要大量新开行公交线路和增加运营班次，运营生产里程也将大幅度提高，安全预防与事故处置的压力将随之大幅度增大。这一矛盾性因素及压力，是该部门必须考虑和平衡的问题。实践中往往是对运营班次增加幅度的现实需求进行适度"折中"控制的可能性相对更大一些。部门完全主动自我加压"为难"自己，以最大幅度增大线网覆盖面、新开行公交线路、提高运营班次计划的可能性相对要小一些。这种"折中"，对于部门个体而言是显性和理性的，可以减少工作量，减轻工作压力及难度；但是，对于集团公司和市民群众集体而言，则可能是非显性和非理性的，可能会在无形或非该部门人员的不知不觉中减缓公交发展势头，不利于提高群众对公交服务的满意度。同理，由于安全预防与事故处置职能集中在一个部门、一个岗位上，一旦发生安全行车事故，首先是应急处置。重处置、轻预防现象比较突出。安全预防管理难以真正落到实处，事故成本高。

为了改变这种管理状况，成都公交集团按照专业化管理原则，对安全运营部主要工作业务进行细分，将其拆分为线网管理中心、营运调度中心、安全预防中心、事故处置中心、票务管理中心五个部门及单位。每个业务部门独立、专业负责一项业务单元，不用过多考虑其他因素。其中，线网管理中心负责根据市民出行需求、道路条件等，专业规划、制订、优化线路开行计划。营运调度中心负责根据线网管理中心提出的线网规划、线路开行计划，创造条件确定具体车型及班次投入计划。安全预防中心负责管理行车安全事故预防。事故处置中心负责发生行车安全事故的善后处置。票务管理中心负责全集团 IC 卡销售充值、数据采集和投币现金收银清分。改革后，只要群众有合理可行的公交出行需求，线网管理中心就会及时规划和要求新开行线路。营运调度中心就会全力计划落实车辆、人员配备及班次作业表。安全预防中心与事故处置中心也会随之跟进做好对应工作。如果新规划、开行的线路不合理，运行效果不理想，营运调度中心也会及时反馈给线网管理中心。如果安全预防屡遭失败或出现类似事故，事故处置中心也回反馈给安全预防中心。这样，就能够将以往"隐蔽"在部门内部的矛盾"显性化"，起到部门之间相互促进管理、相互制衡约束的作用，可以最大限度地满足市民出行需求，推动公交事业发展。

同时，分设事故预防和事故处置中心，将安全管理责任落实给预防中心，事故处置中心则着重负责妥善处理事故善后；将医务人员集中，参与事故医疗把关，做到该出院的伤员能够及时出院，不该用的药能够有效节约，合理降低伤员救治成本。分设后，安全预防管理落实到位，事故处置及时有力，彻底消除了过去社会上存在的"索赔代理机构"（社会一些不法分子，以受害人亲属的名义，专门以不正当方式向公交企业进行事故索赔，获取高出法定标准的赔偿，再向受害人分成，从而赚取非法所得）闹赔现象，公交事故处置费用明显降低。

成都公交集团建立了管理人员考核与评价机制。针对行业特点，按照平衡计分卡设计 KPI 体系，全面实施"三定"工作，普通员工招聘受岗位限制，管理岗位必须进行公招。越是关键岗位，或工作做不好的岗位，就越要提拔新干部。在 611 所礼堂召开管理人员大会，以公开表决方式，通过了

"管理人员公约",建立了以"任期考核聘任制"为核心的职级晋升及降低机制。用"处级三年一聘、科级两年一聘"的"抽板凳"办法,真正实现了管理人员"能上能下"。用"55周岁以上男性、50周岁以上女性"管理人员可自愿选择提前内退,薪酬待遇不变的办法,建立了退出机制,促进了公交管理队伍的年轻化。

在"网运分离"模式下,成都公交集团成立了七大智能中心,负责线网工作;成立五家运营公司,负责运营工作。运营公司只负责车辆的运营,不负责管理票务;收银中心负责日常票务的接收和统计,财务中心负责日常公交运营的支出,这样避免了运营公司既管运营又负责财务产生的负面作用。因此,"运"的初始收入则转化为"网"的收入,而"网"的大部分成本就转化为"运"的收入,"运"的成本为市场竞争下的服务成本,这是成都公交"网运分离"理念的核心所在。"网"和"运"各司其职,最终形成既具有竞争性成本又有高质量的城市公交服务,具体架构如图11-2所示。

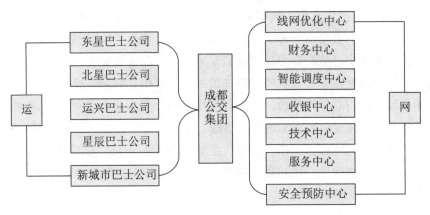

图11-2 成都公交"网运分离"架构示意图

11.2 职能部门调整

成都公交集团按照"专业化分工、市场化运作"原则,自2006年通过有组织的放弃和改进、系统化的创新,先后注销了与公交主业关联度低的16个公司,实施了对运营、保修、场站、票务等11类、60个(次)单位的同业归并整合,以"点"的切入与聚焦,带动"面"的突破与革新,按"网运分离"模式构建起精干、高效、专业、扁平化的现代公交系统组织架构。

(1) 安全生产监管部门重新调整

把安全管理部门分设为事故预防和事故处置中心,将安全管理责任落实给预防中心，事故处置中心则着重负责降低事故赔付成本；同时，将医务人员集中，参与事故医疗把关，做到该出院的伤员能够及时出院，不该用的药能够有效节约，合理降低伤员救治成本。改革后，安全预防管理落实到位，事故处置及时有力，公交事故处置费用明显降低。

成都公交将驾驶员的待遇与安全公里数挂钩，个人收入随着安全公里数的增减而升降；取消事故赔付远小于保费支出的险种，从源头上消除了人为制造事故的可能。

制定了全集团事故处理就近应急联动机制，在提高事故处置效率的同时，有效降低了事故的社会负面影响。创新建立安全管理激励约束机制，将干部职位与安全指标挂钩，对超出安全事故限额的干部实行制度性的降级处理，各级干部对安全生产的重视空前高涨。

（2）**实施"运辅分离、分类合并"改革**

按照"运辅分离、分类合并"的改革思路，深入推进公交内部专业分工、资源整合和市场化运作。城市地面公共交通作为传统劳动密集型行业，相对现代新兴行业而言管理落后，一定程度上束缚了行业发展的脚步。为此，成都以敢为天下先的勇气，鼓励并支持公交行业大胆实施管理体制机制改革创新。

2003年以前，包括市公交集团在内的成都市中心城区共有15家公交企业，经营性质包括国有、合资与民营等多种类型。合资及民营公交企业为追逐利润，对于客流量大的线路竞相重复开线，对于客流量小的线路则留给国有公交经营，市场恶性竞争现象突出，公交线网优化难度大，服务质量不均衡，市民对公交满意度较低。为此，成都在城市公共交通领域大胆实施体制创新，探索出了一条"网运分离"的科学发展之路。

①制定"特定区域单一公交市场主体"战略，通过股权及资产收购完成中心城区公交市场主体整合，组建规模相当的东、南、西、北四大全资营运子公司，实现了营运主业的分区域就近集约管理。

②成都公交集团本着"专业、集约、精干、高效"的原则，推进内部专业化管理和市场化运作，取得明显成效。如成立财务中心，运用"NC"财务信息网络平台，实行收银和财务集中管理，既解决了内部三角债问题，又增强了公交集团对外融资能力。

③全面归并整合集团内部分散的物资供给、车辆保修资源进行，重新再造了物资供应和车辆保养维护作业流程。

④对非核心业务实行市场化外包。对车辆清洗保洁、随车安全员和保安人员、场站管理、站点建设维护等非核心业务，采取市场化方式外包给有关

专业服务公司，既可降低运行成本，又为"网运分离"创造条件。如推行场站管理与车辆清洗的业务外包，在降低人工成本的同时，有效提高了工作质量。

⑤实行内部人力资源市场化管理。对于供过于求的非生产岗位不提薪，严把人员进入关。对供不应求的一线生产岗位，通过提薪大幅增强就业吸引力，有效解决了缺驾问题。

⑥以市场拍卖方式公开出让公交车身广告。

经过一系列改革实践，集团公司营运管理取得明显成效，生产资金周转的实际缺口逐年减少，企业驶入良性发展轨道。

成都公交集团以"安全便捷、全国一流、群众满意"为目标，积极推进体制机制改革和新技术推广应用，又好又快地实现了量的扩张和质的提升，展现出跨越式发展的良好态势。表11-1是变革前后经营指标的比较情况。

表 11-1　变革前后的经营情况对比

	2006 年 12 月	2009 年 2 月	淘汰量	自然增长	变动率
线路数（条）	202	175	46	19	-13.37%
车辆（辆）	3866	5171	261	1566	33.76%
里程（万公里）	2010	1996			-0.70%
收入（万元）	7498	7967			6.26%
人次（万人次）	6752	8592			27.25%
千车千米收入	3730	3991			7.00%

（3）变革启示

20 世纪 60 年代以来，管理学界开始关注"有计划的变革"（Planned Change），即从零散的变革活动转向系统的、战略性的变革，重视变革的理论指导和方法途径，由此发展起来组织发展（Organizational Development）理论（井润田，2009）。

在理论层面，从发生速度的角度可将变革分为两类：渐进式变革与革命式变革。其中，渐进性变革即保留现有组织的基本价值观和基本规则，根据企业的战略目标逐步改变组织结构、员工技能和激励体系等；而革命式变革对企业的现状提出挑战，为组织创建一个新的愿景，最终完成企业价值观、工作流程以及组织结构的彻底改变。通过对变革环境和内外压力的认知，成都公交集团最终选择了更倾向于革命性变革的策略。从管理策略来讲，简单有效的手段就是快速地组织变革，效果更快更直接，虽然伤筋动骨，但对管理者来说尽快可以把这个事情动起来。成都公交集团选择革命性变革，是公交发展形势所逼，要在极短时间内有明显改观，通过内部的人事改革、机制改革是做不到的，尤其在固有的体制和架构下更难做到。

与渐进式变革不同，成都公交首先设计好变革目标，设定好公交的理想形象，通过合理有效的实施措施一步步朝着终极目标靠近，实施完成，预计的目标也达到了。

哈佛商学院约翰·科特教授提出的变革模型是经典的组织发展理论，分为八个步骤，分别是：增强紧迫感、建立指挥团队、确立变革愿景、有效沟通愿景、授权行动、创造短期成效、不要放松、巩固变革成果。

组织变革是具有高度不确定性的战略决策，其成功依赖于多方的权力平衡和利益调整，各方参与者在组织变革中承担着不同风险。此时，领导者的概念技能至关重要，要随时把握和调整变革的方向和力度。这里，所谓概念技能就是领导者对复杂情况进行抽象和概念化的技能。运用这种技能，他们必须能够将组织视为一个整体，理解各部分之间的关系，想象组织如何适应所处的复杂环境。

组织变革的领导者不仅需要具备相关的管理知识和经验，而且更重要的是需要有干番事业的内在激励。

罗伯特·卡兹（Robert Katz）教授在描述企业不同层级管理者的技能时，认为概念技能对于高层管理者即领导者是最重要的。所谓概念技能（Conceptual Skills）是指领导者对复杂情况进行抽象和概念化的技能。

领导者经常抱怨企业里问题如潮水，很容易陷入一团乱麻，无法自拔。此时，概念技能非常关键。当领导者面临复杂的决策问题时，首先要有认识这些问题的概念和思路，只有这样，才能掌握好解决问题的着力点和所用的力度。

"商场如战场"，管理者经常形象地把当前企业的市场竞争比喻为战场上的交战。和大多数其他战场一样，这个战场上，也会硝烟弥漫。参战的企业和冷眼旁观的民众，都搞不清方向，而战场上的指挥者也往往很难抓住战局要点；何时出击、如何出击，甚至向谁出击，这些都是不易回答的问题。

领导者概念技能的建立不仅与其决策能力有关，也与面临问题本身所依赖的行业或者技术背景知识有关。决策能力可以通过理论学习而锻炼，但行业和技术背景知识则需要通过长期的经验积累才能获得，有效的领导者总是能够将以上两者很好地融合。

在国有企业环境中实施组织变革，领导者能够获得上级主管部门的认可和支持是成功变革所不可或缺的。

11.3 变革成效

"十一五"期间，成都市委、市政府对成都公交提出了建设"安全便捷、全国一流、群众满意"的城市公交发展要求。经过改革创新与不懈努力，成都公交在公交优先发展历程中已取得了阶段性成果。公司在科技进步、制度建设、服务能力、企业实力、文化品位等方面，均取得了明显提升。尤其是通过探索网运分离模式改革，在争取公交优先发展环境方面取得了显著成效。

11.3.1 体制、机制、制度、人治"四制"并重，安全管理水平大幅提高

针对安全管理新形势，成都公交进行的体制改革，从组织机构入手，把安全管理部门分设为事故预防和事故处置中心，将安全管理责任落实给预防中心，事故处置中心则着重负责妥善处理事故善后；同时，将医务人员集中，参与事故医疗把关，做到该出院的伤员能够及时出院，不该用的药能够有效节约，合理降低伤员救治成本。改革后，安全预防管理落实到位，事故处置及时有力，彻底消除了过去社会上存在的"索赔代理机构"闹赔现象，公交事故处置费用明显降低。在机制方面，成都公交将驾驶员的待遇与安全公里数挂钩，个人收入随着安全公里数的增减而升降；将事故赔付远小于保费支出的险种取消，从源头上消除了人为制造事故的可能。投保策略改变后，每辆公交车年均保费降低的同时，事故赔付费用也同比例降低。在制度方面，制定了全市公交行业范围内的事故处理就近应急联动机制，在提高事故处置效率的同时，有效降低了事故的社会负面影响。在人事管理方面，创新建立安全管理激励约束机制，将干部职位与安全指标挂钩，对超出安全事故限额的干部实行制度性降级处理，各级干部对安全生产空前重视。

11.3.2 物联网技术在公交营运生产各个环节得到成功应用，所获效益超出预期

一是利用公交 IC 卡数据统计客流，代替过去烦琐、低效的人工 OD 调查，实现了按照客流规律发班调度，大幅提高了营运效率和服务质量。二是公交智能调度系统建成并投入使用，运用车辆 GPS 里程代替过去路单统计的公里数，减少了无效重复投放，并杜绝了里程虚报现象。三是安装公交车辆视频监控系统，实现了对车厢内外情况全面、实时监控，不仅明显改进驾

驶员的行为规范与服务水平，有效降低了行车安全事故，而且还为公安部门处理交通事故、破获车内违法案件提供了有力佐证。四是对收银的所有环节安装监控设备，有效控制了票款流失。五是开通了网络、短信查询功能。市民通过成都公交门户网站 www. cdgjbus. com 或通过手机上网 www. 10628106.com，可以及时方便地查询线路开行及车辆到站信息。六是实行快速救急。通过 GPS 系统定位，离抛锚车辆最近的救急车可在第一时间到达现场施救，能降低对有限道路资源的压力。七是提升车辆技术配型。车辆尾气排放全部达到国四标准，部分车辆应用了自动变速箱和低入口技术，进一步提高了车辆档次和可靠性。

11.3.3 积极推行公交"网运分离"管理模式

成都公交通过"网运分离"改革，促进了传统公交向现代服务业的转变。抓内部资源配置的市场化，重视行业管理部门对公交的社会、经济效益的调控和平衡，逐步形成制度化的公交服务评价和补贴补偿机制。

在"网运分离"模式下，七大"中心"成为作为"网"主体的成都公交集团的核心业务部门，负责线网布设、优化调整，以及生产保障工作。五大"专营公司"只负责公交线路安全生产服务，不负责管理票务，不负责车辆采购。

"网运分离"改革后，重塑了"网"和"运"之间的核算体系，五个专运公司"运"的初始收入制度性安排为集团公司"网"的收入，而"网"的成本转化为"运"的收入。"网"负责基础设施保障，"营改增"后，有效地对"网"的票款收入进行税收抵扣。"运"的成本为市场竞争下的服务成本，这是公交生产环节市场化竞争的结果。"网运分离"核心理念在于在满足公益性的条件下，强调资源的市场化配置。"网"和"运"各司其职，最终形成既具有竞争性成本又有高质量的城市公交服务。成都公交"网运分离"改革实践取得了成效，2006—2013 年客流增长情况如图 11-3 所示。在交通环境日趋拥堵下，成都公交客运量呈逐年增长趋势，为城市交通缓堵保畅做出积极贡献。

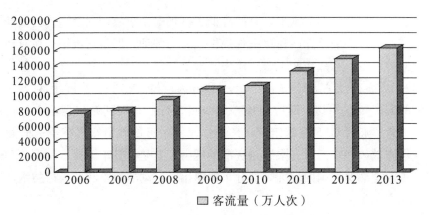

图 11-3 2006—2013 年成都公交客流量增长情况

数据资料来源：成都公交统计报表

　　成都公交实施网运分离改革后，政府对公交企业的调控成本降低，公交的公益性支出代价可控。公交集团赢得政府和乘客的信任，政府从政策、资金、土地等多方面加大了对公共交通的支持力度。在 2006—2014 年期间，财政补助不断增长，具体情况如图 11-4 所示。政府支持公交企业增加运力投放，2006—2013 年车辆数增长情况如图 11-5 所示。在公交运力充分保障的情况下，成都公交的交通分担力不断增强，客流量也得以不断增加，成都公交进入良性循环发展轨道。财政资金以资本金注入方式支持公交集团发展，资金主要用于购置公交车辆、回购合资外方股权、公交信息智能系统建设、场站建设、缴纳土地出让金及银行贷款利息等支出。

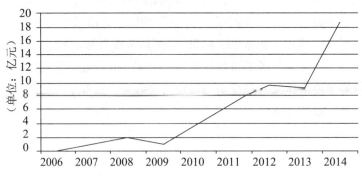

图 11-4 2006—2014 年成都公交政府财政补贴和投入情况

数据资料来源：成都公交统计报表

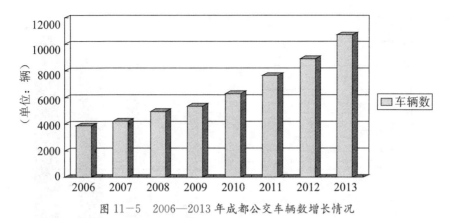

图 11-5　2006—2013 年成都公交车辆数增长情况

数据资料来源：成都公交统计报表

11.3.4　各项评价指标明显提升

一是基础设施建设显著提升。基础设施建设是保障城市公交正常运营和服务大众的基本要素，其发展状况直接关乎公交服务的质量。

2006 年至 2014 年间，成都公交车辆、万人公交车拥有量、线路、专用道和基础建设投资的数据如图 11-6 所示。从总体发展趋势上看，2006 年至 2014 年间，成都公交基础设施水平有了显著提高。2006 年至 2009 年，处于平稳增长阶段；2009 年到 2013 年，公交基础设施水平进入高速发展时期，处于全国领先地位。

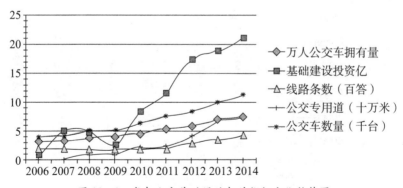

图 11-6　成都公交基础设施相关指标变化趋势图

二是载客能力翻一番。经过"十二五"期间的改革与创新，成都公交的载客能力基本翻了一番。客运总量以平均 10％的速度逐年增加（如图 11-7），2013 年全年客运总量已达 164036 万人次，是 2006 年的近 2 倍。

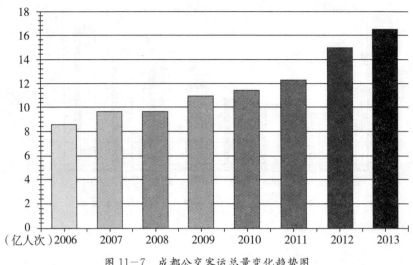

图 11-7　成都公交客运总量变化趋势图

三是票款收入稳步增加。从 2006 年至 2012 年，成都公交客运收入呈现总体上涨的趋势。值得注意的是，虽然实施了票价惠民政策，成都公交客运收入仍然有大幅增加。尤其是 2012 年，客运收入 15.6 亿元，相对 2006 年增长了 168%。这表明成都公交在充分发挥社会公益属性的同时，取得了较为明显的经济效益。

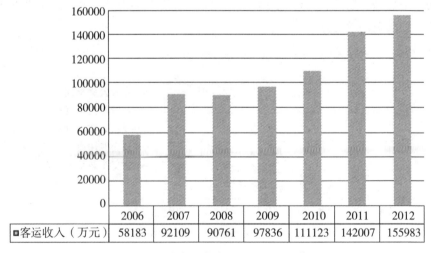

	2006	2007	2008	2009	2010	2011	2012
客运收入（万元）	58183	92109	90761	97836	111123	142007	155983

图 11-8　成都公交客运收入变化趋势图

四是社会效益显著提升。成都公交公益性不断提升，准点高效的公交服务赢得了市民的满意，公交的分担率在交通日益拥堵的状况下逐年提升，由 2007 年的 14.7% 上升至 2013 年末的 28.5%，几乎翻了一倍。

　　五是财政补贴稳步增长。2006—2013 年，基于公交票价具有显著弹性的考虑，成都公交多次推出惠民票制改革，得到了广大乘客的积极响应。与此同时，通过动态智能的调度系统，不断提升公交服务的精细化管理水平，发挥财政补贴公益价值。在市委、市政府的正确领导下，成都公交开放的市场、动态智能的管控系统、可控的标准化服务形成了财政可负担的公益良序（见表 11－2）。

表 11－2　"十二五"期间成都公交的公益负担统计表

年份	投入及补贴资金（亿元）	年经营亏损（亿元）	公益负担（亿元）
2007	4.57	0.96	5.53
2008	3.80	1.70	5.50
2009	2.35	3.89	6.24
2010	7.18	2.95	10.13
2011	7.22	2.63	9.85
2012	12.08	4.78	16.86

　　成都公交在科学发展的道路上迈出了坚实的一步，尤其是网运分离模式改革和基于现代物联网技术的智能管理手段，实现了公交系统的全方位优化整合。公交公益性、事业性定位，主要体现在公交车档次、开行线路、发班频率等方面，由国有经济加以保证和实现；营运生产的各个环节交由市场去均衡，充分发挥市场的调节作用，实现资源的最优配置。同时，网运分离模式可以对获取社会效益需要的经济投入进行有效的测度，政府对公交企业的补贴标准确定更具有可操作性和可控性。这种管理机制的改革，得益于物联网技术在公交营运生产环节的全面应用，收入和成本的构成可以实现信息对称，使得政府对公交的亏损审核有了更为客观、充分的依据，为政府推进建立科学的成本规制提供了条件，为建立稳定的财政投入和补贴补偿的长效机制创造条件，以望实现财政能负担、企业可持续的良性发展环境。

第 12 章　成都公交系列票改举措

城市公交的零售票价是很难变化的，十年、二十年不变是普遍的现象。看似简单、没有变化的公交车票背后却蕴含了许多深刻的经济学和管理学道理。比如，公交企业的市场在哪里？在于用户的需求。公交用户的需求在哪里？在于人们出行的需要。人们出行的需要在哪里？这都需要逐步探索。

12.1　基于人因社会问题模型的票改设计

人因问题研究属于人工科学研究范畴（沙基昌，2012），多应用于安全工程、质量管理等学科。比如，人因安全管理学科研究如何考虑人因失误的影响，利用事件树把系统故障和人因失误相结合的方法，探讨如何最大可能地真实描述事故后的操作员行为，确定重要人因事件发展序列以及根据系统响应确定合理可分析的人因问题，建立人因失误模型化的体系，此项研究能够较好地描述硬件可靠性和人因可靠性之间的关联关系。人因社会问题模型属于理论社会学研究范畴，是用现代数理研究方法对社会复杂巨系统进行研究。同时，对行为策略的制定和选择，对主局中人的选择关键在于设计，因此，人因社会问题的学科具有典型的创新性的学科特征。

（1）**人因社会问题模型**

考虑四个因素的人因社会问题模型用下式表示。

$$Q = (P, S, G, A) \tag{12-1}$$

通常情况下，社会状态 S 是客观变量；P 人群问题研究本身就是一门学问，是社会选择理论探讨的重要话题；A 策略管理属于创新管理；G 为目标管理展望理论。

（2）**人因社会问题五元组**

考虑了自然环境，人因社会问题五元组模型用下式表示。

$$Q = (P, S, G, A, Z) \tag{12-2}$$

其中，Z 表示各种自然因素的总和。

这里，人因社会问题归结为人群、社会状态、目标、策略、自然环境等因素之间关联系统。

（3）**社会设计**

对某人的社会设计就是对其行为策略的设计以及对未来社会环境状态的发展趋势及其利益实现程度的一种期望。

社会设计是普遍存在的，这里的"人"既可以是自然人，也可以是法人；可以是群体、公司，甚至可以是国家、全球等。对个人的社会设计我们每天都在做，大量的设计针对具体的、现实的小问题，也有些社会设计针对重要的大问题。社会设计是解决人因问题的一种核心方法。

求解人因社会问题时，每个局中人实际执行的行为策略是至关重要的。当我们研究局中人 P 的决策时，总存在一个突出的人，也是重要的人，我们把这个具有突出地位的局中人称为主局中人 M。进行主局中人的策略设计即为对 M 的人因社会设计。因此，人因设计中的主局中人的选择，其利益角色对策略设计具有决定性影响。

自然环境的稳定态，在人因问题设计中可以不突出加以考虑。但是，人因主局中人在社会设计问题中处于重要位置。改进的人因社会问题五元组模型表示为：

$$Q = (M, P, S, G, A) \qquad (12-3)$$

其中，M 表示主局中人。主局中人的非理性受知识、信息、创新能力、决策水平等影响。

系统地解决主局中人问题本身也是人因社会问题。这类似于评价问题、监督问题，都存在有因果、循环确定的特点。

（4）**例证分析及效果**

建立票改的人因模型。

成都公交在票改前状况：普通车 1 元，空调车 2 元；刷卡打五折；13% 的空调车；20% 的刷卡量。

可能选择的局中人 P：票改的利益相关者，公交的乘客；公交员工；未享受票改利益的乘客；未参与票改的参营单位的投资者；非公交的出行者；政府（票改的补贴）。

社会状态 S：交通拥堵（非机动车发展快、小汽车发展快）；公交行业的过度竞争；城乡统筹后，公交发展不能适应新形势。

目标函数 G：让尽可能多的人选乘公交出行。

自然环境 Z：城市拥堵，灰霾不断加重，治理代价攀升。

主局中人的选择 M：公交的乘客希望免费，公交的舒适度无法保证，

不宜担此重任；公交员工希望提高票价，屡次申请听证提高票价，乘客不答
应，故也不宜担此重任；未享受票改利益的乘客，利益无关者也不宜担此重
任；未参与票改的参营单位的投资者反对票改也不宜担此重任；政府（票改
的补贴）作为权力机关，属于决策者而非设计者，也不宜担此重任。非公交
的出行者属于设计争取的对象，可以成为主局中人。

行为策略 A：A_1 上马视频监控系统。A_2 通过智能化建设，掌握 OD 规
律，进行线网优化。同时，全面无人售票，方便出行。A_3 开行公交专用道。
A_4 上新车提高舒适度。A_5 继续刷卡五折，降低充值门槛，1 元起充，两小
时免费换乘（7 点之前免费，44 条免费，上马自动变速器车），学生 2 折，
老人免费，特殊人群免费，更好体现经济性。

人因社会问题的研究是巨复杂系统，所考虑的局中人、主局中人、社会
状态、目标函数、行为策略、自然环境等六种因素本身也是复杂系统。因
此，通过集成创新才得以研究。应用比较多的理论应该是行为科学中的效益
理论、选择理论、展望理论、博弈论。关键是主局中人的选择和行为策略的
设计，尤其行为策略的设计属于创新管理的范畴。

12.2　票改事例及效果分析

2004 年 1 月 1 日，成都公交开始启用公交 IC 卡。IC 卡具体类型及优
惠情况为：成人优惠卡 5 折优惠，50 元充值 100 次，当月有效；学生优
惠卡 3 折优惠，30 元充值 100 次，当月有效；普通卡（包括优惠卡内电
子钱包）9 折优惠，10 元倍数起充值，无消费时间限制。优惠卡一月只能
充值一次，若使用次数不够，需使用电子钱包或投币，不再享受优惠卡的
次数优惠。

从 2007 年始，成都公交坚持战略导向、目标导向和问题导向，围绕 IC
卡开启了系列的公交票价改革，实施了一系列惠民措施，不断降低市民的出
行成本，增强了公交的吸引力。其票制改革的基本思路是：降低票价、提高
分担率、方便换乘、优化线网、降低运营成本、调整车辆结构、增加营运收
入。从 2007 年 6 月开始进行优惠卡多面值票制改革，从每月充值 50 元乘坐
100 次，调整为每次可按 10 元整数倍灵活充值，减少乘客每月的固定支出，
实现组合经济消费；到 2010 年 9 月，又进一步实行优惠卡 1 元起充值，彻
底解决了月末 IC 卡剩余次数跨月作废问题，一月内无论乘坐次数多少，都
可完全享受成人 5 折、学生 2 折的优惠政策，实现按需选择、经济消费。
2008 年 5 月，成都公交集团在国内首创刷公交 IC 卡 2 小时内免费换乘 3 次

的更为优惠的票价政策，进一步减少了市民公交出行的总支出，还引导乘客依据车辆满载程度和出行时间长短来选择公交线路，减少了线路运载不均的现象，提高了乘车舒适度和出行效率。从 2007 年底推出了 70 岁老年人的每月持老年卡可免费乘坐 50 次公交车，到 2010 年末已发行老年卡 20.5 万张，每月惠及老年人 240 万人次。

票改后，市场竞争者不能支撑，市场低成本整合。即使增加了优惠面，普通车换为空调车，价格仍然保持了 1 元。公交快捷后成本降低，无人售票人工成本降低，线网优化后线路的直线系数和线网的重复系数更加优化。

到 2010 年末，成都市中心城区全面实现"公交一卡通"，公交 IC 卡发行量约 500 万张。2009 年 IC 卡惠民金额达到 7.9 亿元，2010 年惠民金额上升到 9.3 亿元。市民出行成本不仅没有因为空调车增多、舒适度提高而增加，人均票价反而从 1.14 元下降到 0.94 元。通过 7 年的改革实践，公交的车辆从 3000量增为 1.1 万辆，日载客人次从 200 万增至 500 万，票款收入从 5.6 亿元增至 15.6 亿元。对缓解城市的拥堵和灰霾治理方面发挥了积极作用。

12.2.1　降低优惠卡充值面额

2007 年初，一位名叫玲玲的初中生向成都公交集团反映，她每天上学需要换乘 1 次公交车，每月乘车使用学生卡的次数至少在 140 次以上（优惠卡乘坐一次空调车扣次数两次）。由于学生卡每月只可进行一次充值，她每月用完 100 次后，还需要再充电子钱包，不仅麻烦而且总的出行费用较高（每月总的花费在 70 元以上）。因此，她希望公交公司取消优惠卡每月只能充值一次的限制，她宁愿再出 30 元充值，即使补充的 100 次数当月用不完，她也愿意接受。

针对这位学生的建议，公交集团分析研究认为，既然乘客有需求，公交就应该有供给。取消优惠卡充值次数的限制虽然会降低单个乘客的票价收入，但将会增大公交对市民的吸引力。于是决定进行优惠卡多面值票制改革，并加大了对学生的优惠力度。

差异化定价：公交公司对不同票价敏感群体采用不同的优惠政策，意味着不同买者可能支付不同的单位价格，如学生折扣、对一周的不同时间索要不同的价格等。这事实上就是差异化定价的问题。

差异化定价通常指商品或服务的提供者在向不同的接受者提供相同等级、相同质量的商品或服务时，在接受者之间实行不同的销售价格或收费标准。差异化定价包括直接差异定价、两部分定价、区域定价、产品线定价、产品集定价等多种形式。

2007 年 6 月，成都公交将成人优惠卡由以前单一的每月充值 50 元，调整为每次可按 10 元的整数倍进行灵活充值的多面值票制，有效减少了优惠卡乘客每月的固定支出，实现了组合经济消费；将学生卡由每月 30 元 100 次调整为 20 元 100 次，并提供 5 元的整数倍多面值充值服务。这一消息传出后，在金沙车场，人们排起了长龙，公交公司不得不用卡车运来矿泉水，向排队的人群免费发放，以防止有人中暑。时隔一年，同样的场面再度出现。2008 年 5 月 1 日，成都公交推行 IC 卡次数消费者 2 小时内可免费换乘 3 次，蜂拥而至来办卡的人们再次将各大充值点堵了个水泄不通。

2009 年 6 月，成都公交再次出手，将 10 元起充的金额降到 1 元。2010 年 9 月，成都公交又一进步增大了优惠卡充值的灵活度，将以前按 10 元整数倍充值的成人优惠卡和按 5 元整数倍充值的学生优惠卡统一调整为 1 元起充值，彻底解决了优惠卡乘客月末 IC 卡内剩余次数跨月作废的问题。对乘客而言，一月内无论乘坐公交次数多少，只要使用优惠卡乘车，就可以完全享受成人 5 折、学生 2 折的优惠政策，实实在在享受到公交出行的经济性。

12.2.2 实施免费换乘政策

（1）政策原理

城市公交经常出现的一个现象是，骨干线路由于直达性强，不仅公交车满载率高，而且途经站点候车人流也较为密集。与此同时，其他线路却往往存在车辆满载率不高的情况。根据这一现象，成都公交设想若实行免费换乘，让乘客变"在站点等车"为"车上找换乘机会"，或许会起到一定改善作用。为此，成都公交按照"换乘模型"的思路，构建了一个公交换乘线网模型，如图 12－1 所示。

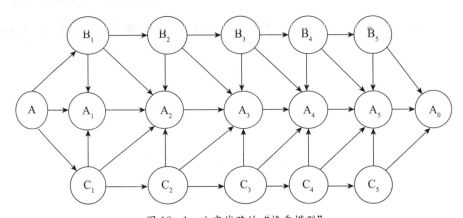

图 12－1 公交线路的"换乘模型"

　　某条客流量较大的公交线路由起点站 A 通往终点站 A_0，中间途经 A_1 至 A_5 共 5 个站点，周边分布有其他若干线路途经的 B 类和 C 类站点。在未实行免费换乘政策时，乘客从 A 前往 A_0，为节约出行成本，通常会选择 A_1 至 A_5 的直达路径。而实行优惠政策后，乘客从 A 前往至 A_0，可以选择途经 B 类或 C 类站点的线路，通过换乘方式到达 A_0。可以看到，理论上乘客共有多达 20 种选择机会。基于这一研究成果，成都公交集团在行业内率先开始了免费换乘的票制改革。

　　2008 年 5 月，成都公交实施了 IC 卡次数消费者 2 小时免费换乘的票价优惠政策。乘客在首次刷优惠卡后，2 小时内无论再刷多少次卡，均不扣减卡内次数。这一改革举措，不仅减少了市民公交出行的总支出，还将乘客从依据线路直达性和价格高低来选择出行线路，转向依据车辆满载程度和出行时间长短来选择，既减少了线路运载不均的现象，又提高了乘客乘车舒适度和出行效率。

　　由于换乘免费，成都公交在进行缩短线路、改道等线网调整工作时，能够得到乘客的理解和支持，这就为成都公交线网的全面优化创造了条件。优化后的公交线网，整体运营效率大幅提升，企业运营成本也相应得到有效节约。

　　（2）**政策实施**

　　在成都公交免费换乘政策实施的过程中，社会上出现了一些利用该政策非法获利的"卡串串"。他们在客流较大的站点，让投币的乘客在上车时把现金给他们，然后乘客刷卡乘车，这样在两小时内，除去首次刷卡的费用外，他们利用后面刷卡不扣次数的政策，可套取相当可观的现金收益。成都公交曾发现一张卡一天内免费换乘次数超过 80 次的情况。"卡串串"的存在，不仅让公交企业受到经济损失，也给成都市的形象带来负面影响。尽管相关管理部门加大了对"卡串串"的打击力度，但仍屡禁不止。

　　面对"寄生"于免费换乘政策的"卡串串"，成都公交从舆论导向与政策完善等方面入手，妥善化解了这一社会管理难题。

　　一是加强打击"卡串串"的舆论导向。通过各种宣传渠道，揭露"卡串串"的不道德行为，让广大乘客形成共同抵制"卡串串"的行为意识。同时，也为免费换乘政策的调整奠定舆论基础。

　　二是采取技术手段控制"卡串串"套利空间。为打击"卡串串"，同时又保障乘客切身权益，成都公交将免费换乘次数异常偏高（单日超过 40 次）的卡片纳入"黑名单"，通过锁卡处理，使这类卡片不能正常使用。其间，并未有乘客到公交集团投诉，对遏制"卡串串"的套利行为起到一定作用。

三是合理限定免费换乘次数。对于公交公司的锁卡政策，"卡串串"们通过购买多张 IC 卡的方法，继续从事非法活动。为此，成都公交决定对免费换乘次数进行合理限定。经数据统计分析，在免费换乘客流中，换乘一次客流占比 80.7%，换乘两次客流占比 14.5%，换乘三次客流占比 3.9%。也就是说，换乘超过三次的客流占换乘客流总量的比例不到 1%。成都公交于 2010 年 9 月 1 日将 2 小时内免费换乘次数限定为三次，得到了广大乘客的支持和认同。对于"卡串串"来讲，一张卡理论上两小时内一共仅有三次套利机会，无疑极大增加了"寄生成本"，而且又面临较大的法律风险，刷卡套现已经没有"搞头"了。从此，"卡串串"逐渐销声匿迹了。

12.2.3 早 7 时前公交车免费

长期以来，高峰期特别是早高峰市民集中出行，公交车满载率高、上下客时间长、乘车拥挤，是导致公交运营效率下降，影响公交出行吸引力的主要因素。

为缓解这一矛盾，成都公交决定利用票价这一经济杠杆引导乘客错峰出行。经分析发现，每日早 7 时以后便迎来早高峰，而 7 时前车辆满载率较低，往往出现"空跑"的情况。若能将 7 时以后的客流吸引一部分到 7 时以前出行，不仅可提高 7 点以前的车辆满载率，而且也能对 7 点以后的客流进行"削峰"。这样一来，高峰期公交整体运营效率势必有所提高，在缓解乘车拥挤的同时，还可节约一部分运力投放。

成都公交于 2013 年 7 月 1 日实施了每日早 7 时前中心城区公交线路刷卡免费乘车的惠民政策。从实施效果来看，对吸引乘客早高峰提前错峰出行，缓解车辆满载率较高、公交出行舒适度偏低等问题起到了一定作用。

如图 12-2 所示，政策实施后早高峰客流呈现提前到来的趋势。

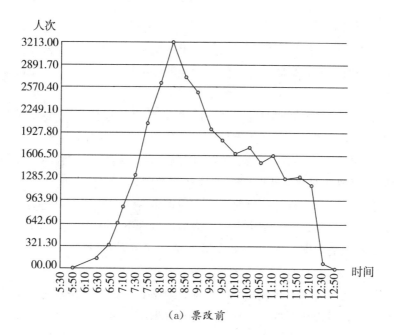

（a）票改前

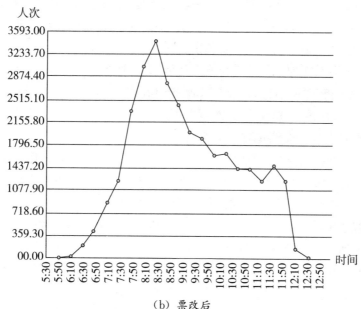

（b）票改后

图 12-2　早 7 时前刷卡免费政策的实施效果线路客流量分析图

　　"市民的需求在哪里，我们的服务就要做到哪里。"成都公交是这么说的，也是这么做的。事实证明，这一系列的措施全部印在了市民的心坎上。在一系列惠民票制改革的促进下，成都公交 IC 卡发行量由 2007 年 6 月的 102 万张快速增长至 2012 年的 780 万张；每年惠民人次由 2.59 亿增至 9.88

亿，减免费用由 1.88 亿元增至 12.85 亿元。可以看到，成都的公交惠民票制改革在常住居民出行费用、流动人口出行费用、公交企业经济收入等方面达到了较好的平衡，有效兼顾了公交行业的经济社会效益，成为城市政府改善民生，促进公交又好又快发展的重要推手。

公交就是为城市间那些彼此不相识的人群，按照既定的服务标准和内容，提供方便、快捷、舒适的出行方式。公交的生存和发展，要做到"五个满意"，即乘客满意、员工满意、股东满意、政府满意、社会满意，而其中，乘客满意是第一要义。

公交车承载着老百姓的喜怒哀乐，应以乘客为中心制定公司的发展路线和方式。近几年来，在成都市委、市政府的领导下，成都公交集团公司紧紧抓住历史提供的机遇，学习借鉴先进地区和国家的新观念、新思想、新经验、新做法，结合自身实际，坚持以城市营运为中心，创一流服务，争一流效益，努力为广大乘客提供安全、方便、舒适、快捷、经济的乘车条件。除了票价改革，成都公交的民本情怀还体现在服务、责任、亲情等诸多方面。

优质服务是公交永恒的主题。一辆辆公交车行驶在蓉城的东西南北，一曲曲公交歌荡漾在十米车厢。在社会主义精神文明建设的交响乐曲中，优质服务是最激越、最优美、最动听的主旋律。

许多乘客乘车时不知道乘公交车如何到达目的地，不知道如何转车，怎么办？2001 年 5 月，成都公交热线服务中心成立。开通以来，受到社会各界极大关注和欢迎。热线是老百姓的"活地图"，乘车的"3·15"，市民需求的"服务线"，企业管理的"信息库"。

同时，成都公交也敢为当先，敢于担当责任。2012 年 5 月，成都公交再开全国之先河，面向市民公布公交车的发车频率，并确保发车准点率达到 95% 以上。在高峰时段，成都公交的平均发车频率缩短至 3 分 15 秒。

从普通车到空调车，从线路单一到路网密布，从小站牌改为人站牌，从纸质月票到 IC 卡票制……成都公交用自己的实际行动让利于民，彰显着人性化与和谐化。成都公交集团实施一系列惠民措施，就是为了鼓励大家多采用公共交通工具，节能减排，共建和谐社会。

对大多数企业而言，有需求就意味着利润，但对公交企业而言，有需求就意味着有需要。企业必须在公益导向的前提下，采用利润杠杆平衡好各方需求和内外部责任。如何在做好惠民实事与算好经营细账之间寻求平衡？"成都模式"被国内同行视为"无法简单复制"的发展路径——公交的公益性决定了低票价的制度，人们对高水平服务的要求决定了市场化的运作。以上的公益导向很容易导致机制上的哈定悲剧，这是公交企业科学管理首先要注意的问题。

　　成都公交依据科学的经营理念，加强精细化管理。为缩短线路长度，成都公交加大了线网优化调整的力度。在线网优化中，对于 30 公里以上的线路，只要具备在中途调度条件的，就尽可能地切断这些线路，这样一来，线网得到了明显优化，提高了车辆周转率。仅就优化调整线网这一举措，年节约成本上亿元。再针对公交潮汐、单边线路等特点，开行高峰车、大站车，对于单边线路上的高峰车，最后一趟车不再安排返回，而是就地等待下一个高峰等一系列措施，不仅有效服务市民出行，而且节约空驶里程效果也十分明显。通过公交专用道，配车减少为原来的 30%。此外，成都公交根据上班时间和周末、节假日的客流规律安排调整发班次数，提高了车辆满载率，降低了成本。由此，把复杂的管理化为环环相扣的细节，成都公交吸引了更多的市民乘坐公交，取得了良好的成效。

12.3　44 条免费公交线路

　　在党的十八大胜利召开前夕，为进一步体现党的亲民惠民政策，让人民群众共享改革开放成果，2012 年 10 月 10 日，国务院召开常务会议研究部署在城市优先发展公共交通，确定了优先发展公共交通的重点任务。无独有偶，就在这天，成都公交在全国率先推出了 44 条免费公交线路。

　　2012 年 9 月，成都市为缓解市政道路施工带来的交通拥堵，决定自 2012 年 10 月 8 日至 2013 年 6 月 30 日，在二、三环路间区域实行小汽车尾号限行。为配合这一政策的实施，成都市决定对途经该区域的公交线路实行新的优惠政策。

　　在 10 月 4 日召开的专题研讨会上，对于如何优惠有两种意见，其中一种是建议实行"折后折"，即在成人优惠卡 5 折的基础上再打折。而成都公交则提出，"折后折"将打乱公交现行票制体系，而且技术上实现难度很大。以普通车为例，现行政策是刷次数卡乘车扣 1 次，若再打折，只能扣零点几次，易引起乘客对票价认知的混淆。为此，建议实行完全免费乘车，让乘客得到更大实惠。由于成都公交本来实行免费换乘，乘坐免费线路的乘客若发生换乘仍需付费，不过是从以前的"先付费后免费"变成"先免费后付费"。因此，部分线路免费对营收总量的影响是可控的。最终，会议同意了成都公交所提的建议。

　　自 2012 年 10 月 10 日起，成都公交陆续开行了 44 条免费公交线路，免费期至 2013 年 6 月 30 日止，途经的各公交场站打出了"不刷卡、不投币，欢迎乘坐免费公交车"的宣传标语,得到市民热烈拥护。

从社会效益看,免费期间共投入公交车536辆。由于运力准备充足、管控科学合理,线路运行状况和乘车秩序良好。44条免费线路每天惠及市民超过30万人次,其中类似238路等十分冷僻的线路,日均载客由947人次增至13440人次,增长了13.2倍,取得了很好的客流培育效果。从企业经济承受能力看,由于小汽车限行后,城区交通拥堵状况明显改善,公交整体运营效率提高约10%,成都公交将节约的运力投放在免费线路,企业实际新增成本微乎其微。

12.3.1 质疑声

此举一出,可谓一石激起千层浪。在好评如潮的同时,人们也难免会产生某些担心。对于市民来说,公交降价或免费无非是把他们每月的交通费从30元降到15元甚至更低,对于追求个性化服务的需求者没有任何影响。相反,降价使得更多不迫切的出行者将选择公交出行(也就是唤醒了一些潜在或者无效的出行者)。尤其在高峰期难以避免公交车的拥挤,公交车的舒适性得不到保证,降价反而更不容易使有车族改变其用小汽车出行的方式,不利于提高公交出行分担率。公交免费之后,是否会由于社会公众对公共资源的过度占用,而出现人们所担心的免费公交线路"爆棚",导致车内过度拥挤、服务质量下降甚至线路瘫痪等情况,以致此项惠民政策难以为继,最终重蹈公共资源管理中著名的哈定悲剧呢?哈定悲剧是否会在成都免费公交上演?成为社会公众舆论关注的焦点。

12.3.2 理性抉择

2020年,我国全面建成小康社会,实现国内生产总值和城乡居民人均收入比2010年翻一番。配合增强通胀的适度控制力,百姓的购买力得到提高。在当前投资拉动型经济导致的产能明显过剩的情况下,政府应更加强化提供公共产品和公共服务的职能,增加公共产品供给,提高公共服务质量已然成为共识。在加快政府职能转变过程中,不能简单沿用西方经济学社会总供需均衡理论,一味地保障供给,而是需要重视公共管理理论的政策引导性。在个体理性选择的同时,健全基本公共服务体系,通过政策引导避免集体的非理性,推动社会主义和谐社会建设。

城市交通拥堵问题首先是一个社会问题,更是一个民生问题。每个人都熟悉交通,但几乎没有人把交通看成一种协作型的共同努力。通常,我们认为自己依赖于经济商品,但事实上我们对社会协作过程的依赖要大得多。如果没有鼓励合作的制度，我们就不能享受文明的种种好处。

借鉴国防、环保、科技、医疗、养老、教育、文化等公共服务方面改革实践经验，全面落实"五位一体"总体布局，尤其是在扎实开展生态文明建设，资源节约型、环境友好型社会建设中，城市交通应更加重视"转方式、调结构"。公交车使不相识人群通过组合搭乘同一车辆完成其出行任务，由于乘客间互不相识，公交车的线路和站点均是既定的，虽说其个性化服务功能差，但其具有资源占用小、消耗低、运输容量大、安全、经济等优越性。优先发展公交、努力办好人民满意的公交，是在加快城市化进程中所做出的正确的战略选择。

公共产品的非排他性和非竞争性，要求公共产品的生产必须有公共支出予以保证，其经营管理必须由非营利组织承担。城市公交生产作业可以选择公共生产也可选择私人生产或混合生产，生产成本可以通过市场竞争实现最优配置。而城市公交的公共产品之路只需要将线网经营权、管理权交由非营利组织承担，通过公共财政购买公共服务的方式加以实现。试想能够将城市的治堵费用的一小部分用于购买公共品费用支出，构建系统完备、科学规范、运行有效的制度体系，城市交通拥堵问题也不是不能解决。

12.3.3　免费公交成功开行秘诀

事实上，成都公交自大规模推出免费公交线路后，其基本情况可概括为八个字：运行平稳，秩序井然。各条免费线路既未出现客流量激增，更未因免费而导致车站秩序混乱、服务质量下降等现象。一句话：哈定悲剧并未在成都免费公交上演。

为什么在公共资源管理学界奉为金科玉律的哈定悲剧能够被成都公交打破？究其原因，无外乎四句话：未雨绸缪、夯实基础、循序渐进、有效管控。

其一，成都公交运力储备充足。近年来，成都市持续加大公交的投入，深入实践公交优先政策。新增公交场站规划用地，开辟公交专用道，投入资金购置了大容量高档环保公交车，且公交运行效率随着线网优化逐步提高。

其二，市民理性消费蔚然成风。成都公交自 2008 年实行无人售票、2小时免费换乘、老年卡免费乘车等便民、惠民政策以来，乘客逐渐对公交价格不再敏感，习惯于排队乘车、自觉刷卡，这已成为成都这座文明城市的一道靓丽风景线。乘客的理性消费和全民文明水平的显著提高为实施免费公交提供了必需的人文环境，不会因公交免费而产生无效的急骤需求。

其三，智能管理促进高效供给。成都公交自 2010 年起全面应用智能调度系统，免费公交线路开行后，营运调度中心通过 GPS 调度和车载视频监控系统及时将车内客流情况反馈给线路调度员，适时调整车型、发车频率，确保公交运力均衡配置。

其四，企业考核机制科学、有效。成都公交立足公益，科学实行"网运分离"管理，线路开行标准一经确定，营运单位和公交驾驶员只需按标准执行线网中心的有关规定，负责按计划完成安全行车与优质服务，取消了对其经济任务的考核。因此，驾驶员的个人收入完全不受票价免费影响，没有降低服务质量的利益动机，免费公交线路的服务质量得以保证。

其五，给定区域内开行免费公交线路，具有经济可持续性。实行小汽车尾号限行后，成都市中心城区道路拥挤度降低，公交车整体运营效率提高，释放出公交运力。被释放的运力完全可满足 44 条免费公交线路的运营需求，即在没有社会资源耗费增量的前提下，让市民享受到了有保证的免费公交服务。

综上所述，成都公交 44 条线路不投币、不刷卡，因其便捷性、经济性得到了广大市民的积极响应，一经开行，客流量便翻了一番，公交的公共品尝试之路取得了初步成效。因为有了充分的准备，把握了交通发展的规律，创新了"网运分离"管理体制，公交免费这看似不可能的行动便成为了可能。

12.3.4 管理启示

赋予城市公交服务的公共产品属性，逐步实现其从准公共产品向公共产品的提升，既是生态文明建设的要求，更是贯彻落实"以人为本，亲民惠民"的有效切入点和支撑点。同时，只要我们在加大对公交生产要素（路权、用地、资金、能源等保障条件）配置的同时，牢牢把握好三个关键点，即充足的供给、理性的需求和有效的管控，那么，公共产品中出现哈定悲剧这道难题有望破解。然而，免费并不等于免于管理，没有收费的利益驱动，不等于可以降低管理和服务的品质。管理缺位，或管理不科学，免费的结果往往不是惠民利民而是伤民。在这样的背景下，只有潜下心来认真研究免费后的可能变化，分析不同群体的选择意向，预测可能出现的不利情况，从科学的角度提升管理和服务的品质，才能避免"公地悲剧"的发生，使"发展成果由人民共享"的理念更好地化为现实。从成都免费公交情况看，做到免费后的科学管理也是极其重要的。

第 13 章　成都公交线网优化调整

随着城市不断发展，城市规模不断扩大，城市建设加快，公交线路也随之不断增加，这无疑需要通过实施公交线网优化工程加以系统解决。

13.1　线网优化的基础条件

成都公交创造性地进行了线路区域重组改革，根据成都市单中心城市地理发展特点，以天府广场为原点，构建出直角坐标系，再将直角坐标系顺时针旋转 45 度角，形成了四个象限组建四大营运公司，线路主调分布在哪个区域，就将线路划分至此区域，最后再根据均衡发展、相互补充的原则，进行线路微调，依据客运量和线路规模适度调整，按区域将集团公司所属全部线路进行重组。经过调整后，每个车队的线路基本相对集中，集中于一个场站的线路归属一个车队管辖，生产监管也非常方便，迈出办公室的门就可以检查所管理的主要线路，线路职工回车队办事也非常方便，节约管理成本的同时也极大地方便了职工。

13.1.1　成都公交线网优化简况

"十一五"期间，成都公交集团按照"特定区域公交单一线网主体"模式，成功回购了中心城区两家合资公交公司的非国有股权；通过民营公交线路转换出租车经营方式对公交线网进行优化整合。到 2011 年 4 月，全面完成了中心城区优化整合工作，为全面推行统一票制改革奠定了基础，增强了政府对公交的可控性，同时更增加了公交市场竞争的有序性和有效性，彰显了城市公交的公益性。以票制改革为基础，实现了票制的统一，避免了营运主体的无序竞争。经过对线网资源统一整合、线网分层优化、线路协调优化、站点科学调整的全面优化，逐步形成了科学有序的线网状态，市民乘车更方便。

在市民可接受的前提下，为实现城市功能布局，需要对公交线网进行优化调整。成都公交集团成立了线网管理中心，根据城市空间布局和客流情况的变化，分6批次对公交线路进行优化调整和运力的合理匹配，形成以快线为骨干、干线为主体、支线为基础的公交线路网络，扩大了线网覆盖率。成都公交得益于2小时免费换乘的票价政策，线网优化得以顺利实施，2008年至2010年，共优化调整线路258条次，线网长度从508.7公里延长到878.5公里，重复系数从4.38降到3.68，非直线系数从1.52降到1.38；市区公交线路千车千米载客量由3978人次上升到4625人次，增幅16.26%；同时，实行公交线路和车辆分区域就近集中管理和停放，每天减少无效里程3.6万公里，一年可减少成本支出6570万元。

13.1.2 线路调整典型案例

对于成都公交线网优化而言，最基本也是最关键的前提在于解决多经营主体问题。1999年，引进港资入股公交集团成立国有公交参股的合资营运公司运兴公司，港方注资1亿元，公交集团提供公交车辆，同时包括4路在内的线路走向较好客流量较大的线路资源30余条。其中4路从茶店子至五桂桥公交站，线路主要运行于成都市由西至东的干道上，是当时成都公交为数不多的百万客运量大线之一。98路从全兴路站至万科魅力之城，所属成都巴士有限公司，成都巴士有限公司是公交集团引进澳大利亚资金成立的国有公交参股的合资营运公司。98路与4路线路重复率在95%以上，如图13-1所示。

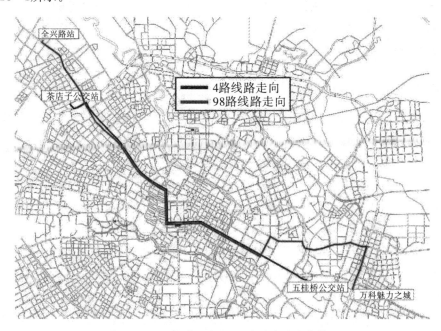

图13-1 调整前4路和98路的线路分布情况

两条线路分属不同的公交公司，为争抢客源，两条线路在东、西大街上时常上演"飞车争夺战"，为进一步抢占市场，两条线路竞相提高配车数量，严重占用了道路资源，同时不良竞争导致其成为全集团两条巨亏线路。

道路资源得不到有效利用，线路资源长期由多个主体进行分割，难以整合资源，无法统筹安排、统一规划，缺乏有效的监管和协调，对公共资源的过度滥用，导致整个系统运行效率下降。

2006 年之前，成都市中心城区共有 16 家公交企业，企业性质包括国有、合资与民营等多种类型。

（1）**多主体市场格局**

为何成都的公交行业上出现如此众多的主体呢？纵观成都公交发展史，1999 年至 2005 年为公交线网资源市场化出让阶段，成都公交行业发展以公交市场化改革为主要特征。为了吸引投资，减轻政府财政压力，成都市推行公用事业改革，鼓励外资、民营资本等非国有资本进入公交，实行公交投资主体多元化。1999 年至 2000 年期间先后引进港资与澳资入股公交集团，成立了两家国有公交参股的合资营运公司，2003 年市政公用局首次对市区 6 条公交线路经营权进行了公开拍卖。

（2）**多主体间无序竞争**

在公交投资主体多元化经营初期，通过引资增车、引进外企管理经验等方式对成都市公交发展起到了一定的积极作用，但由于公交公益性的行业性质，公交票价由政府严格控制，长期保持不变，而营运成本由市场决定且逐年快速增长。到 2005 年，各合资、民营公交企业经营利润大幅下滑，甚至出现微亏，为维持生存，各公交企业之间的恶性竞争日趋加剧，客流量大的区域线路重复率高，客流量小的区域运力投入极少，这使线路优化调整难上加难，最终导致"企业效益差—控制成本—车况、服务质量差—乘客满意度低—公交出行率低—企业效益更差"的恶性循环。

公共交通市场参与的公交营运主体较多，市场化决定了各营运主体均以利益为导向发展，其经营目标就是控制成本追逐利益。市场化导致市场参与化为追求利益最大化，不惜以牺牲服务水平为代价，无法保证公众利益。合资及民营公交企业为追逐利润，对于客流量大的线路竞相重复开线，对于客流量小的线路则留给国有公交经营，使市场恶性竞争现象突出，公交线网优化难度大，市民对公交满意度较低。

若市场上只有一个主体，且是代表公众利益的主体，线路资源得到有效配置、科学规划，道路资源得到充分利用、合理使用，就可提高线路的运行效率，节约乘客时间，交通也随之顺畅，整个交通系统有序、高效运转。

面对市场无序竞争情况，城市公交公益性的行业性质客观上要求对公交市场主体进行整合，实现公交企业的优胜劣汰。

近年来，公交运营成本随燃料、材料价格及人工成本的刚性上涨而快速增长，合资及民营公交企业即便采取减少发车班次、延长车辆更新周期等手段仍难以实现盈利。为此，合资及民营公交企业纷纷主动提出转型，要求退出城市公交行业。

（3）遵循公交行业公益性定位启动市场结构调整

公共交通作为社会公益事业，具有保障市民日常基本出行，推动社会经济发展的重要作用，兼具公益性和经济性。公共交通的产品属性，决定了公益必须占主导，在此基础上遵循市场规律和经济法则。

国内城市地面公共交通，先后探索以市场性为主导、以公益性为主导的发展格局，历史不断证明，发展公共交通要以社会公益性为根本，要以社会公益性为基本定位，任何损害社会公众利益的市场化改革注定是要失败的。像成都公交一样，国内各个城市公共交通发展历程，也是政府对行业的公益性和盈利性的双重属性不断重新认识和定位的过程。

（4）实施市场结构调整

在中心城区线网融通发展阶段过程中，成都市通过"改进中心城区公交营运体制优化公交行业产业结构"，以出租车经营权置换现有公交线路经营权的方式，引导中心城区民营企业自愿退出公交经营，推进产业结构优化，促进公交惠民服务普及，使公交资源得到全面有效整合。

第一，合资公交企业整合情况。为有效实施中心城区线网整体优化，给广大市民提供更加安全便捷、经济舒适的出行服务，成都公交集团于2006年起稳步推进市场主体整合工作。于2006年、2007年、2008年先后收（回）购星辰公司、运兴公交有限公司、龙泉湖车队2条营运线路、成都巴士公交有限公司经营的294辆公交车等全部上营业务资产。至此，成都市中心城区公交线路"国有主导、规模经营"的市场格局基本形成，二环路以内公交线网的优化调整也同步实施完成。

第二，民营公交企业整合情况。2010年，实施"同城同价、一卡通行"公交出行服务改革，成都公交集团积极推进中心城区外围10家民营公交企业退出公交线路经营的工作。按照成都市交通委员会制定的工作方案，按1：1的比例，成都市以出租车经营权置换民营公交企业公交车经营权，公交集团负责托管公交线路45条，出资收购了800余辆公交车等主营业务资产，全面完成民营公交企业的整合工作。在此基础上，通过优化调整线路与开行支线公交的方式，着力加大成都市2.5环至绕城高速之间区域的线网覆盖率，切实满足了城乡接合部居民的公交出行需求。

如图 13-2 所示，在公交线路资源统一配置后，整个公交线网得到了优化调整，4 路与 98 路的故事不会再上演，4 路作为主干线路保持原走向不变，98 路的线路优化调整为从八里桥公交站至长融路站。公交线路的优化调整，一方面解决了线路重复系数高的问题，有效衔接客流；另一方面节约了运力，降低了营运成本。

图 13-2　调整后的 4 路和 98 路线路走向

13.2　城乡公交线网融合优化

自 2006 年起，成都公交集团按照"先市域一体、再城乡一体"的思路，从集团内部整合开始，先后实施了中心城区与城市近郊县（成都市二圈层）公交线网融通工作，稳步、有序地推进城乡公交一体化建设。

13.2.1　全面实现中心城区线网融通

2006 年之前，成都市中心城区共有 16 家公交企业，企业性质包括国有、合资、民营、挂靠及承包等多种类型，市场恶性竞争现象突出，公交线网优化难度大，市民对公交满意度低。面对市场无序竞争的状况，城市公交公益性的行业性质客观要求对公交运营主体进行整合，实现公交企业的优胜劣汰。

（1）整合集团内部合资企业。为给中心城区线网优化创造条件，成都公交集团于 2006 年末出资收购下属星辰实业有限公司涉及数百名自然人的全部个人股权，将其变更为集团所辖国有全资子公司；2007 年末出资回购香港 MPI 公司所持有的成都运兴公交有限公司 64％股权，将其变更为集团所辖国有全资子公司；2007 年对车辆资产归属个体的龙泉湖车队 2 条营运线路、62 辆公交车辆进行了托管经营，并将其划归星辰公司；2008 年 3 月出资全面收购参股企业成都巴士公交有限公司经营的 294 辆公交车等全部主营业务资产。至此，成都市中心城区"国有主导、规模经营"的市场格局基本形成，二环路以内公交线网的优化调整也同步实施完成。

（2）整合中心城区民营公交企业。为给广大城乡群众提供"同城同价、一卡通行"的公交出行服务，在政府部门的支持指导下，成都公交集团自 2010 年起积极推进与中心城区外围 10 家民营公交企业进行公交线路的整合工作。通过收购车辆、站台等公交主营业务资产的方式，成都公交集团于 2011 年末全面完成中心城区民营公交企业的整合工作，接管公交线路 45 条，涉及 800 余辆公交车。至此，中心城区内公交线网的优化调整全面实施，公交出行分担率大幅提高，群众对公交的满意度也随之提高，成都中心城区基本实现了"按需开行公交车"的服务承诺。

（3）以"网运分离"管理模式转变公交发展方式。中心城区实现公交单一线网主体后，为有效解决整合前公交多家经营造成资源浪费、一家经营难免服务低下的两难问题，成都公交集团提出了公交"网运分离"管理新模式。线路经营权由市政府统一授予公交集团，营运生产权则交给专业的营运生产企业。集团本部成立了线网优化中心、智能调度中心、票务管理中心、安全预防中心、事故处置中心、车辆采购中心与客服中心等 7 个业务中心，按照市民出行需求开行线路与制订发班计划，统一负责票款收银、确定车辆档次，体现城市形象、发挥社会效益。其间，通过优化线网与开行支线公交，着力加大城乡接合部区域的线网覆盖率，有效满足了城乡居民的公交出行需求。根据"特定区域单一运营主体"原则，集团组建了 5 家规模相当、布局均衡的国有营运子公司，专业从事安全生产与优质服务，通过市场化运行、规范合理运作，体现经济效益。在"网运分离"管理模式下，成都公交集团按照营运子公司符合要求的 GPS 里程，向其支付公里服务费用，服务公里定价通过市场竞争确定，体现公平和效率；营运公司的成本费用通过规模经营、精细化管理加以控制，各运营公司间建立起"赛快马"式的良性竞合关系，实现了公交线网资源的最优化配置和营运生产成本的最低化运作。

13.2.2　实施城乡公交线网融通

中心城区公交线网融通后，为加快构建覆盖全域成都的城乡公交服务体系，成都公交集团以"网运分离"管理模式为导向，提出了按照"一区一主体"的经营格局，继续实施成都市二圈层城乡公交融通工作，具体思路为：按照成都公交集团和成都市二圈层各区、县各占50％股权的原则组建国有合资公交公司，全面负责所在区域公交安全运营服务。该股权结构的优点在于：一方面，可充分利用成都公交集团的业务优势，统筹规划城乡一体的公交线网服务体系；另一方面，让当地国有主体参股，利于协调解决在前期整合与后期经营过程中可能遇到的困难和问题。自2011年起，在政府部门的支持指导下，成都公交集团配合二圈层区县政府启动了城乡公交融通工作。

为稳步实施城乡公交一体化工作，成都市按照先"试点示范，再逐步推广"的思路，在郫县进行城乡公交融通先期试点。郫县当地共有两家公交企业，一家（郫县巴士）为成都公交集团控股子公司（持股56.05％），另一家为民营公交企业。在实施过程中，郫县政府首先指定了一家国有投资公司收购郫县巴士43.95％的非国有股权，完成郫县巴士的国有化；然后两家国有股东按股比对郫县巴士增资，以重组后的郫县巴士公司为主体再对另一家民营企业的公交主营资产进行全面收购。郫县城乡公交一体化试点工作于2012年12月底前顺利完成，此后郫县境内公交线路新增4条；营运车辆由整合前的398辆增加至600余辆，且车型基本更换为新型空调车；公交线路基准票价与中心城区完全一致，取消阶梯票价实行一票制（普通车1元一票制、空调车2元一票制），当地群众人均公交出行费用下降50％。2013年一季度，郫县巴士公司客运量达到1454万人次，同比增长43％。在完成郫县城乡公交网融通试点工作后，成都市公交集团稳妥推进二圈层城乡公交融通工作。

13.2.3　成都市政府对城乡公交一体化的政策支持

由于"网运分离"管理模式使得公交企业收入和成本构成实现信息对称，可以对公交获得社会效益需要的经济投入进行有效测度，从而进一步增强了政府对公交领域加大投入的信心和决心。在城乡公交一体化实施中，成都市、区两级政府从资金、政策等方面对公交行业整合给予了全方位支持。

（1）给予专项资金支持。2007年至2008年期间，成都市财政划拨资金1.53亿元给成都公交集团，用于对集团内部非国有公交股权与主业资产的回购。郫县城乡公交一体化后，郫县境内的公交线路经营亏损由郫县政府给予补贴，对于连接郫县与中心城区的跨区线路经营亏损由市、县两级财政分别按 50% 的比例给予补贴。

（2）制定行业产业结构优化方案。2010 年 6 月，成都市交委拟定的《关于进一步改进中心城区公交营运体制优化公交行业产业结构工作方案》获市政府批准。该方案就中心城区民营公交线路经营权置换出租车经营权方式、公交主业资产收购与人员安置原则等事宜，作出了明确、合理的规定，为民营公交企业顺利退出公交市场提供了政策保障与操作指南。

（3）支持并确立了二圈层公交融通工作总体思路。成都公交集团关于城乡公交融通的工作思路一经提出，便得到了成都市政府的认可和支持。2011 年 4 月 13 日，在公交集团现场办公会上，成都市政府明确要求，要积极推进近郊区县与中心城区公交运营及线网的优化整合工作。市交委、市公交集团负责完成城乡公交一体化郫县试点工作，按市、县各占 50% 股份的方式合作成立公司统一负责县域内公交运营。市交委负责督促指导二三圈层区（市）县加快各自区域内公交整合进度，为推进城乡一体化公共交通体系建设工作创造前提条件。

成都公交集团在市政府有关部门的指导下，积极配合龙泉、双流、温江、新都等区县政府，加快实施成都市二圈层公交线网融通工作。充分依托成都市"三环十六射"快速路网规划，同步规划建设中心城区辐射周边的快速公交系统，形成二圈层半小时可达的城乡公交骨干网络，二圈层相邻区县之间将按逆时针方向由单一主体负责跨区公交线路运营，避免市场竞争，从而让广大群众切实享受到"同城同价、城乡一体、安全便捷"的公交出行服务。

破除区域保护障碍，实现郊区和卫星城居民享受和主城区一样的公交待遇。明确市场责任主体，统筹建立运营管理体系，如按照逆时针规则明确了区县边界的市场责任主体，避免恶性竞争。如由双流负责双流和龙泉之间的公交运营，龙泉负责龙泉和新都之间的公交运营……温江负责温江和双流之间的公交运营，这样就明确划分了各自的经营范围，利于成本和补贴决算，避免了线路上的纷争，具体的运营模式如图 13-3 所示（陈蛇，2013）。

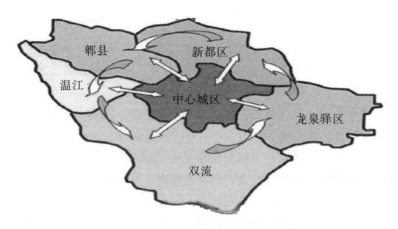

图 13-3　成都城乡公交统筹发展示意图

13.2.4　线网资源优化整合后效果

如表 13-1 所示，从 2007 年开始，历经 7 年的线网优化调整，成都公交线网取得了质的飞越。

表 13-1　成都公交线路优化的实施效果

对比项目（市区线路）	2007 年 8 月	2013 年 8 月
线路条数（条）	196	335
线路长度（公里）	2228.1	4972.9
线网长度（公里）	508.7	1378.0
重复系数	4.38	3.20
线路非直线系数（不含支线）	1.89	1.38
客流量（万人次/日）	220	447
运输效益［人/（车·公里）］	3.6	4.8
日均服务时间（小时）	13.5	16.0
公交分担率（%）	14.7	27.1

在线网科学统筹优化并听取市民意见的基础上，成都公交线网线路数增至 335 条。整个公交线网从 2228.1 公里（含线路重复部分）增加至 4972.9 公里，同时，线路重复系数从 4.38 降低到 3.20，将重复线路的运力投入延长的线网中，意味着公交服务范围得到了极大的延伸，居住在郊区的市民也可享受到公交服务。线路非直线系数（不含支线）从 1.89 降至 1.38，线路取直后通达性和便捷性得到极大提高。公交延长营运时间，日均服务时间从

13.5 小时延长至 16.0 小时，增强了公交的吸引力，每车每公里乘坐 3.6 人增到 4.8 人，客流量从 220 万人次/日增至 447 万人次/日。地面常规公共交通的分担率从 14.7% 提升至 27.1%，地面常规公共交通愈来愈发挥着重要作用。

推进城乡公交一体化改革，推行统一票制票价，乘客上下班通勤公交出行成本大大降低。同时极大地改变了长期形成的城乡二元经济结构，实现城乡在政策上的平等，让农村乡镇居民享受到与城市居民同样的实惠，真正实现整个城乡经济社会全面、协调、可持续发展。

13.3 城市公交渐近优化方法

公交线路一经开行，线路调整是困难的，根本原因在于换乘过程中会增加出行者的费用。为此，成都公交实施了 2 小时免费换乘的票价政策，为线网优化赢得了市民的普遍支持。

13.3.1 降低非直线系数

成都公交线网进行优化时，充分考虑了分层优化、功能明确的原则。干线主要运行于主要城市道路，承担较大的客流任务；支线主要穿行于城市支路，解决小区的出行；社区巴士，深入相对狭窄的道路，解决最后一公里问题。

一些干线线路进行延伸后，往往未注重其线路性质，过多地在一些小区绕行，造成线路功能不明确，线路的非直线系数过大，影响线路的通达性。因此，对于此类线路，须进行"拉直"处理，解决大批通过性客流。如图 13-4 所示，63 路由百花中心站调整至东顺路，退出一环路，非直线系数由 1.98 降低至 1.52。

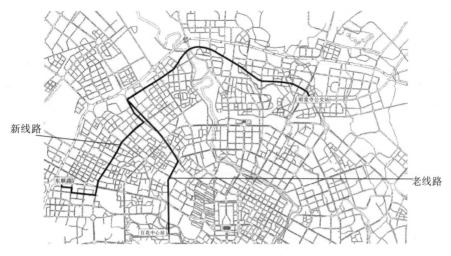

图 13-4 公交 63 路的线路调整情况

如图 13-5 所示，306 路的行驶路线由武侯大道调整至高升桥路，非直线系数由 1.73 降低至 1.46。

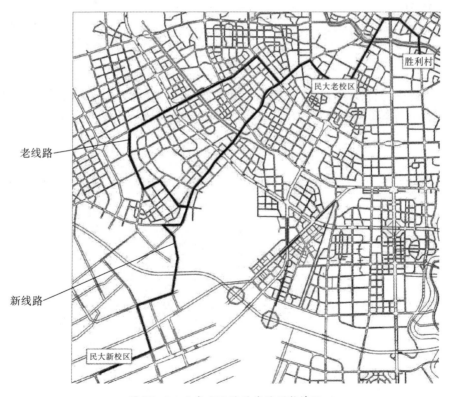

图 13-5 公交 306 路的线路调整情况

13.3.2 调整服务时间

成都市公交集团有一段时间曾收到一些乘客的建议，他们反映56路收车较早（56路当时收车时间为21：30），希望延长56路收车时间。接到建议后，公交集团线网中心做了相应的客流调查，同时从IC卡数据库中分析了56路客流状况，从图13—6所示的线路客流量曲线可以看出，21：10至21：30，56路车刷卡人次的曲线斜率较大，反映出客流因收车而急剧减少，并不是随时间逐渐减少，确如乘客反映，21：30时收班时还存在大量乘客，因此做出调整，将56路的收车时间延至23：30。

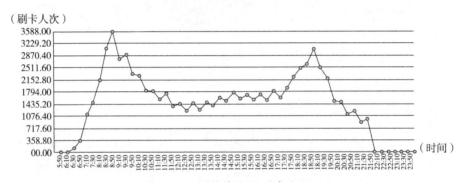

图13—6　调整前的56路客流状况

调整后的56路客流曲线如图13—7所示，可以看到23：30收车时，刷卡人次的曲线缓慢下降，且斜率较小，这说明56路在收车时，客流基本趋于零。

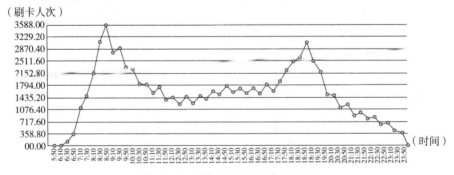

图13—7　调整后的56路客流状况

13.3.3 站点调整

2007年4月某一工作日，乘客刘某准备在盐市口站选择乘坐至火车北站的公共汽车，站在站台上，等待55路十多分钟。此时，正是上班高峰时间，焦急的他向道路后方张望，才发现一辆 55 路公交车在排队进站，前面有 104 路、99 路、38 路、56 路（线路分属于不同公交公司管辖）等数辆公共汽车在旁边的行车道上争抢进站，造成拥堵。这些车辆杂乱地停在站台上，导致后方的公共汽车迟迟无法进站，故而乘客多像刘某一样苦苦等待。

38 路、55 路、56 路、99 路、104 路等 11 条线路全部途经盐市口，高峰时段由于公交车辆到站较多，甚至三条行车道被公交车辆占据，严重影响道路交通秩序，减小了路段的通行能力。同时，也出现了上述乘客候车时的尴尬场面。

盐市口位于成都市中心，是一个人流量及车流量都较大的繁华路口，是成都市东西方向的主要交通干道交叉口。线路多了，乘客的选择自然而然会更便利些，但因道路资源、站台资源有限，在高峰时间段，公交车堵满了站台，一方面拥堵了交通，另一方面乘客的乘车利益也无法得到保证。在此背景下，成都市公交集团对站点进行了调整。

站台通常设计长度为 40 米左右，可以容纳 3 台长度为 12 米的公交车同时进站，各线路车辆若第一次停在第二个车位上下客，按照二次进站的行业要求，则需要再进第一个车位上下客，由于各线路车辆到站的无序性，同一站台停靠的线路过多，将导致后方公交车进站等待时间过长，严重影响站台利用效率。

根据数据拟合，站台利用效率可通过式（13−1）进行计算：

$$P = kl \left(R_{线} V_{车} t_{停} \right)^2 \tag{13−1}$$

其中，P 为站台利用效率；k 为影响因子；l 为站台长度；$R_{线}$ 为该站停靠线路数；$V_{车}$ 为每条线路配车数；$t_{停}$ 为每台车停车时间，包括进站减速时间、开关门时间、上下客时间、出站加速时间。

从式（13−1）可看出，由于站台承载力有限，针对某一站台来说并不是停靠线路越多越方便乘客。

从图 13−8 可以看出，随着线路增加，乘客上下车时间延长，导致公交营运系统整体效率下降，在停靠线路数的有效区间中，当同一站台停靠的线路为 5 至 8 条时，站台资源得到最大化有效利用。

盐市口站（由南向北方向）经过优化调整、站点分设后，该站点停靠线路只有 5 条，在充分保证公交运力的基础上，极大地缓解了道路压力，有效地解决了站台容量问题。

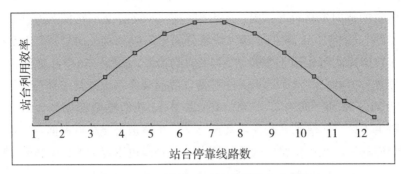

图 13-8　3 站位公交站台利用效率示意图

13.4　公交线网滤波组合逼近的优化方法[①]

作为城市经济发展的"动脉"，城市公交是联系社会生产、流通和人民生活的纽带，更是城市功能正常运转的基础支撑和提升城市综合竞争力的关键承载。优先发展城市公交是缓解城市交通拥堵、治理城市雾霾和促进城市可持续发展的有效途径（仇保兴，2010；李京文，2014；Zheng，2013；Madanat，2016）。那么，如何提高公共交通的客运能力与服务质量，以保持现有的公交用户与吸引其他更多的出行者选择公交出行是提升公交出行分担率最根本和最有效的措施（曾鹦，2015）。优化线网作为城市公交规划中最重要的一环，因其投资少、见效快且相对易于实施，近年来已引起众多学者的关注和重视（Agostino，2012；张凯，2014；孙杨，2014；Cipriani，2012）。公交线网优化的核心在于结合现有道路网布局及公交 OD 需求矩阵，运用交通规划理论及计算机模拟仿真等方法确定线网的合理布局，优化组合公交运力以充分发挥公交系统的最佳效益（胡启洲，2008）。为实现运营者与乘客期望的社会成本最小化和社会效益最大化，学者们基于"逐步设计，优化成网"理念从空间、时间和价值等不同维度，以线网日均满载率最大（李子木，2013；胡启洲，2007）、公交乘客的总出行时间最小化（Cancela，2015）、用户费用和运营者费用最小（Ngamchai，2003）和直达客流密度最大（于滨，2009）等目标所建立的公交线网优化模型，均用特定函数抽象表示线网优化的目标及约束条件，将复杂系统、复杂对象的决策思维过程系统化、模型化和数量化是这类方法的优势所在。这为本书研究提供了许多宝贵经验，但因理论性过强而在实践优化过程中操作性较差而难以对所得理论结

[①]　部分内容由本书作者刊发于《预测》，2017 年第 4 期，第 69~74 页。

果给出明确的解释，甚至可能存在严重的资源浪费现象。另外，在模型的求解上仍有值得需要深入研究之处：一是关于优化模型的求解大多采用启发式算法，往往是针对单一目标进行优化，很难兼顾其他优化目标，尤其是很难满足线路重复系数和网络覆盖率等要求，尽管也有运用加权方法对多目标进行处理，但权重的确定有待进一步研究；二是因求解变量过多，为达全局最优，需反复测算各参数，求解计算量大。

综上，本书针对公交线路因早晚高峰时段客流的高峰值多峰现象而造成的配车多且发车频率高而引发的线路运转效率低下等问题，提出公交线网滤波组合逼近法，旨在优化公交线网以提升城市公交通行效率：理论上证明通过多项式平滑滤波来消除多峰高峰值站点可行，实践中对客流极大值站点进行 OD 抽样调查，决定是否通过有效措施剔除该站点为高峰值站点。并以成都市二环高架 BRT 为例，测度和验证该方法对 BRT 线网提档升级的可操作性和高效性；采用 Matlab 多项式曲线拟合真实客流分布，通过滤波消除多峰高峰值站点，综合运用数据挖掘技术对高峰值多峰公交线路站点的客运需求量与原线路实现魏尔斯特拉斯逼近，据此提出既能保证原线路客流的全覆盖、减少换乘次数且能降低发车频次等切实可行的线网优化举措。

13.4.1　线网滤波组合逼近法

公交线路的配车数和发车频率是评价线网优化与否的两个关键指标，也是公交营运生产服务的关键管理点。

（1）**高峰值多峰函数的相关概念**

定义 1：公交线路站点客运量。

公交线路站点客运量是指在特定的营运日，特定公交线路各站点的载客量 y_i（$i=1,2,\cdots,n$）。有关系式（13-2）和（13-3）成立。

$$y_i=\begin{cases}\Delta y_i & \text{当 } i=1 \text{ 时}\\ y_{i-1}+\Delta y_i & \text{当 } i=2,3,\cdots,n \text{ 时}\end{cases} \tag{13-2}$$

$$\Delta y_i=\begin{cases}u_i & \text{当 } i=1 \text{ 时}\\ u_i-d_i & \text{当 } i=2,3,\cdots,n \text{ 时}\end{cases} \tag{13-3}$$

其中，y_i 为第 i 站点的载客量，Δy_i 为第 i 站点的净上客量，u_i 为第 i 站点的上客量，d_i 为第 i 站点的下客量。u_i、d_i（$i=1,2,\cdots,n$）取值可通过人工计数或现代传感器技术等方式获得，通过式（13-2）和式（13-3）即可测出 y_i。随着 IC 卡、RFID 技术、图像识别技术在现代公交的推广应用，y_i 值也可直接获取。

定义 2：公交线路站点客运量函数。

公交线路站点客运量函数是指对于特定公交线路 $l \in L$，其站点 $x \in X$ 的客运量变化规律，用函数 $y = f_l(x)$ 表示。

其中，$L = \{l_1, l_2, \cdots, l_m\}$，为 m 条公交线路集合；$X = \{x_i | i = 1, 2, \cdots, n\}$，为特定公交线路 l 的 n 个站点集合；$Y = \{y_i | i = 1, 2, \cdots, n\}$，为第 i 站点的载客量集合。

以线路站点为自变量 x，其取值为 1，2，$\cdots$，n，站点客运量为因变量 y 的图形，运用 Matlab 多项式曲线拟合可获取 $y = f_l(x)$ 的函数关系式。

考虑到城市公交客流的动态诱导对提升城市公交优质文明服务有着积极的意义，此时 y 的取值为客运需求量 $\hat{y}$ 更能反映真实的客流情况，$\hat{y}_i$ 通过式 (13-4) 计算。

$$\hat{y}_i = \begin{cases} \Delta y_i + w_i & \text{当 } i = 1 \text{ 时} \\ y_{i-1} + \Delta y_i + w_i & \text{当 } i = 2, 3, \cdots, n \text{ 时} \end{cases} \quad (13-4)$$

其中，w_i 表示因车辆安全容量限制而导致第 i 个（$i = 1, 2, \cdots, n$）站点的未上客量，此处假定乘客若不能搭乘第一辆到达的车辆，则一定能够搭乘上第二辆到达的车辆，即不考虑二次等待。

定义3：高峰值多峰线路。

若 $f_l(x)$ 在其定义域中存在多个极值，则称公交线路 l 为多峰线路。

通常情况下，城市公交线路多为多峰线路。对于线路过长、站点过多的多峰公交线路，其峰值往往存在以下情况：①存在 2 个以上不直接相连的站点 x_i，x_j（$i \neq j$，且 $|i - j| \neq 1$），点（x_i，y_i）和（x_j，y_j）为极值点；②当特定公交线路的满载量为 y^* 时，若至少有线路站点 x_i，x_j（$i \neq j$，且 $|i - j| \neq 1$），使得客流量满足 $\min\{y_i, y_j\} > 115y^*$ 时，这类城市公交线路为高峰值多峰线路。

（2）函数 $f_l(x)$ 的多项式平滑滤波

①公交线网优化与线路配车。

公交资源配置的关键在于满足乘客高峰期出行可接受时间的约束，并以此决定公交发车频率 p^*，一般地，$p^* = 3$ 分钟。对于给定的线路长度 s 公里，平均运行速度 v km/h，所需配车量 Q 可通过式 (13-5) 计算。

$$Q = \frac{\text{往返时间}}{3 \text{分钟}} = \frac{\frac{2s}{v} \times 60}{p^*} = \frac{120s}{vp^*} = 40\frac{s}{v} \quad (13-5)$$

由式 (13-5) 可知，不考虑乘客等待情况，公交线路的配车数不仅与线路长度有关，还与线路运行速度有关。

在公交线网优化实践中，分拆线路往往可减少配车。如图 13-9 所示，

$s_{\overset{\frown}{AC}}=18km$，$v_{\overset{\frown}{AC}}=12km/h$，$s_{\overset{\frown}{CB}}=12$ 公里，$v_{\overset{\frown}{CB}}=15km/h$。受 $\overset{\frown}{AC}$ 间运行速度的影响，车辆沿着 $\overset{\frown}{ACB}$ 行驶比 $\overset{\frown}{BCA}$ 更节约运行时间，这是因为 $\overset{\frown}{BCA}$ 是一种"前拥后堵"的交通现象，瓶颈路段速度决定了整条线路的速度，公交配车却应按照 $\overset{\frown}{BCA}$ 运行情形加以考虑。根据配车公式计算所得配车量为100 辆。

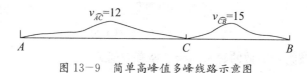

图 13-9　简单高峰值多峰线路示意图

若通过优化分拆公交线网，将线路 $\overset{\frown}{ACB}$ 分拆为 $\overset{\frown}{AC}$ 和 $\overset{\frown}{CB}$ 两条线路，通过公交线路无缝换乘加以解决 $\overset{\frown}{CB}$ 线路的公交出行问题。根据配车公式（13-5）可计算 $\overset{\frown}{AC}$ 和 $\overset{\frown}{CB}$ 配车量分别为 60 辆和 32 辆。可见，通过优化分拆公交线网可节约公交配车 8 辆。

②消除多峰高峰值站点的滤波方法。

公交运行速度会影响线路配车，是公交营运成本管控的重要方面。然而，乘客的上下车速度会直接影响公交线路的运行速度，该情况在客流高峰值站点更为突出。因此，消除公交线路多峰高峰值站点是提高公交运营效率的有效举措。具体方法如下。

第一步：统计高峰值多峰公交线路各站点的上下客量，计算出途经各站点的载客量。

第二步：绘制高峰值多峰函数的系列图像。以站点为横坐标，分别绘制以载客量、上客量、下客量为纵坐标的函数图像。

第三步：重点研究以上客量或下客量为纵坐标的函数图像的极大值站点的客流规律，对极大值站点客流进行 OD 抽样调查，研究其客流的流向一致性，决定是否通过有效措施剔除该站点为高峰值站点，如新开或优化线路，使经该站点原上下客的乘客能够直接前往出行目的地，以减少大客流在该站点的换乘，以此达到降频、去峰值之目的。

第四步：线网优化效果检验。一是对拟开行或优化线路的生产条件进行评估；二是模拟检验新开或优化后线路与原线路相比，是否实现了降频或降峰值的目的；三是评估优化后的线网组合是否对原线路客流进行全覆盖；四是对客流和配车的增减进行评估，实现资源的高效利用，详见图 13-10。

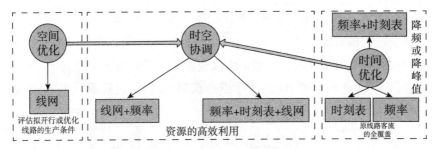

图 13-10 线网优化效果检验

(3) 滤波组合函数的魏尔斯特拉斯有效逼近

①魏尔斯特拉斯逼近定理。

设 $f(x)$ 是 $[a,b]$ 上的连续函数，对于任意 $\forall \varepsilon > 0$，总存在多项式函数 $p(x)$，使得 $\max\limits_{x \in [a,b]} |f(x) - p(x)| < \varepsilon$。

一般来说，不必要将 $f(x)$ 展开成一个幂级数，但总可以找到一个多项式 $p(x)$，使得对一切 $x \in [a,b]$，$f(x)$ 与 $p(x)$ 之差比预先给定的任意正数都小，即存在多项式 $p(x)$ 按要求逼近 $f(x)$。

②公交线路的调整。

假设原公交线路 l 的客运量函数为 $f_l(x)$，通过降频、降峰值的优化调整，形成公交线路网络 $\{l_1, l_2, \cdots, l_n\}$，使公交线路网络 $\{l_1, l_2, \cdots, l_n\}$ 全覆盖原公交线路 l 的客流。其客运函数分别为 $g_{l_i}(x)$，$i = 1, 2, \cdots, n$，若对于任意 $\varepsilon > 0$，对 $\forall x \in X$，总有 $\left| f_l(x) - \sum\limits_{i=1}^{n} g_{l_i}(x) \right| < \varepsilon$，则称函数 $\sum\limits_{i=1}^{n} g_{l_i}(x)$ 魏尔斯特拉斯逼近 $f_l(x)$。

③公交线路调整的优化分析。

确定运用滤波组合函数的魏尔斯特拉斯有效逼近的公交线路调整优化的判断标准，详见表 13-2。

表 13-2　公交线路优化判断的"三降"标准

优化方法	判断标准
降频	$\sum\limits_{i=1}^{n} T_{g_{l_i}(x)} \leqslant T_{f_l(x)}$
降峰值	对 $\forall x \in X$，满足 $\max g_{l_i}(x) \leqslant \max f(x)$，$(i = 1, 2, \cdots, n)$
降配车（综合判断）	$\sum\limits_{i=1}^{n} Q_{l_i} \leqslant Q_l$

*注：$T_{f(x)}$ 为函数 $f(x)$ 的上凸区间个数，Q_l 为公交线路 l 的配车数。

13.4.2　算例分析

下面我们以成都市二环高架 BRT－K2 线路高峰时段（2016 年 8 月 23 日 7：30 到该日 9：00）的运行为例，来检验和测度线网滤波组合逼近法对 BRT 线网优化的可行性和有效性。

（1）成都市二环高架 BRT 简介

成都市二环高架 BRT 以快速路为依托，通过设置公交专用道形成快速公交系统，于 2013 年 5 月 31 日正式建成通车，包含 K1/K2 两条主线和 K1A/K2A 两条循环线（线路编号 K1 为二环高架内侧环状线路，沿顺时针方向运营；K2 为二环高架外侧环状线路，沿逆时针方向运营），图 13－11 为 K2 线路站点示意。

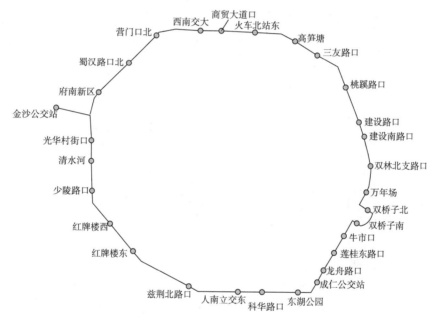

图 13－11　成都二环高架 BRT－K2 站点线路示意图

（2）K2 线的客运规律

①K2 线站点客运量。

借助二环高架 BRT－K2 线进出站闸机数据统计，以年为单位统计分析各站点的上客量，详见图 13－12。

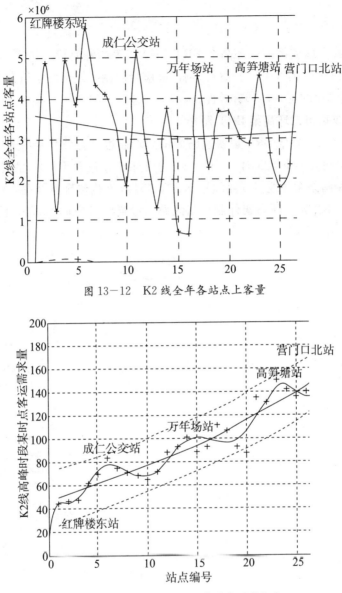

图 13-12　K2 线全年各站点上客量

图 13-13　客流量数据曲线的多项式拟合

根据实地客流调查并结合图 13-13 的数据分析结果可知，尽管 BRT 具有运量大、速度快等优势，但仍存在明显的高峰值多峰现象：红牌楼东站为换乘最大值站点，换乘客流集中前往高新南区；成仁公交站和营门口北站也为换乘极值站点，换乘客流集中前往火车东站和火车北站。需要指出的是，分别以月、天及早高峰时段（7：30—9：00）为单位对 K2 线客流量进行的统计分析结果均支持以上结论。

②K2 线站点客运量函数。

由于早高峰各站点的客流峰值是影响公交配车数最为关键的因素，鉴于客流需求量更能反映真实的客流情况，故此处选取 K2 线早高峰时段（7：30—9：00）的某时点客流需求量进行分析，运用 Matlab 多项式曲线拟合方法对基础数据进行拟合，同时获取 $f_{(K2)}(x)$ 的函数关系式，见式（13—6）。

$$f_{(K2)}(x) = p_1 x^7 + p_2 x^6 + p_3 x^5 + p_4 x^4 + p_5 x^3 + p_6 x^2 + p_7 x + p_8$$

$$(13-6)$$

其中，$p_1 = 0.0000011355$，$p_2 = -0.00011197$，$p_3 = 0.0043791$，$p_4 = -0.087513$，$p_5 = 0.97171$，$p_6 = -6.121$，$p_7 = 23.52$，$p_8 = 22.015$。

$f_{(K2)}(x)$ 为典型的高峰值多峰函数，K2 线有进一步优化调整的空间，解决配车多且发车频率高而引发线路运转效率低下等问题。

（3）K2 线的优化调整

①重构二环路逆时针公交线网体系。

成都市规划实施"三环十六射"快速路网改造，通过科华南路、杉板桥快速射线，二环路 BRT 乘客不经换乘通往高新南区的新世纪会展中心和火车东站，以此消除红牌楼东、高笋塘、营门口北、成仁和万年场等站点的高峰值问题。具体而言，根据快速路网条件和客流 OD 规律，新开行 6 条 BRT 线路，保留原 K1、K2 环线，形成以二环路为依托，三条快速射线为补充的快速公交路网体系，详见表 13—3。

表13—3 以二环路为依托的 8 条 BRT 线路

线路编号	线路走向	优势
K1′	首末均为金沙公交站，沿二环路顺时针运行	一是二环路沿线的乘客，无换乘可达；二是可解决与地铁及其他公交线路的无缝换乘，快速可达。
K2′	首末均为金沙公交站，沿二环路逆时针运行	
K3′	金沙经科华中路至新世纪会展中心	一是可解决人南立交堵点问题；二是增加前往高新南区乘客的直达性，减少换乘。
K4′	新世纪会展中心经科华中路至金沙	
K5′	金沙经火车北站至杉板桥	较短公交线路即可解决火车北站客流需求。
K6′	杉板桥经火车北站至金沙	

线路编号	线路走向	优势
K7′	杉板桥经科华中路至新世纪会展中心	新开线路可解决东二环市民的城南出行问题，同时减少城南客流的换乘，解决人南立交堵点问题。
K8′	新世纪会展中心经科华中路至杉板桥	

②二环路逆时针公交线网体系的站点客运量函数组合。

优化后二环路逆时针快速公交路网体系为 {K2′，K4′，K6′，K8′}，对 K2 线载客量的站点进行数据挖掘，根据 K2 线路 OD 调查规律进行数据模拟分配，形成 BRT－K2 线优化前后的客运函数对比图，如图 13－14 所示。优化后的路网体系 {K2′，K4′，K6′，K8′} 较 K2 线而言，实现了公交线网的滤波和降峰值的目的。

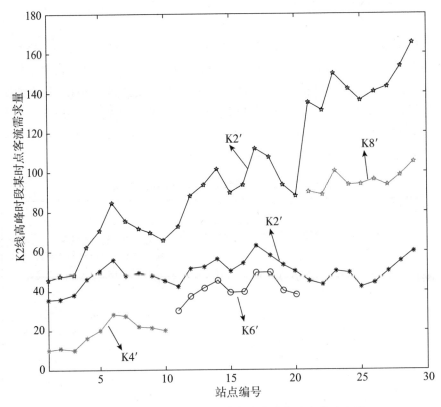

图 13－14　二环 BRT－K2 线优化前后客运函数对比图

③二环路逆时针公交线网体系的魏尔斯特拉斯逼近。

对优化后的路网体系 {K2′，K4′，K6′，K8′} 通过多项式曲线拟合获取客运量需求函数，见式（13-7）、（13-8）。

$$g_{(K2')}(x) = p_{21}x^7 + p_{22}x^6 + p_{23}x^5 + p_{24}x^4$$
$$+ p_{25}x^3 + p_{26}x^2 + p_{27}x + p_{28} \qquad (13-7)$$

其中，$p_{21} = -0.00000099192$，$p_{22} = 0.00010315$，$p_{23} = -0.0041959$，$p_{24} = 0.084856$，$p_{25} = -0.89596$，$p_{26} = 4.6429$，$p_{27} = -7.918$，$p_{28} = 39.05$。

$$g_{(K4')}(x) = p_{41}x^7 + p_{42}x^6 + p_{43}x^5$$
$$+ p_{44}x^4 + p_{45}x^3 + p_{46}x^2 + p_{47}x + p_{48} \qquad (13-8)$$

其中，$p_{41} = -0.0012838$，$p_{42} = 0.047345$，$p_{43} = -0.69342$，$p_{44} = 5.1544$，$p_{45} = -20.796$，$p_{46} = 45.719$，$p_{47} = -49.407$，$p_{48} = 30$。

$$g_{(K6')}(x) = p_{61}x^3 + p_{62}x^2 + p_{63}x + p_{64} \qquad (13-9)$$

其中，$p_{61} = 0.0029138$，$p_{62} = -0.75291$，$p_{63} = 22.076$，$p_{64} = -125.15$。

$$g_{(K8')}(x) = p_{81}x^3 + p_{82}x^2 + p_{83}x + p_{84} \qquad (13-10)$$

其中，$p_{81} = 0.079966$，$p_{82} = -5.8048$，$p_{83} = 140.86$，$p_{84} = -1049.2$。

由图 13-14 可知，$\left| f_{(K2)}(x) - \sum\limits_{i \in \{2,4,6,8\}} g_{(Ki')}(x) \right|$ 应根据站点 x 所属不同站点区段进行分段测算和验证，详见式（13-11）。

$$\left| f_{(K2)}(x) - \sum_{i \in \{2,4,6,8\}} g_{(Ki')}(x) \right| = \begin{cases} f_{(K2)}(x) - \sum\limits_{i \in \{2,4\}} g_{(Ki')}(x) & \text{当 } x \in [1,10] \text{ 时} \\ f_{(K2)}(x) - \sum\limits_{i \in \{2,6\}} g_{(Ki')}(x) & \text{当 } x \in [11,20] \text{ 时} \\ f_{(K2)}(x) - \sum\limits_{i \in \{2,8\}} g_{(Ki')}(x) & \text{当 } x \in [21,29] \text{ 时} \end{cases}$$

$$(13-11)$$

从严格意义上来讲，原线路 K2 和优化线路 K2'、K4'、K6'、K8' 的客运量函数 $f_{(K2)}(x)$ 与 $\sum\limits_{i=1}^{n} g_{l_i}(x)$（$l = $ K2'，K4'，K6'，K8'）若能精确表达，对于 $\forall \varepsilon > 0$，满足 $\left| f_{(K2)}(x) - \sum\limits_{i \in \{2,4,6,8\}} g_{(Ki')}(x) \right| < \varepsilon$。但该状态为理想状态下的收敛，式（13-6）至式（13-11）均通过 Matlab 多项式曲线拟合获取，尽管拟合精度较高，仍存在一定误差，故可给定一个可接受的容忍水平 ψ（$\psi > 0$，其值视具体情况而定），对于 $\forall x \in [1,29]$，总有 $\left| f_{(K2)}(x) - \sum\limits_{i \in \{2,4,6,8\}} g_{(Ki')}(x) \right| / \psi < 1$ 成立，此时各站点对应的差值 $\left| f_{(K2)}(x) - \sum\limits_{i \in \{2,4,6,8\}} g_{(Ki')}(x) \right|$ 无一超过设定的可容忍水平 ψ，则可认为该系统状态广义收敛，即优化路网体系{K2'，K4'，K6'，K8'}能有效覆盖原公交线路 K2 的客流，称该状态为二环路逆时针

公交线网体系的魏尔斯特拉斯逼近。

（4）二环 BRT 吸引圈线网优化后的效果测度

①吸引快速公交沿线乘客选乘 BRT 线路。

在确保 K2 线站点和走向不变的前提下，新开行如表 13-3 所示的 BRT 线路，即形成以二环快速公交专用道为依托的快速公交路网。优化之后的线网，由于行车公里数和发车班次的增加、BRT 吸引圈的扩大，再加上 BRT 本身具备的速度快、大容量优势及其客流的规模效益，可确保在不损失原有客流的同时还能吸引沿线的其他市民选乘 BRT，这样一来，二环路 BRT 上的总客流经模拟测算约为 45 万人次，远超当前 25 万人次的日均客流量。图 13-15 为与图 13-16 相对应的基于 BRT 吸引圈的线网滤波组合逼近法的线网优化。

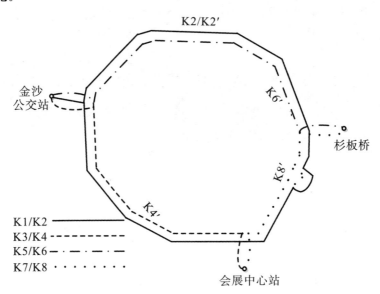

图 13-15　BRT 吸引圈线网优化

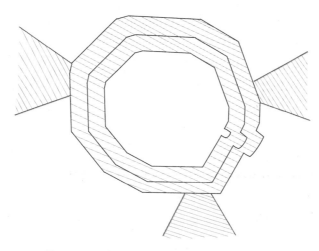

图 13-16 线网优化之后的二环 BRT 吸引圈

②降低 K2 发车密度，提高公交的运行效率。

通过对成都公交集团的调研可知，K2 线路在高峰时段的发车频率为 20 秒，全线长度 s_{K2}＝28.3 公里，发车 830 班次（Q＝830 班次）。根据测算，新开线路在二环高架快速公交道上的投影长度分别为 s_{K4}'＝10.4 公里，s_{K6}'＝11.6 公里，s_{K8}'＝6.3 公里，此时 s＝28.3×830＝23489 公里。基于滤波组合逼近法，经模拟测算 K2′、K4′、K6′和 K8′的发车班次分别为 204、187、222 和 165 班次，此时 s'＝11332.7 公里，Q'＝778 班次，即 $s \gg s'$，$Q > Q'$。可见，基于滤波组合逼近的线网优化方法有效措施剔除高峰值站点，据此新开或优化线路，在确保全覆盖原有线路客流的同时，还能有效节约行车公里数，降低配车成本，提高公交运行效率。

③减少乘客的换乘次数，提高公交吸引力。

维持 K2（K2′）正常运行，新增通过关键节点（红牌楼东站、高笋塘站、营门口北站、成仁站和万年场站）的 K4′、K6′和 K8′，使途经这些站点需换乘的乘客以无缝换乘方式解决线路优化前需换乘才能到达目的地的出行，这样既能提升乘车舒适度，又能减少上下车排队人数，这就使得二环BRT 上乘客的换乘系数由当前 1.5 下降到优化线路之后的 1.25。换乘系数的适当降低势必提升乘车的舒适性、安全性和便捷性，有利于进一步提升公交服务水平和吸引力，进而提高城市公交出行分担率。

13.4.3 结论与推广应用

基于线网滤波组合逼近的公交线网优化方法，突破了基于概率意义下的次优选择的优化方法，能有效改善公交服务现状，使线路与客流走向更趋一致，对提高公交线网的运营效率具有积极意义。在具体的推理、模拟及优化过程中，认为在城市公交的管理实践中，应重视以下几点：

（1）公交线路长度与城市规模、市民平均乘距有关，一般而言，公交线路的长度应以 20 公里为宜。线路过长，会导致道路堵点增加，从而影响行车速度，增加系统运行费用；线路过短又不利于运行调度，还会增加乘客的换乘次数。因此，在合理确定公交线路长度的前提下，需重视和加强公交专用道建设，亦以确保每个规划线网内，任意 OD 出行方案，仅需换乘一次可达。

（2）BRT 享有独立路网，其大运量、便捷性和准点性等优势，是常规公交无法比拟的，但 BRT 代价大。就成都 BRT 而言，每条 BRT 线路的道路资源尚未得到充分利用，资源承载力还存有较大挖掘空间，通过线网优化使其真正形成具有柔性的快速公交路网以满足乘客的刚性出行需求，是城市快速公交健康快速发展的必经之路。

（3）通过线网优化，减少乘客换乘次数，并不断完善与常规公交和轨道交通的接驳换乘，实现同台同站无缝换乘，有利于进一步提升公交服务水平和吸引力，提高城市公交出行分担率，优化城市交通的分担结构，实现传统公交向现代公交转型升级。

基于线网滤波组合逼近的公交线网优化方法，在经验数据的基础上尝试突破既有资源禀赋的约束，构造性地创新供给方式以适应潜在市场需要，同样适用于高峰值多峰现象在交通管理、旅游管理、酒店管理等复杂环境的生产运营和组织管理优化问题。通过优化与灵活调整，将复杂系统通过魏尔斯特拉斯定理转化为简单系统，将多目标问题通过组织划分转换为单目标问题，综合运用数学优化手段减少瓶颈点并辅以管理策略，就能减少不必要的浪费，提高运营效率。

第 14 章 成都公交场站立体化建设

在公交行业中，不少公交企业在努力争取廉价甚至无偿的土地资源拨付，那么无偿资源是否一定比有偿资源更有利？答案似乎是肯定的。但事实并非如此。就像在平面几何学里，一旦把问题放到三维空间里，可行方案和思维空间就大大增加了。本章分析成都公交集团如何将场站的传统性平面设计问题转变成为现代的立体化设计问题，从而实现根本上的商业模式创新。

14.1 问题背景

公交场站是公交线网的节点，关系到公交线网的优化布局和乘客换乘体系的载体，同时还兼具车辆维修、清洗、加油加气等功能，是保障城市公交车辆正常运营的重要基础设施。成都公交集团在改革实践中，先行先试，走出了一条公交场站立体综合开发建设的新路子（如图 14－1 所示）。这不仅彻底改变了传统公交场站的落后面貌，而且还利用公交客流资源重塑了现代公交商业运作模式，使企业可持续发展能力显著增强，让人眼前一亮。

图 14－1 成都市金沙公交场站综合体效果图

2007 年以前，成都公交集团拥有 5 家下属运营公司，规模大小不一，管理呈现"小而全、大而全"的特点,产业布局不尽合理,资源得不到集中有效利用。

一是生产要素分散。集团场站和保修厂无法共用,下属各营运公司都有属于自己的场站和保修场,造成资源浪费,运营成本高居不下。

二是资源不能形成有效资产。集团拥有的场站土地性质均为政府划拨用地,无法形成有效资产,企业融资能力弱,扩大再生产能力弱。

三是公交业态与社会发展水平不相匹配。传统公交场站的平面式布局不仅使停车数量受限,而且人车混行,配套不足,居住在公交场站周边的市民更是要忍受噪音、尾气的干扰,经常引发投诉。此外,场站简陋的外观也极大地损害了城市形象。

四是公交用地整体严重不足。公交车辆"夜不归宿"是常态,马路边调停、过夜车辆占比高,在影响市容市貌的同时,也存在严重的安全隐患。

14.2 公交场站开发的新模式

城市公交作为公益性行业,客观上要求其公交运营主业须以社会效益为重。因此,为实现公交行业的可持续发展,必须高度重视和充分挖掘公交优质辅业资源所蕴藏的市场经济价值,以弥补主业的政策性亏损。公交辅业资源中,较为突出的资源当属土地资源,特别是大中城市的公交企业,均有数量、规模较为可观的场站土地资源,但这些资产往往受制于土地性质或规划用途,仅发挥了单一的公交场站功能,未能将公交场站汇聚的人气资源通过提供各种商业服务配套凸显现代公交应有的巨大商机。

基于上述认识,2007 年起,成都公交集团按照"从场站资源分散低效向集中高效转变"的改革思路,全面整合企业土地资源,切实保障场站用地并通过办证有效夯实土地资产,开启了公交场站综合立体开发的探索与实践。

百花中心站"腾笼换鸟":百花中心站位于成都市一环路西三段,面积约 20 亩,是二环路以内为数不多的公交首末站,具有重要的公交换乘接驳功能,场站用地性质为划拨用地。由于该站地处一环路黄金地段,公交车频繁进出对周边交通有一定影响,而且公交车噪音大、尾气污染重,周边居民意见较大,因此市政府计划将百花中心站外迁,进行"腾笼换鸟",并将其列为成都市青羊区 2005 年重点招商引资项目。获知此事后,成都公交集团立即向政府建言:成都市作为单中心城市,若将原本稀缺的市区公交场站外迁,公交线路也将随之延伸,这样势必导致公交车长时间占用道路资源运行,不仅运营效率低下,而且也给市民公交换乘带来不便,最终导致公交吸引力进一步降低，私人交通出行量持续增加，造成更加严重的交通拥堵和环境污染。因此，建议将这类场站尽可能保留或者改造升级后返迁。

通过此事成都公交认识到依靠政府无偿划拨的方式难以根本解决公交缺地的行业难题。无偿划拨虽然可减轻企业资金成本负担，但其弊端也是显而易见的：一是土地随时可能会被政府收回或置换；二是在"寸土寸金"的市场经济时代，政府或相关供地方缺乏提供划拨土地的积极性，而且即便拿到地，公交企业也不能将其作为资产加以盘活利用，使得稀缺的土地资源难以发挥其应有的效用。于是，成都公交集团向市政府提出保护公交场站与改变公交用地性质的相关建议，得到了市领导的认同。

2007 年 3 月 2 日，市政府在公交集团的现场办公会上明确要求，对中心城区的各类公交场站应合理布局，予以保护，百花中心站予以保留和改建；将现有的公交场站用地由划拨改变为出让的商业或综合用地。

成都公交以出让用地的方式获取了较为充足的公交发展用地。一是将原有的公交场站、保修场用地性质由划拨改变为出让的商业或综合用地。2007年，成都公交集团出资将原有 8 宗 121.68 亩场站的用地性质由划拨转变为出让。通过转变用地性质夯实了公交土地资产，不仅有效增强了企业融资能力，还为公交土地综合利用打下了良好基础。二是对新增公交用地一律以出让用地的方式获取，土地出让金由企业自筹支付或由政府以资本金的方式注入。2009 年，成都市政府为公交集团新增规划了公交场站用地 48 宗，总面积 890.704 亩。2010 年以来，成都市政府又为公交集团新增配置场站用地 9 宗，总面积 202.19 亩。上述土地均为出让性质用地。

城市公交要实现又好又快的良性发展，在城市新区建设时要有前瞻性地规划公交场站用地，在旧城改造时也应留出必要的公交首末站用地，以弥补历史欠账。

商场周边交通拥堵的现状，催生了公交综合体理念。随着城市化、机动化进程的加速，成都市交通拥堵日益严重，特别是在人流大量聚集的商业区，交通拥堵尤为严重。以伊藤洋华堂为例，无论它开在市中心，还是二环路沿线，均会成为交通堵点。其原因在于，购物者基于方便性的考虑，一般都倾向于自驾进出商场，而不愿意拎着大包小包去挤公交车。

上述状况引起了成都公交的思考。根据 TOD 发展理念的要求，应前瞻规划建设城市公共交通系统，并根据其客流承载能力进行居住区、商业区的合理布局。如果将公交场站与商业区整合在一起，让公交车上楼，不仅节约土地资源，而且市民购物后可在大楼内直接乘坐始发的公交车，会让不少小汽车出行者选乘公交，周边道路的拥堵状况也相应会有所改善。这种做法完全符合 TOD 的发展理念，而且从经济效益讲，通过客流交换，对商家和公交二者而言，能够实现相互促进的双赢局面。由此，成都公交集团在行业内率先提出公交场站的"综合立体开发"理念。

从提升服务效能的角度来看，将公交场站由传统平面式升级为现代综合体，不仅能使停车位数量比传统平面停车方式有所增加，而且更加安全、智能、环保、便民。通过人车分流，场站内交通组织会变得更为合理，人、车流动会更加顺畅，有效减少安全隐患；实现车辆调度、站内管理智能化，营运管理更加智能高效；各种医疗、IC 卡充值和残障人士无障碍通道等便民设施更加齐全，充分体现了公交人文关怀；现代、美观的外立面，不仅提升了城市形象，宽敞舒适的乘车环境更能吸引市民选择公交出行；引入污水回收、尾气处理、减振降噪等绿色环保技术措施，减少了对周边居民的干扰和影响；可配套电动公交车充电设施，为新能源车的推广应用创造良好条件；场站配套商业部分具备的购物、娱乐等便民服务功能，可满足市民复合型生活需求，增强公交出行吸引力；通过与地铁、火车、长途等其他交通方式的无缝对接，更方便市民出行，提高公共交通的整体运行效率；配套充足的私家车停车位，实现"P+R"的功能，方便市民在私人交通和公共交通之间自由换乘。

从经济效益的角度看，成都公交以场站综合开发收益反哺公交场站建设，可提升公共服务的自我造血机制和能力。公交综合体商业开发后，企业可从以下两种途径获取发展资金：一是物业销售。通过综合体的立体开发，对部分物业进行销售，用所得资金支持综合体的滚动建设。二是商业租赁。通过对部分商业物业的持有和租赁，获得优质商业的持续收益，可用于弥补公交营运主业的亏损，达到可持续发展的目的。

九里堤公交站"联合开发计划"的夭折，推动了公交综合体建设主体的产生。九里堤公交站位于成都市金牛区交大路，占地面积 49 亩。成都公交集团由于自身无场站立体开发建设资质，最初拟与具备资质的一家市属国有公司合作进行联合开发。在制定建设方案期间，公交集团提出要保留足够面积的公交场站功能，而合作方却认为九里堤场站位于三环内，属于商业价值很高的地段，全面开发的市场估值可达到 20 亿元左右，因此坚持将公交功能用地尽量压缩，商业开发面积要达到 40 亩以上，或者用三环外一块 100 余亩的土地进行置换。双方僵持不下，合作最后以失败告终。

经过此事，公交集团充分意识到要想将公交场站综合体真正付诸实施，必须自身拥有一支具备建设开发资质的专业团队。于是，2009 年 11 月成都公交集团成立了国有全资子公司——成都公交场站建设发展有限公司，专业从事公交场站用地综合立体开发建设。

万家湾场站建设方案的诞生，确立了公交综合体建设方式。万家湾公交综合体建设用地位于成都市西三环外侧，占地面积47亩。在项目设计阶段，成都公交集团没有"闭门造车"，而是采用公开招标的方式博采众长，面向全球征集设计方案。2011年，成都公交从14家单位的投标方案中择优选择了最优方案，在符合国家建筑安全管理条例的前提下，实现了公交综合体功能最优布局以及土地资源的最大化利用。通过全球招标，成都公交集团学习到了世界先进的设计理念和思路，进一步增加了对现代公交场站综合体的认知，为今后设计此类项目奠定了坚实基础。

在项目具体建设方式的选择上，也是"好事多磨、一波三折"。公交集团最初的方案是将综合体的公交功能部分与商业部分作为两个项目分步实施，以便于公交场站能尽快投入使用。后来，公交集团考虑到分开建设不便于办理项目立项手续的办理，决定采取类似 BT（Build Transfer，即建设后移交）的建设模式，将项目整体外包，通过市场公开招标方式选择投资建设方，以资产置换模式，引资建设公交场站综合体。具体方式为：公交集团提供项目用地，投资方负责按设计方案投资建设，项目建成后，综合体公交功能部分归公交集团所有，商业部分归投资方所有。此外，公交集团根据商业的开发收益预期，按照投标价不低于公交功能投资估算（该项目公交功能的投资估算值大于土地评估值）的原则设置了拦标价，在项目建成后，公交集团在无偿获取场站资产的同时，还可能得到一定的现金收益（中标价超出公交功能实际建设成本的部分）。实施该方案有两个好处，一是解决了公交场站的建设资金来源问题；二是在操作过程中将公交企业的风险降到最低，并且实现了国有资产保值增值。尽管该方案较为完善，上级部分考虑到外部投资方是以盈利为主要目的，可能在建设施工细节上难以充分保证公交场站综合体对安全、服务方面的要求，建议此类项目不宜交由社会投资方建设。于是，成都公交集团最后决定采取自建的方式，由成都公交场站建设发展有限公司直接负责万家湾公交综合体项目建设，建设资金由企业自筹。

此后，成都公交集团便按照上述模式，全面开启了公交场站综合体的建设。

14.3 成都公交 TOD 综合开发[①]

成都公交集团对公交场站的开发建设制定了总体发展规划，并对开发成本和经济效益做了初步估算。成都公交场站土地存量为 900 亩，成都市委、市政府近期公交场站规划供地 1000～1200 亩，经整合后土地面积至少在 1800 亩以上；按容积率为 4 计算，场站开发建设面积可达 480 万平方米，加上商业、办公、地下停放社会车辆、物业管理等，总建设面积约 560 万平方米。其中直接用于场站的面积约 210 万平方米，开发性房屋建设约 350 万平方米。按公交场站的特殊要求，建筑造价按每平方米 4000 元以内控制，总投资需 220 亿元左右。按公交场站所处地段和目前的市场行情，开发性建筑的价值可达 200 亿元。这样，公交集团仅投入 20 亿元（不含土地价值）就可建成 210 万平方米现代智能化的公交场站。通过立体开发产品的收益基本能满足场站建设资金的需要，从而形成场站滚动开发建设的新模式。

从 2010 开始，成都公交启动了公交场站综合体的开发建设。

已建成的郫县德源公交场站综合体，占地面积 38.2 亩，总建筑面积9.7 万平方米，可停放公交车 400 辆，并具备"P+R"换乘功能，可停放小汽车 400 辆，有效满足了富士康厂区、郫筒镇周边公交线路运营需求。

2010 年，在一次交通部召开的公交优先发展专家研讨会上，成都公交作为城市公交行业的唯一参会代表，在涉及公交场站用地问题时建议，以"出让"的方式获取用地，政府给予一定的政策和资金支持，或将成为解决公交用地紧张、促进公交可持续发展的有效途径，得到与会者认同和采纳（罗玲，2012）。成都公交集团实施公交场站综合立体开发的改革实践，符合《国务院关于城市优先发展公共交通的指导意见》（国发〔2012〕64 号）。

14.3.1 TOD 增添城市新活力

以公共交通为主导的 TOD 综合开发蕴含的"用地集约、功能复合、价值叠加、绿色生态效应"等理念完全契合城市可持续发展趋势，能从根本上有效解决土地资源配置紧张的问题，且能以公共交通带动要素流动、提升城市效率，造就城市繁荣，城市繁荣又推动公共交通不断发展，增添城市活力和效率。

---

① 部分内容由本书作者刊发于《先锋》，2019 年第 4 期，第 34～36 页。

14.3.2 TOD 塑造城市形态新名片

TOD 已成为国际上极具代表性的城市开发模式，尤以东京、哥本哈根等地最为显著。近年来，包括成都在内的中国各大城市以 TOD 模式为蓝本，打造集工作、商业、文化、教育、居住等为一体的城市社区开发模式或理念，已得到社会各界广泛认可。TOD 综合开发着力于解决建设投入合理化与产出效益最大化的矛盾，在建设方案上不过分追求特色，讲求"华而实"；在空间拓展上强调打通物理边界，通过"公地私用""私地公用""绿地上楼""道路下地""拆围建路""曲线导流"等手段，实现相互连通、空间共用，提升区域整体价值。TOD 能针对市民出行和生活便捷的需要，提供便捷的交通接驳和多样的消费场景，与巴士、电车、广场、楼宇、医院等全面接驳，实现车站与商场、交通与商业、生活与服务的"多态合一"。

14.3.3 以公共交通为主导的 TOD 开发是"城市可持续发展"的最佳工具

实施公共交通主导的 TOD 综合开发实现"城站一体化"，既是推动城市生产空间集约集聚、重塑城市产业经济地理、强化产业支撑的重要抓手，也是推动城市生活空间多元复合、提升城市生活和消费环境、打造高品质生活城市和国际消费中心的有效举措，更是推动城市生态空间自然和谐、促进城市绿色发展，推进美丽宜居公园城市建设的根本路径。TOD 综合开发使市民与城市发生美妙互动，构筑一种前所未有的绿色、便捷、健康的生活场景，几乎能满足人们的日常出行、工作、商业、休闲、教育等所有需求，增强市民出行的便利性和城市生活的宜居性、提升土地开发的经济价值、商业价值、社会价值和生态价值，最终形成城市功能的聚合体和城市生活的共同体，更是城市发展的新地标和新引擎。

第 15 章　结论与展望

城市公交是一项重要的城市公益事业,其消费的大众性特征反映了社会公众对公共资源的平等要求,城市公交在促进经济发展、保障社会公平、增强城市居民的幸福感等方面发挥着重要作用。本书围绕准点公交建设所应采取的系列举措,以此适应城市功能的新定位。

15.1　主要结论及建议

本书在对城市公交从影响公交准点的市场结构、技术、基础设施、能源、管理模式、公交政策等多方面推进转型升级的研究基础上,形成以下研究结论和建议。

(1) 给出了城市公交存在自然垄断属性的判断,提出了用"垄断"的办法破解垄断的"网运分离"管理模式。线网主体市场化的办法不仅不能解决公交垄断性问题,反而强化线路的垄断性。公交线路的拍卖、承包等市场化的办法,无疑加剧了公交行业的政府失灵和市场失灵,无法满足城乡统筹发展需要,也无法满足市民柔性需求。公交自然垄断属性及需求的柔性,决定着公交线网不可走多元主体以及主体多元化的路子。

(2) 提出城市公交存在一个最佳线网规模观点。当城市公交发展规模超出一定规模时,存在比较明显的规模效益递减现象,即人均营运成本和单公里营运成本不减反升。线路过长、线网不优化、服务标准单一、营运效率低等多种因素造成了超规模效益的不经济。建议类似北京、成都这类超大城市公交,应大力推行"互联网+"行动,按照市域公交线网划定适度规模的责任市场,分区域规划线网落实营运主体,实现城市公交跨区换乘可达的线网管控模式。

(3) 公交行业要主动适应新常态,探索符合党的十八大、十九大精神的发展模式。建议城市公交把公共服务行业的生产环节主动向市场放权,向社会组织放权,向企业放权,大力提倡走 PPP 发展模式。成立包括人大代表、政协委员在内的乘客代表委员会,由这个社会组织拟订公益性服务标准,提交财政补贴预算申请；根据财政预算，公交企业制定可持续发展的年度服务标准，落实政府公益投入到位，并接受权力部门检查、审核；公交企业放开"运"的环节，形成以市场竞争价格为依据的生产性支出机制。

（4）提出现代公交的四大突出标志，建议公交在以人为本、标准服务、权责清晰和现代技术等四方面着力，实现传统公交向现代公交转型升级。建议城市公交加大公交信息化建设，充分挖掘利用 OD 大数据，优化线网和发车频率；运用现代信息技术，强化路权优先，以智能、动态调度为抓手实现精准服务；发挥公交组合搭乘的优势，用好"互联网＋公交"，开好定制公交；细分公交市场，用好市场调控机制。

（5）提出业务流程再造的建议，培育专业的公交发展配套行业，面向整个公交市场开拓公交辅业的专业服务。城市公交处在产业链的最末端，是市场经济下真正的"上帝"（需求经济学派的学术观点），公交行业前端产业链上有太多的世界 500 强。类似于北京公交应当为全世界最大的公交企业，为社会年贡献产值近千亿元。建议这类超大城市公交应发挥规模经济优势，率先进行业务流程再造，创造一批优势企业，由政府资金兜底向资本市场造血转变。通过资本运作，把支付出去的成本换一种方式再收回来。大力发展公交大数据科技业务、融资租赁服务业务、新能源汽车维修管理业务、商业综合地产业务、人力资源管理业务等。

15.2　主要贡献

本书综合运用跨学科研究方法，基于新制度经济、新公共管理理论、信息技术等多学科理论、方法和成果从整体上对城市公交深化改革给出顶层设计，在以下三个方面具有贡献价值。

一是在现代信息技术条件下，提出公交行业的"网运分离"管理模式，是对当前两种极端体制倾向的变革，反对不计代价的纯公益性投入，也反对不顾百姓公益需求的市场垄断。公交行业实施混合经济体制制度，用政府和市场两种手段进行运作，将"基础设施网"的盈亏纳入地方财政的公共事业预算，以达到公交行业科学投入、政府加强管理和保障民生的目的；而"生产运作"则由市场竞争提高生产效率。

二是在对传统公交的业务流程进行再造优化的基础上，提出挖掘公交优质辅业的商业模式，探索城市公交业务转型升级的路径，探索城市公交治理现代化的路径，促进向现代服务业的转型升级。

三是解决好公交营运的时（时间）空（空间）平衡问题是以人为本服务

的可靠性问题。公交出行者追求时间节约，然而，在行程问题中，路径是影响时间的一个方面，速度也是另一个极为重要的影响因素，行程问题是一个时（时间）空（空间）平衡问题。从消费心理学角度研究，出行者对速度结构感受存在普遍差异，站下等待时间比车内等待时间以及车内等待时间比行驶中耗时更难以忍受，因此，需要对减少出行者对时间的敏感性给予更多的重视。RFID智能识别技术获取乘客实时OD信息（上下客信息）是公交系统动态、可持续管理熵减的有效强制外力，是实现公交动态、智能调度的技术路径。

15.3　研究展望

本书尚存在着诸多不完善之处，期待今后进一步加大对城市公交的调研力度，更加深入研究城市公交发展理论问题，促进城市公交理论体系的建立和完善，更好地促进城市公交的现代化进程。今后将在以下两方面进一步加强研究。

（1）城市地面公交由于运行环境的复杂性，准点服务问题是长久探索的话题，需要从技术创新、管理组织、交通政策等多个维度加以系统研究，助推城市治理的现代化。

（2）进一步研究城市公交的线网优化问题。这是公交主业发展的关键问题，涉及人民群众的切身利益。城市交通作为城市发展的瓶颈资源，提升公交的承载力对城市发展具有极其重要的意义。

（3）公交行业PPP管理模式的构建，亟待有具体的可操作性的顶层设计，下一步拟通过夏普利值的计算，给出权力指数下公益行业PPP的示范模式。

（4）地铁主导下的城市公交企业纾困解难问题愈加严重，需要深入研究、创新实践，切实加以解决。

参考文献

［1］艾阳，马健. 国内外城市轨道交通投资及经营模式比较［J］. 城市轨道交通研究，2003（4）.

［2］安永胜，王进花. 公交智能调度系统的体系框架和关键技术研究［J］. 甘肃联合大学学报（自然科学版），2009（4）.

［3］陈明莉. 国铁参与城市轨道交通投资建设和运营的探讨［J］. 铁道运输与经济，2010（8）.

［4］陈蛇. 公共品免费如何告别"公地悲剧"［N］. 人民日报，2012－10－19（004）.

［5］陈蛇. 坚持科学发展观践行《郑州宣言》［J］. 世界城市交通，2009（1）.

［6］陈蛇. 以疫情常态化防控思维全面推动城市公共交通数智化转型的思考［J］. 城市公共交通，2021（9）.

［7］陈蛇. 公交可持续发展的对策建议［J］. 中国道路运输，2012（1）.

［8］陈蛇. 政府应主导公共产品更好地惠民［J］. 南方，2012（22）.

［9］陈蛇. 城乡公交一体化建设的成都模式［J］. 城市公共交通，2013（7）.

［10］陈蛇. 成都公交探寻科学发展之路［J］. 人民公交，2011（11）.

［11］陈蛇. 成都公交网运分离模式［J］. 中国道路运输，2011（4）.

［12］陈蛇，张颖，邱法军. 传统城市公交向现代服务业转型升级的途径［J］. 经济体制改革，2014（2）.

［13］陈蛇，曾鹦. 探索新型营商模式助推新能源汽车产业跨越发展［J］. 宏观经济管理，2015（8）.

［14］陈瑶，计斌，王劲惠，等. 基于熵值法的城市轨道交通运营绩效评价［J］. 价值工程，2016（25）.

［15］陈子侠. RFID 技术的应用与现代物流［J］. 商业研究，2003（6）.

［16］崔红卫，王伟，曾鹦. 轨道交通建设项目 EPB 投资组合优化模式研究［J］. 软科学，2015（8）.

[17] 崔红卫，曾鹦. 对标国际营商环境评价构建城市公交 KPI 考核体系 [J]. 城市公共交通，2021（8）.

[18] 崔红卫，曾鹦，陈蛇. 基于线网滤波组合逼近法的公交通行效率提升研究——以成都市二环高架 BRT 为例 [J]. 预测，2015（4）.

[19] 崔园园，周海蓉，张云伟. 对标顶级全球城市进一步优化上海营商环境 [J]. 科学发展，2020（2）.

[20] 邓文，陶茂华. 基于激波分析理论的交通拥堵传播和消散机理研究 [J]. 技术与方法，2012（4）.

[21] 邓兆康. 公共交通的智能交通系统及其应用 [J]. 上海建设科技，2009（1）.

[22] 丁川，王耀武，林姚宇. 公交都市战略与 TOD 模式关系探析——基于低碳出行的视角 [J]. 城市规划，2013（11）.

[23] 范国伟，杨刚. 基于 ZigBee 技术的 XBeePro 模块在智能公交系统中的应用 [J]. 电子元器件应用，2009（5）.

[24] 冯刚，任佩瑜，戈鹏，等. 基于管理熵与 RFID 的九寨沟游客高峰期"时空分流"导航管理模式研究 [J]. 旅游科学，2010（2）.

[25] 冯刚，任佩瑜，朱忠福，等. 基于管理熵的"数字九寨沟"综合绩效评价研究 [J]. 旅游学刊，2010（2）.

[26] 傅佳琳. 关于管理熵的统计解析 [J]. 经济论坛，2008（18）.

[27] 高瑞霞，罗树成，高迎平. 熵理论在 BPR 中的应用 [J]. 河北工业大学学报，2002（1）.

[28] 高自友，赵小梅，黄海军，等. 复杂网络理论与城市交通系统复杂性问题的相关研究 [J]. 交通运输系统工程与信息，2006（3）.

[29] 郭蕾. 结构规制与行为规制：公用事业反垄断规制的应然逻辑 [J]. 理论与改革，2012（4）.

[30] 何士产. 复杂网络的耗散结构特征与矩阵表示研究 [D]. 武汉：武汉理工大学，2007.

[31] 侯爱华，陈蛇，曾鹦. 公交行业监管改革模式的创新与实践 [J]. 经济体制改革，2017（1）.

[32] 胡非与，徐建闽. 双向传输的智能公交信息采集系统的研发 [J]. 交通信息与安全，2009（3）.

[33] 胡启洲，邓卫. 基于线性分派法对公交线网优化方案排序 [J]. 系统管理学报，2007（4）.

[34] 胡启洲，张卫华. 基于信息熵的公交线网优化方案余弦排序 [J]. 系

统工程理论与实践，2008（12）.

[35] 胡运强. 基于复杂性的熵、耗散结构在管理中的应用 [D]. 天津：天津科技大学，2005.

[36] 黄明芳，景林，郑建湖. 公交动态信息采集及预处理分析 [J]. 交通科技与经济，2009（5）.

[37] 井润田. 成都公交集团的组织变革 [J]. 管理学家，2009（11）.

[38] 孔祥杰，沈国江，梁同海. 具有公交优先的路网交通流智能协调控制 [J]. 浙江大学学报（工学版），2009（6）.

[39] 李彬，杨东援，孙四平. 竞争性公共交通客运需求预测模型 [J]. 预测，2001（4）.

[40] 李刚，曾锐利，林凌. 基于射频识别技术的智能交通系统 [J]. 信息与控制，2006（5）.

[41] 李海波，郭耀煌，陈蛇. 四种经典博弈模型及其启示分析 [J]. 数量经济技术经济研究，2002（11）.

[42] 李洪鹏. RFID 技术在城市机动车监管中的应用 [J]. 智能建筑与城市信息，2010（5）.

[43] 李林，汤韩玲. 现代企业集成管理模式研究 [J]. 中北大学学报（社会科学版），2006（4）.

[44] 李京文，杨正东. 中国新型城市化与低碳绿色交通转型之路——在亚欧能源政策网 2013 年国际会议上的主旨报告 [J]. 工业技术经济，2014（1）.

[45] 李树彬，高自友，吴建军，等. 基于事件的交通拥堵模拟与消散策略研究 [J]. 系统仿真学报，2012（8）.

[46] 李树彬，吴建军，高自友，等. 基于复杂网络的交通拥堵与传播动力学分析 [J]. 物理学报，2011（5）.

[47] 李习彬. 熵−信息理论与系统工程方法论的有效性分析 [J]. 系统工程理论与实践，1994（2）.

[48] 李喜军. 一个公共交通智能调度管理系统的设计 [J]. 交通信息与安全，2007（29）.

[49] 李子木，陈学武，纪尚志. 基于 BRT 吸引圈层的公交线网优化重构方法——以常州市为例 [J]. 武汉理工大学学报（交通科学与工程版），2013（3）.

[50] 刘戒骄. 我国公用事业改革的几点思考 [J]. 中共中央党校学报，2012（5）.

[51] 刘新梅，万威武. 对基础设施产业经济属性的再认识 [J]. 西安交通大学学报（社会科学版），2000（1）.

[52] 刘艳梅，姜振寰. 熵、耗散结构理论与企业管理 [J]. 西安交通大学学报（社会科学版），2003（1）.

[53] 刘莹. RFID 技术原理及其应用分析 [J]. 中央民族大学学报（自然科学版），2006（4）.

[54] 陆静. 成都公共自行车探索服务外包模式 [J]. 运输经理世界，2012（8）.

[55] 陆静. "乘客至上，质量兴企"——成都公交获"中国用户满意鼎"[J]. 运输经理世界，2012（21）.

[56] 路勇，姚鹤龄. 基于 RFID 技术的公交车车站自动识别自动报站系统 [J]. 现代电子技术，2005（13）.

[57] 陆忠梅. 基于 RFID 技术的物联网应用 [J]. 硅谷，2010（9）.

[58] 罗玲. 陈蛇九问公交 [J]. 运输经理世界，2012（2）.

[59] 罗玲. 成都公交的"共生"法则——成都公交集团董事长陈蛇专访 [J]. 运输经理世界，2012（8）.

[60] 孟宪秋. 成都公交突显"节减"优势 [J]. 科技中国，2010（1）.

[61] 钱学森. 创建系统学 [M]. 上海：上海交通大学出版社，2007.

[62] 仇保兴. 中国城市交通发展展望 [J]. 城市交通，2007（5）.

[63] 仇保兴. 缓解北京交通拥堵：难点与对策 [J]. 建设科技，2010（17）.

[64] 任佩瑜，张莉，宋勇. 基于复杂性科学的管理熵、管理耗散结构理论及其在企业组织与决策中的作用 [J]. 管理世界，2001（6）.

[65] 荣朝和. 试论"网运分离"与铁路重组的关系 [J]. 北方交通大学学报，2000（3）.

[66] 沙基昌. 理论社会科学与社会设计工程 [M]. 北京：社会科学出版社，2012.

[67] 申耘. 我国城市公交优先发展"成都模式"调研报告 [J]. 经济要参，2012（8）.

[68] 宋华岭，王今. 广义与狭义管理熵理论 [J]. 管理工程学报，2000（1）.

[69] 宋涛，刘莉. 公交优先就是百姓优先——成都直面交通拥堵现实 [J]. 环球人物，2013（15）.

[70] 宋玉卿. 战略供应商合作伙伴关系研究 [J]. 物流技术，2008（5）.

［71］孙杨，孙小年，孔庆峰，等. 轨道交通新线投入运营下常规公交网络优化调整方法研究［J］. 铁道学报，2014（3）.

［72］王建邦. 跨国公司全球战略与西部企业国际经济合作［J］. 社会科学研究，2000（5）.

［73］王俊豪. 中国基础设施产业政府管制体制改革的若干思考——以英国政府管制体制改革为鉴［J］. 经济研究，1997（10）.

［74］王俊豪. 中国城市公用事业民营化绩效评价与管制政策研究［M］. 北京：中国社会科学出版社，2013.

［75］王西星，任佩瑜. 一种新的绩效评价方法：管理熵评价模型［J］. 现代管理科学，2009（6）.

［76］王延中，张湛彬. 基础设施建设与西部大开发［J］. 经济研究参考，2002（13）.

［77］韦清波，杨敬锋，陈昶佳，等. 广州市公交运行服务评价指标体系研究［J］. 交通运输研究，2016（5）.

［78］熊学兵. 基于管理熵、管理耗散结构的企业知识管理绩效评价［J］. 财贸研究，2009（1）.

［79］许昆，苏一，马春晓. RFID 在城市智能公共交通系统中的应用［J］. 电脑学习，2005（1）.

［80］徐涛. 铁路建设关联项目财务评价方法研究［J］. 综合运输，2011（5）.

［81］杨青山. 托起明天的希望——访成都市公交集团党委书记、董事长陈蛇［J］. 人民公交，2010（12）.

［82］于滨，杨永志，杨忠振，等. 基于直达客流密度最大的公交线网优化［J］. 哈尔滨工业大学学报，2009（2）.

［83］于溥春. 浅谈物联网技术以及物联网技术在中国的发展［J］. 硅谷，2010（13）.

［84］于强. 城市公交企业构建管理创新评价体系的实践与思考——以常州公交为例［J］. 城市公共交通，2021（2）.

［85］于水. 农村公共产品供给与管理研究——从农村基础设施建设决策机制考察［J］. 江苏社会科学，2010（2）.

［86］袁仲尼，李楠，陈佳. 成都：让公交姓"公"［J］. 南方，2012（22）.

［87］曾鹦. 提升生活品质实现城市转型——以 TOD 综合开发为例［J］. 先锋，2019（4）.

［88］曾鹦，陈蛇. 探索新型营商模式助推新能源汽车产业跨越发展［J］.

宏观经济管理，2015（8）.

［89］曾鹦，侯爱华，李军. 考虑学习行为的日常公交系统演化 ［J］. 软科学，2016（8）.

［90］曾鹦，李军，朱晖. 面向换乘行为的城市公交客流分配及应用 ［J］. 系统管理学报，2015（1）.

［91］张凯，秦斌斌，刘用渗，等. 城市轨道交通线网评价研究 ［J］. 铁道工程学报，2014（3）.

［92］张铁男，程宝元，张亚娟. 基于耗散结构的企业管理熵 Brusselator 模型研究 ［J］. 管理工程学报，2010（3）.

［93］张颖，陈蛇. 城市公交的发展定位和发展方向探析 ［J］. 城市公共交通，2013（11）.

［94］赵勇宾，陈蛇. 公交行业优先发展的立法必要性研究 ［J］. 软科学，2011（8）.

［95］周晓云，吴兆根. RFID 在公共交通领域的应用 ［J］. 中国无线电，2005（5）.

［96］Agostino N，Umberto C，Luca R. A schedule－based assignment model with explicit capacity constraints for congested transit networks ［J］. Transportation Research Part C：Emerging Technologies，2012（1）.

［97］Belokurov V，Spodarev R，Belokurov S. Determining passenger traffic as important factor in urban public transport system ［J］. Transportation Research Procedia，2020（50）.

［98］Cancela H，Mauttone A，Urquhart M E. Mathematical programming formulations for transit network design ［J］. Transportation Research Part B：Methodological，2015（77）.

［99］Cipriani E，Gori S，Petrelli M. Transit network design：A procedure and an application to a large urban area ［J］. Transportation Research Part C：Emerging Technologies，2012（1）.

［100］Hasuike T，Katagiri H，Ishii H. Portfolio Selection Problems with Random Fuzzy Variable Returns ［J］. Fuzzy Sets and Systems，2009（18）.

［101］Jin Maozhu. Evolutionary Game Theory in Multi－objective Optimization Problem ［J］. International Journal of Computational Intelligence Systems，2010（6）.

[102] Li X, Qin Z, Kar S. Mean − Variance − Skewness Model for Portfolio Selection with Fuzzy Returns [J]. European Journal of Operational Research, 2010 (1).

[103] Madanat S, Horvath A, Mao C. Potential greenhouse gas emission reductions from optimizing urban transit networks [R]. California: Institute of Transportation Studies, University of California, Berkeley, 2016.

[104] Markowitz H M. Portfolio Selection [J]. Journal of Finance, 1952 (7).

[105] Ngamchai S, Lovell D J. Optimal time transfer in bus transit route network design using a genetic algorithm [J]. Journal of Transportation Engineering, 2003 (5).

[106] Oriakhi M W. Heuristic Algorithms for the Cardinality Constrained Efficient Frontier [J]. European Journal of Operational Research, 2011 (3).

[107] Pei Wang Gao. Options Strategies with the Risk Adjustment [J]. European Journal of Operational Research, 2009 (192).

[108] Vercher E, Bermudz J D, Segura J V. Fuzzy Portfolio Optimization Under Downside Risk Measures [J]. Fuzzy Sets and Systems, 2007 (7).

[109] Yu B, Yang Z Z, Jing P H. Transit route network design − maximizing direct and transfer demand density [J]. Transportation Research Part C: Emerging Technologies, 2012 (22).

[110] Zhang X, Zhang Q, Sun T, et al. Evaluation of urban public transport priority performance based on the improved TOPSIS method: A case study of Wuhan [J]. Sustainable cities and society, 2018 (43).

[111] Zheng S, Kahn M E. Does government investment in local public goods spur gentrification? Evidence from Beijing [J]. Real Estate Economics, 2013 (1).

附录

XIANGGUAN CAIFANG HE BAODAO

相关采访和报道

附录 1　公交政策类

陈蛇九问公交

2009 年 6 月 5 日，载着 100 多人的成都 9 路公交车燃起熊熊烈火，刹那间车厢成炼狱。这场大火吞噬了 28 条鲜活的生命，更烧痛了全国公交行业的神经。痛定思痛，为告慰亡灵，更为市民出行舒心，成都公交开始了一场旷日持久的反思和建设。身处风暴中的成都市公共交通集团公司（简称"成都公交集团"）不断摸索公交发展的方法和途径。

成都市公共交通集团公司成立于 1952 年，目前在成都中心城区的市场占有率达到 99%。据公司党委书记、董事长陈蛇介绍，公交集团的发展得益于政府的"大手笔"投入。"在'十一五'期间，公司每年新增公交车都在 1000 辆以上，并且车辆技术配型都比较高，最差车型价格也超出 50 万元，高的还有 130 万元。目前整个集团中高档车的占有率已经达到 78%。除此之外，成都的公交专用道从零发展到目前的 430 公里，公交的通行速度提高了 50%；公交用地从'十一五'初的 659 亩，增长到现在 1600 亩，增加 143%。"

公交基础设施的"大手笔"投入促进了成都公交服务的迅速提升。陈蛇介绍，成都公交的分担率从"十一五"初的 14.7% 已经增长到了现在 24.12%；车厢人次从"十一五"初的 203 万人次，增加到目前的 400 万人次，增长了 97%；百万公里的死亡率从过去的 0.055 降到了现在 0.028。

与日益提升的公交服务相对应的是，成都公交票价却比全国同行业略低。"普通车 1 元，空调车 2 元，价格十几年来一直没有变过。"陈蛇介绍道："我们还推广使用 IC 卡，成人五折、学生两折优惠，且实行两小时免费换车，老人免费乘坐。"

成都公交迅猛发展离不开成都公交人对公交发展的不断探索。公交怎样才能发展？结合多年工作经验，陈蛇认为摆在当前公交行业的问题主要有九个。

第一问：公交分担率为什么上不去？

经济学上有"中等收入陷阱"一说，它是指新兴市场国家突破人均 GDP 1000 美元的"贫困陷阱"后，很快会奔向 1000 美元至 3000 美元的"起飞阶段"，但到人均 GDP 3000 美元附近，快速发展中积聚的矛盾集中爆发，经济增长可能回落或长期停滞，陷入所谓"中等收入陷阱"阶段。类似于"中等收入陷阱"原理，陈蛇认为，现阶段公交行业正处于"分担率陷阱"阶段，即对公交增加投入以后，并不能换来分担率的明显提高。"这个时期的投入往往很高，如果不能认清公交发展所处的阶段，人们容易产生倦怠情绪，而只有认清这个状态，才能找准城市交通发展对策，才能跨越这个'陷阱'。"

陈蛇认为主要的对策有两个：首先是持续不断地提高对公交的投入，弥补公交快速发展阶段对公交软硬件建设的欠账。其次在于提升公民的环保意识，提倡低碳绿色的出行方式。"当前经济发展快，社会发展慢，公共服务短缺的情况非常严重，人们出行难的呼声很高。此外，经专业人员测算过，常规公交百万公里人均能耗是小汽车的 8.4%，百万人次的废物排放是小汽车的 15.9%。从节能环保、出行分担率的角度看，公交比小汽车有明显的发展梯度，所以应该大力发展城市公交，不能以公交企业可能存在的管理漏洞为由来限制对公交资源的配置。公交再浪费，从整体上看，也是节约的。"陈蛇也指出，公交行业本身缺乏比较科学的考评体系，公交浪费的现象也是现实存在的。公交管理上存在的瑕疵和漏洞需要公交行业加强技术进步、管理进步，进行效率革命，来提高经营效率。

第二问：网运要不要分离？

公交线路由一家还是多家经营，每个城市都有不同的解决模式。陈蛇认为，公交的线路资源不适宜竞争："由多家来经营就会造成公共资源的低效率配置，甚至出现浪费和混乱的现象，就单条公交线路而言，更适宜形成垄断经营。"但是公交线路垄断经营以后，由于缺乏竞争，许多公交公司容易丧失完善和自我更新的动力，导致服务质量低下，乘客不满意。"这是肯定存在的，为了避免公交资源的浪费和混乱，公交线网经营需要垄断，同时政府还要加强管制，来督促公交企业自身要进行效率革命。"

除了依靠政府加强监管，陈蛇认为，提高公交服务水平一个好的办法是"网运分离"。网运分离是指公交线路的特许经营权同营运生产权相互分离的管理模式。公交的线路特许经营权由政府统一授权给有实力的国有企业，然后企业按照乘客的意见，统筹线网优化，统一配置车辆，统一制定公交服务标准，展现城市的形象。之后，企业将营运生产业务外包，但并不将购车和票款收入外包，而是按照 GPS 的里程数来支付外包公司费用。"网运分离引入了竞争机制，它和以前'承包''挂靠'最大的区别是公交票款与承包公司的收入不挂钩，承包公司只是根据运营里程数来收取服务费用，从而避免了'抢客'等恶意竞争现象。这样国有企业的成本都是通过市场竞争产生的成本，票款收入可利用视频技术、GPS、RFID技术做好监控，政府想补，就把价格调低一点，不想补就把价格调高一点，这是政府可控的资源，这样便形成了公交的服务评价和补贴机制。"

网运分离对城乡公交解决二元体问题也有好处。陈蛇介绍，城乡的二元结构给城乡公交的发展带了障碍，主要表现为城乡公交的风格不统一、线网不融通、票价不一致；城郊的公交运力投放不足，万人公交拥有标台数远远低于中心城区。城乡建设一体化后，由于近郊面积大、人员稀少，公交分担率低，近郊的人搭载自行车、电动自行车、小汽车进出城，往往容易反堵中心城区。"网运分离实现后，线网统一授权给国有企业，按照已经制定的服务标准、票价标准，根据GPS设定的班次运营，城乡公交融通的问题便迎刃而解了。"

除了营运业务外包，陈蛇认为与公交线网关联的敏感资源和环节，如广告栏、用工、土地都应该外包。"垄断往往导致自我激励机制不够，很容易产生浪费，公交也是这样，线网资源实现自然垄断的同时，应该更加重视市场化配置生产要素的问题。"为了让"敏感岗位不敏感，敏感资源不敏感"，成都公交集团已经成功试点实行洗车、物业管理、IC卡充值等辅助业务外包，走专业化、市场化的路子来配置生产要素。

第三问：公交票价是高还是低？

公交票价是高还是低，陈蛇认为这得根据企业自身条件来定，但是有一点要注意的是，实行低票价企业未必会"吃亏"。"成都公交定了低票价以后，通过企业内部调整，加强了线网的优化，收入未降反增，'十一五'初我们的票款年收入是5.6亿，2011年可以做到14个亿，收入增加了150%。尽管这些年来我们的成本也在增加，但是收入增加，总体来说还是减轻了政府财政的负担，可以说实现了社会效益和经济效益的双赢。"陈蛇还介绍，市民多对公交票价比较敏感，在当前交通拥挤的情况下，企业轻易提高票价，将导致公交分担率降低，从而影响公交企业收入。当然，过低的票价也不见得就是经济的，低票价可能换来低舒适度，公交的交通分担功能可能随之减弱，不利于公交良性发展。因此，制定公交票价需要进行公交市场弹性分析，视各地公交发展阶段择情而定。

第四问：公交补贴如何保障？

公交是项公益事业，多年以来，公交票价随物价上涨而反降，成本支出确是刚性支出，公交行业性亏损比较严重。为此，地方政府财政每年都会给公交企业一定补贴，当然，各地公交财政补贴标准依赖于对公交优先发展的认识程度。可靠的、足够的财政补贴才能真正促进公交的优先发展。"从实践来看，除了维持公交简单再生产运行支出需要补贴以外，车辆的更新，基础设施的建设，技术的提升，还有服务质量的提升，这些硬软件投入，现在还远远不够，这些都是需要额外财政补贴。"因此，陈蛇建议地方政府建立公交补贴增长机制，参照财政收入增长的比例，不断加大对公交的投入，以有效公交财政补贴保障来保证公交服务的稳步提升。

第五问：乘客能做啥？

线网开通谁说了算？公交公司经常会碰到这样一个问题：一个新小区建好了，公司按照相关规定通了公交，这时候矛盾却出现了，小区内小汽车主认为公交进小区后堵了它的道，而公交乘客却认为是小汽车堵了公交道。因此公交经常是请进去以后又被推出来，然后再进去。来来回回称为公交开行闹剧。"这样的事情给我们一个启发，就是人民公交人民办，线路开行与否，一定要吸纳乘客的意见。这就要求我们创新体制机制，给社会组织还权赋能。"陈蛇建议成立一个法规上认同的"乘客代表委员会"，让这个委员会来行使一些权利，比如线网开行、公交服务标准制定、向政府主张相关财政投入等。"这样可以极大地激发一些社会力量的积极性，把决定权还权于乘客，这种体制更能代表广大乘客的意志，有效地发挥乘客的直接协调能力，化解矛盾，保持良好的秩序。"

第六问：公交为什么要交那么多保险？

公交保险问题同样值得商榷。"成都公交集团含自营出租车在内拥有一万多辆汽车，每年要交几千万元的保险费，除按有关法规购买强制险外，企业为了转移风险也购买一些商业险。实际上，拥有万辆车的公交集团自身就可以组建一家比较大的保险公司，每年几千万元的保险费，长年累月的累积，抗风险能力已经足够强。"陈蛇认为，公交保险的形式可以做一些创新，这样不仅可以最大化维护公司的利益，还可以遏制行业内一些不正常的现象："我管安全我有一个体会，公交行业甚至容易出现'若要富，出事故'的现象。因为保险标准提高后，出了事故保险公司赔率高，极易产生事故利益链。如果不买保险，经济上缺失事故利益激励机制，公交企业安全管理工作的障碍还会减小。"

第七问：场站能不能立体开发？

公交法规建设还有有待完善的地方，陈蛇认为最突出的就是土地问题。"按照条例，公交用地划拨了以后就不能挪作他用，而公交的划拨用地就只能平面建设，土地没有利用起来，公交很难改变脏乱差形象。"这一点，成都公交有所探索。陈蛇介绍，目前成都正在试点公交场站立体开发。"我们有一个接近 48 亩地的场站，按照 P+R 的思路，地下全部是免费的小汽车停车场。停车场免费，人气就来了，商机也来了。然后可以在公交停车场上盖一些商场，这样商场可以反哺公交企业。我们目前已有 1600 亩具有公交功能的开发用地，计划投资近 400 亿元建设立体公交场站。场站立体开发建设反哺公交的主营亏损，不仅可以使乘客的出行目的地与公交首末站无缝对接，最关键的是公交不再扰民，公交用地容易落实，这种模式是一个城市基础设施建设的多赢局面，值得加以重视。"

第八问：提升公交吸引力关键点在哪？

安全、便捷、舒适、经济决定着公交的吸引力。城市交通越来越拥堵的今天，公交最严峻的挑战是能否满足乘客准点出行的需求。"要想实现准点出行必须提升公交速度，公交只有快起来，才有资格与电动自行车、小汽车比便捷，比舒适。"陈蛇认为，提升公交速度关键在于提高公交路权。为此，近年来成都以提高公交运行速度为抓手，抓公交优先，在大力推进轨道交通建设的同时，规划建设大容量快速公交线网，重视建设干线公交专用道网络。

第九问："公交都市"带来了什么？

日前，交通运输部下发《关于开展国家公交都市建设示范工程有关事项的通知》，决定在"十二五"期间组织开展国家"公交都市"建设示范工程，成都公交也积极响应"公交都市"示范建设。"我们非常拥护'公交都市'建设示范工程，成都天府新区的建设就是按照这个思路来做的。公交都市的建设转变了公交的发展方式，变被动适应为主动引领性的发展，这个非常好，它彻底改变了城市规划和建设的一些思路，是一种科学发展、可持续的发展方式。"陈蛇介绍道。

陈蛇结合多年工作经验找出了公交发展的重点问题并给出了一定答案。然而各地由于自然条件、经济基础、人文环境不同，面临的问题也不尽相同。怎样扫除公交发展路上的拦路虎？这是个老生常谈的问题，却也是个常谈常新的问题，需要行业人士不断探索和解答。

（根据交通运输部道路运输工作座谈会发言整理）

——摘自《运输经理世界》2012 年第 1 期，第 72~75 页，罗玲（文）

成都：让公交姓"公"

10月10日，成都市公共交通集团为配合小汽车尾号限行的交通管控措施，大手笔推出44条免费公交线路，且免费到2013年6月30日。此举引起全国广泛关注和热议。叫好叫座的同时，也有一种担忧心：免费公交是否会引发客流"井喷"和线路"爆棚"，遭遇今年中秋国庆长假高速免费和其他城市交通免费初期的尴尬？

11月5日下午5时许，在成都茶店子公交枢纽站，《南方》杂志记者登上137路公交车，亲自体验了"一把"成都免费公交。一上车，迎面只见被胶带牢牢封住的投币箱，刷卡机被扭到了相反方向，环顾车内，挡风玻璃和"车屁股"上都贴上免费车的红色图标，每站停靠时都有语音提示："欢迎乘坐成都免费公交，不刷卡、不投币。"记者搭乘的137路公交车，走三环大部分地区，单边行程35.1公里，是免费线路中客流量最大的，但下班高峰期，未见客流潮涌"景观"，车上车下秩序井然。

从现代城市治堵的角度讲，成都免费公交为不少城市只知厉声限行、收取拥堵费的治堵办法带来了新选择。特别是成都公交在公益性、公共性上的探索，凸显了一座西部中心城市在社会管理上的创新。

走渐进式公益之路

公交车免费了，客流"井喷"情景却并未上演，原因为何？成都市公共交通集团党委书记、董事长陈蛇概括为："未雨绸缪、夯实基础、循序渐进、有效管控。"

"我以前上下班只坐公交车的，倒两次车，花一次票价钱（成都从2008年起推行公交IC卡用户2小时内免费换乘3次的优惠政策）。现在137路免费了，我就坐地铁再转公交，时间缩短了一半，还是一次票价钱。"说起公交免费带来的变化，正乘坐137路下班回家的小赵笑着给记者算起这笔聪明账。

其实，"免费"这笔账，陈蛇早在心里算过很多遍。他用图表向记者解释道，由于免费公交线路是为配合市区二、三环内小汽车尾号限行，因此每条线路都必须符合"70%以上里程在二、三环限行区域内"这一条件；44条免费线路的公交车，约占全市公交车总量的5%，而尾号限行，能使全市公交车运营效率提高10%。也就是说，这样一出一进，既节约了运营成本，又方便了广大市民。

"公交免费，不是'拍脑袋'的决定，我们在前期已经有了一系列的改革探路举措和调研，这是我们的底气。"陈蛇说。

2007 年 5 月，《成都市人民政府关于优先发展城市公共交通的实施意见》（后简称《意见》）颁布，将完善公交规划、加快公交场站建设、构建公交线网系统、建设公交智能系统等 9 项工作列为优先发展城市公交的主要任务，并从财政资金投入、税费、供地等 7 个方面制定了全方位优先发展公共交通的支持政策。

有了政策的大环境，成都公交集团开始投石问路，先后推出一系列改革创新举措，最主要的举措：一是票制票价改革，一是"网运分离"改革。

2007 年 6 月，成都首次试水惠民票制改革。5 年来，成都公交共实施了 4 次惠民票制票价改革；2008 年 5 月，成都公交在国内首创刷公交 IC 卡两小时内免费换乘 3 次；2009 年降低充值门槛，乘车卡 1 元起充，今年 10 月又重磅推出 44 条免费线路……

"从心理学上说，一个行为重复 21 次就会形成习惯。我们就是希望通过各种便民措施，吸引更多的市民搭乘公交并形成习惯，培育市场。"陈蛇说。得益于一系列惠民举措，成都市民的出行习惯正悄然改变，不少人首选便捷实惠的公交。陈蛇生动地将这一过程描述为培育理性乘客。有了乘客的理性出行，便有了成都免费公交的平稳运行。

同时，为了解决公交线路多家经营造成资源浪费、一家经营难免服务低下的两难问题，成都公交集团创造性地探索了"网运分离"管理模式。在成都市政府的大力扶持下，公交集团以回购股权和以出租车经营权置换公交线路经营权的方式，对全市公交线网主体进行了统一整合，同时将公交线路特许经营权与营运生产经营权相分离。公交线路特许经营权统一授予市公交集团公司，营运生产经营权则交由专业的营运生产企业承运。"这是实现公交线网资源最优配置和运营生产成本最低运作的有效途径。"陈蛇说。

智能调度，科学管控

在成都公交集团智能调度中心，记者看到大屏幕上许多个代表着公交车的小圆点正在不断移动。这是基于物联网交互可视的成都智能公交管理系统，集成应用了智能调度、智能监控等多种管理服务。

成都市公共交通集团副总经理曾彦调出一张显示 10 月 27 日全天客流情况的波形图。当天是周六，曲线波峰位于下午 6 时许，代表那时出现了晚高峰，而其他时段客流则相对平稳。这些数据通过 IC 卡统计，调度中心可以根据客流统计数据，按客流调度车辆发班。

陈蛇算了一笔细账：利用公交 IC 卡数据高效统计客流，高峰时段车辆投放率由 2006 年不足 75%，提高到目前的 90% 以上；千车公里载客量由

2006 年的 3800 人次，提高到现在的 5200 人次；智能公交系统的投入使用，减少了无效重复投放，杜绝里程虚报，全年节约里程 2400 万公里，节约费用上亿元……

曾彦告诉记者，除科学统计客流外，智能公交系统还能监控到所有公交车从出站到进站的运行情况，车辆如果出现跨线、串车、严重超速、久候、路堵、首末班车不准点等状况，系统可以及时报出信息。打开 79 路公交车的监控窗口，在成都市区电子地图上，一条红线由西北向东南延伸，上面排列着 20 多个绿色小点，每一个小点代表一辆运营中的 79 路公交车。有两个小绿点离得非常近。"这代表两车距离过近，生产调度指挥官可以通过车载信息接收器直接给后车发送指令，提醒司机与前车保持车距，等候乘客。"曾彦说。

事实上，科技手段带来的还远不只提升效能和科学管控，公益和民生的好处也随之显现出来。

成都公交集团智能调度中心副处长尹欣告诉记者，通过对客流量统计数据的观察，发现一些热门线路到了末班车时仍有乘客站着，这就需要对相关线路进行延时。仅在今年内，成都公交已经延时了 67 条线路，每条线路平均延时 40 至 50 分钟，最长的达到 80 分钟。

便民电子服务也给乘客带来了诸多方便。去年，成都公交在全国率先推出了手机智能"公交快信"，记者使用了一下很方便，只需输入站点公布的 GPS 编号及线路代码组合，就可以清楚地了解到下一班公交车目前距离你所在站点的站数，还能提供在线换乘信息、IC 卡余额查询等服务。此外，电子公交站牌建设已在成都市区内全面铺开，站牌不仅可预告公交车到站时刻、线路调整、首末班信息等，还能随时发布公交政策、城市道路拥堵情况和天气情况等，成为整合便民信息的综合平台。

"开门"办公交

记者踏进门朝着繁华大街敞开的成都公交集团综合服务大厅。转右，是成都公交热线的办公场所，这里电话铃声、应答声此起彼伏。"您从逸都路搭 42 路，坐 6 站，在周家桥下车，大约往西走 200 米就行了……"挂断电话后，接线员告诉记者，她每天接到上百个热线电话，基本都是咨询公交线路的，这个月还没有接到过投诉电话。

公交集团曾遭遇过投诉不断的尴尬时期，由于公司大门正对着繁华大街，那时每天都有俩保安紧守着大门。当时的成都公交没有意识到畅通群众诉求渠道的重要性，"关门"办公交，导致的结果是投诉和上访越来越多。

伴随着一系列的改革，公交集团的服务意识也在不断增强。建起全新的综合服务大厅，敞开大门、撤走保安、增加公交热线座席、开通互动网站、提供公交咨询服务……当一系列开门办公交举措实施后，投诉和上访的人反而骤减。今年6月，中国质量协会将中国质量奖的最高荣誉——"中国用户满意鼎"授予成都公交。这背后，凝聚着成都公交的公共服务理念和民本情怀。

"开门"后的成都公交，还在致力于将公共服务的触角继续延伸。目前，成都高新南区已建立起72个公共自行车租借站点，设有1500个车位。公交IC卡刷卡取车，1小时内免费，有效解决了公交车线路未覆盖地区的接驳问题。

"公交优先，就是百姓优先；发展公交，就是发展民生。"这是成都市委对成都公交的定位，也是成都公交鞭策自己前进的动力。

——摘自《南方》2012年第22期，第56~57页，袁仲尼、李楠、陈佳（文）

成都公交突显"节减"优势

"1996年的时候，成都市就开始逐步推广CNG公交车了。发展到今天，我们已经有5100辆CNG公交车（压缩天然气公交车），总投入十几亿元，还有几十个公交车加气站，而且所用的天然气公交车都是本地产的。现在买的车辆，全部都是CNG公交车。"发展了13年之后，成都市的CNG公交车已经形成规模。这样的规模，成都公交集团董事长陈蛇认为，成都市的地理环境和市政府不断加大的支持力度起到了重要的作用。

更新节能环保减排车辆

"公交车的节能减排，我们是排在全国前列的。现在成都市路面上跑的公交车85％以上都是CNG公交车，符合欧Ⅲ、欧Ⅳ排放标准，都是节能环保型的。"接受《科技中国》专访时，成都公交集团董事长陈蛇认为，成都市节能环保公交车的发展力度很大。

四川省作为国内开发、利用天然气最早的地区，其蕴藏量位居全国前列，也是中国天然气开采、集输技术和人才的摇篮。

在当前形势下，发展新能源汽车符合国情需要，对四川来说，推广应用天然气汽车也有着广阔的前景。四川省目前拥有的16.8万辆天然气汽车约占全省汽车保有量的9％，其中出租车、城市公共汽车、教练车中天然气汽车推广面分别达到95％、85％和90％。

四川省天然气汽车产业从业人员达13万人，每年创造产值148.6亿元，节约和替代成品油约457万吨，为环境保护和节能减排作出了积极贡献。

在这个大背景下，成都市公交行业节能减排公交车发展迅速，还要得益于成都市政府的政策导向。"我们买车子，早几年就不能再买柴油公交车，只能买 CNG 环保公交车，而且车辆必须达到欧 III 排放标准以上。"陈蛇为《科技中国》列举了几点政府的推动措施。

破冰的意义在于，成都公交极力推行 CNG 公交车。

成都市路面上跑的 7000 辆左右的公交车里约 6000 辆归成都公交集团管理，2006 年陈蛇进入成都公交集团工作，算来到现在也有三年的时间了，这三年是成都市 CNG 公交车高速发展的时期。

"2007 年，我们买了 385 辆成都蜀都客车厂产的 12 米长 CNG 公交车，50 多万元一辆。2008 年，我们买了 1200 辆，2009 年又买了 1000 辆。新增了 2585 辆 CNG 公交车。算上已有的，现在有 5100 辆公交车是 CNG 的。" 2010 年底成都市的公交车将全部是 CNG 节能环保车。

在政府的大力推动下，面对高昂的成本，陈蛇有自己的看法，"成本高是不能忽视，虽然一次性购买的成本是高了一点，但是好车子运行起来效率提高了，维护费用就会少一些，排放出的污染也会少一些，成本高一些也是值得的。当然，企业走低价、低档公交车的路子，以牺牲环境换取企业的效益是'最划算'的，但是国家不允许这么做，我们的良心也不允许这么做。"

除了已成规模发展的 CNG 公交车外，目前成都公交集团也开始尝试发展新能源公交车，如打算试运行几台混合动力公交车看看技术的可靠性，虽然要比普通车子贵几十万元，但是陈蛇认为这个尝试是值得的，是对一种更好的节能减排方式的探寻。

"混合动力公交车现在处在初试阶段，等条件成熟了，我们会先把这种车子推到客流量比较大的公交线路上去，这样可以减轻公司成本的压力。"

对于新能源公交车的发展，陈蛇除了看好混合动力公交车外，也在积极洽谈试运行电动公交车，对于更环保而且零排放的电动公交车陈蛇很有信心。"国家也在支持推广，而且电池的可靠性也在不断提高。"

对于备受关注的电动公交车能源补充问题，陈蛇已经与成都市电业局谈过几次了，形成的初步方案是在城市供电系统处在低峰期时对电动车进行充电，既不影响市民用电，对电业局来说也不浪费，形成一个市民、公交企业、电企三方共赢的局面。

虽然还处在商谈阶段，但是在陈蛇的心里已经规划好了，希望能够尽快做起来，第一步先拿出 1000 万元左右，试运行五辆电动公交车，建一个充电站，看看效果。

公交发展重点在惠民

随着经济、社会的快速发展，市民的交通出行需求越来越大，对公共交通服务的要求也越来越高，由于公交惠民是最好的节能环保减排举措，陈蛇逐步实施了一系列更贴近百姓、服务于百姓出行的计划。

首先以迷你巴士促进节能环保。由于成都市目前还有很多居民小区的公共交通设施还不完善，百姓出行不方便，从小区里走到马路上的公交车站点最远的需要走 1 公里，为了方便这部分居民的出行，陈蛇购置了一批迷你巴士，体积小、成本低、功率小，用其摆渡居民到公交站点。"公司想做到的就是，只要你一出门就有车子可以坐。"有了规划，陈蛇与他的团队进行了具体的设计，"这种摆渡用的小车子，在你坐上去后，两个小时之内换乘任何线路的公交车是不收钱的。这样对居民来说，既没多掏钱，又很方便。对于成都市的交通来说，各种类型公交车的良好衔接与相互匹配，可以达到更高的运输效率"。

其次是利用新制票价利民惠民。"我们的票价在全国是最便宜、最灵活的。"陈蛇说。

"用 IC 卡刷卡上普通车，一次是 5 毛钱，学生是两毛；空调车要翻倍，一次 1 元，学生 4 毛。刷卡后两个小时之内，无论换乘多少次、多少辆公交车都是免费的。"陈蛇对三年多来公司实行的各项惠民政策还是很自豪的。

此举还解决了公交换乘等车难的问题，即在换乘不多花钱的措施下，乘客可以在车行过程中找机会换乘，提高了满载率，也达到了公交运输体系资源的有效整合。

此外，在资源配置上，成都公交还想方设法盘活资产。

对于低票价所带来的 3 亿多元亏损，陈蛇认为不能单从公交业务上想办法，要整体考量，商业地产开发业务就可以较好地弥补公交的亏损，"我们把成都所有的公交场站都变成了商业开发用地"。

"繁华热闹的地方交通需求就旺，有交通需求就一定有公交车站、场站，那么公交场站所拥有的地皮恰恰就位于那些繁华的地段，在市政府的大力支持下我们把所有的公交场站都变成商业开发用地。公交场站的立体开发，潜力很大。"

再有公交车、站的广告资源也是很大的发展空间。"每个公交车站点大都设有一个避风避雨的亭子，亭子上可以做四五个广告牌，每个车站一年大概有三四万元的收入。"虽然最后陈蛇没有给出一个具体的数字，但是可以看出这些业务的开拓、发展可以为公司的发展提供持续的动力。

深化改革提高服务能力

蜕变源于思变，成都公交集团从挣脱国企"等、靠、要"的思想束缚到实现资本运作；从体制创新、机构改革到全国首家推行两小时免费换乘，走过了一条改革、发展、创新的奋进之路。

在内部改革上，以搞活企业为先。

"改革是发展的动力，也是公司壮大与腾飞的基石。"陈蛇从挑起成都公交集团发展的重担时就下定决心，一定要做好集团的内部改革。

改革先从上层开始。陈蛇带领成都公交集团的管理团队从公司的法人治理结构和领导班子建设入手，打开了改革的局面。2007 年，成都公交集团实行董事会和经营层分设，组建了战略发展委员会、风险管理委员会、薪酬与现代企业制度相适应的董事会、监事会和经营层。目前，集团内责权清晰、各司其职、运转协调、运行高效的管理体制正在逐步形成。

在接下来的内部改革中，基于公交组合搭乘的思想，陈蛇又将在集团公司推行公务用车改革，其目的是有效利用企业资源，减少车辆使用费，降低企业管理成本，鼓励企业职工采用组合搭车上下班，同时也达到了为社会节能减排的目的。

对于一线员工，"职工是企业的法宝，让一线生产人员得到最大的实惠，他们就会创造出最大的财富"。在进行内部改革时，陈蛇还注重一切政策向一线倾斜的思想，不断提高职工待遇，管理注重人性化、科学化。

在降低成本上，2007 年 9 月起，陈蛇带领他的管理团队实施了公交线网优化工程，按照"分层优化、填补空白、区域互补、分批推进"的原则，分五批次调整线路 518 条次、停开 46 条、新开支线 33 条，形成了"骨干突出、主干强化、毛细丰富、干支协调"的鱼骨状线网结构，中心城区公交线网布局更加科学、线路走向更加合理、站点设置更加人性化，既方便了市民出行，也降低了公司的成本。成都公交集团还通过根据不同日期和时段的客流需求规律来安排、调整发班次数的方式来提高车辆满载率从而降低成本。

关于城区公交用地的价值，陈蛇有自己的计算方式："成本＝线路数×单条线路车辆配置数×每天趟数×往返系数×线路长度×单车公里成本×时间，拿市区 10 亩地举例，70 年经营权可为公交省 30 多亿元，成本节约惊人，成本节约了，排放自然就减少啦。"

除了把坚持降低成本作为重头戏来抓之外，陈蛇也非常重视抓住工作中的主要矛盾。他经常强调"二八"原理，即通常情况下，20％的资源往往能够发挥80％的作用，"一个人的精力是十分有限的，在复杂多变的各方面工作中，要抓住主要矛盾来解决问题"。

按照"二八"原理的指引，在目前成都公交集团已有的 200 多条运营线路中，陈蛇选出了其中 40 条作为重点线路来抓，这样就有效地利用了有限的资源，让成都公交集团既能重点发展，又能全面发展。

在科学管理方面，2008 年，在成都市政府的大力支持下，成都公交集团开始 GPS 系统建设工作，营运调度工作逐步向科学化、现代化方向发展。

考虑到成都市的道路交通现状，高峰期间道路拥堵严重，如何让公交车更快地跑起来，充分节约广大乘客的乘车时间，有效缓解城市交通拥堵，也是城市管理者们一直在思索的问题。

博士出身、温文尔雅的陈蛇善于运用先进的理念管理公司，他不但知道如何用理论指导实践，而且也喜欢到一线去体验普通市民乘坐公交车的酸甜苦辣。也许正是因为这样，才促成了成都公交集团的多项创举。

2008 年 5 月 1 日，成都公交集团成为全国同行业中首家推行两小时之内免费转乘举措的企业。

相关数据显示，免费换乘政策实施后，成都公交集团每天让利市民约 60 万元。措施的实施不仅减少了市民公交出行的总支出，还使市民从依据线路直达性和票价高低来选择出行线路，转向依据车辆满载程度和出行时间长短来选择，既减少了线路运载不均的现象，又提高了市民乘车舒适度和出行的效率，受到了广大市民的一致好评，并被全国同行视为"无法简单复制"的公交发展模式。

说过了内部改革，说过了公交运营新模式，最后说到管理模式时，还没等记者提及，陈蛇主动说起了成都公交车"六·五"燃烧事件。"事件本身是个悲剧，事件发生是我们无法控制的，我们对不幸遇难者表示沉痛哀悼的同时，深刻感受到'落后就要挨打'的道理，只有发展才是避免类似灾难发生的唯一选择。在上级的指导下事件发生后的处理工作我们做得非常及时和有效，一般发生这种事件后都是以更大的次生灾害结束，这次事件无论是从公司内部还是社会角度，都没有再产生太大的连锁次生灾害，我们痛定思痛谋发展，也触动了整个行业的发展。"

在这种危机管理中，陈蛇认为更多的是得益于攻读博士学位期间对管理思维的培养，"把问题看成课题去钻研，任何事物都是有规律的，遇到问题就用相应的办法解决，活学活用管理策略，不能死板硬套，这也是辩证思维的突出表现"。

——摘自《科技中国》2010 年第 1 期，第 41~43 页，孟宪秋（文）

附录 2　公交改革类

成都公交的组织变革

案例情景

2004 年 2 月《华西都市报》上登载了一篇题为《公交司机大倒苦水：任务工资挂钩逼我们抢站》的报道。报道提到很多成都市公交驾驶员抱怨说，公交车之所以不断出事，其实和公司的管理体制有直接关系，因为他们的工资和任务量关系很大。驾驶员单向出车一趟，只有 4 元的出车补贴，但平均每天的任务量在 300 至 500 元之间；没有完成任务的，要倒扣基本工资，超额完成任务了，却只有 10％的超产提成。"为了完成任务，多拿提成，哪个不去抢客？"一位驾驶员说，他的基本工资每月只有 270 元，"钱面前，不抢咋办嘛"。另一位驾驶员乘机发言："我们有苦难言，总公司给分公司下任务，分公司为了突出工作成绩，会在总公司的任务上加量发给车队；车队为了超额完成任务又向驾驶员加压。"

以上报道只是众多关于成都公交负面报道中的一篇，成都公交内部管理等制度存在问题显而易见。公交司机无奈"抢客"导致事故频发，市民怨声载道，企业内部管理混乱、经营困难重重。因此，作为成都公交主管部门的成都市国资委的领导也意识到必须尽快对企业实施变革。但是，由谁实施？如何实施？最终新任董事长陈蛇找到了这两个最关键的问题的答案。陈蛇曾经获得国内某重点大学的管理学博士学位，毕业后在市国有投资公司任领导职务。2006 年 8 月，他受命于"危难之间"，调任成都市公共交通集团公司董事长。之后两年的时间里，成都公交发生了巨大变化，公众评价和经营业绩均有大幅提高，被公交界称为"成都公交现象"。陈蛇作为"一把手"在组织变革过程中扮演了重要角色。

成都公交集团在全国的公交企业内规模排到前十名，公交企业分为理事长单位和副理事长单位，首都公交为理事长单位，成都公交为副理事长单位。成都公交集团拥有 3866 辆车、14800 人。截至 2006 年，企业已九年没有进行党委换届，干部层面基本没有人员变动。薪酬体系不合理，公交企业一线工作艰苦，例如司机和乘务员；而到了"后场"，像辅助人员和管理人员比较轻松，待遇反而比一线员工高或相差无几。因此，在公司内部形成难以调控的人员流势，一线员工想方设法调到"后场"，动用关系不开车、不当乘务员、不到艰苦的岗位。由此导致一线岗位工作没有人愿意做，员工工作满意度低，公交服务质量难以提高。另外，各下属公司间还存在员工收入差异大的现象，这也进一步导致司机及乘务员服务态度较差，社会负面评价损害企业公众形象，如此恶性循环，公司经营越来越困难。

资源配置不合理，浪费严重，企业经营困难

在变革前，成都公交集团的组织结构如图 1 所示。从运营单位来讲，集团公司下属五家企业。其中，国有全资的有一公司、四公司，与外部投资者合资经营的有运兴公司、巴士公司、星辰公司。除公交线路运营公司以外，还包括集团管辖的场站、保修、广告、物管等。一公司和四公司也有属于自己的场站和保修。各公司之间属于独立经营，无法做到共用场站和保修厂。例如，四公司保修厂位于北边，即使车在南边坏了，也必须要拉到北边去修。由此造成资源浪费，成本居高不下。

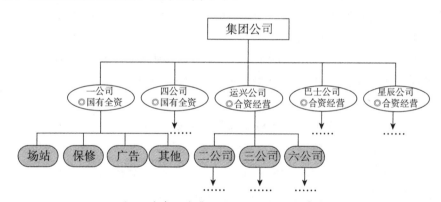

图 1　成都公交集团的组织结构（变革前）

企业经营困难，就只能通过招商引资与别人合资合作。公交行业的赢利能力按运营线路来划分，可用"千车千米收入"这一指标来核算。在与其他企业合作时，对方往往要求拿好线路合作，但谁都不愿放弃好线路，重复线路的情形难以避免，这就很容易引发矛盾。例如一条线路 50 辆车为最佳配置，合作之后本该各配 25 辆，但是好线路绝对不会均衡在 25 辆，往往对方会配 30 辆车甚至更多，那成都公司就可能配 40 辆，甚至 45 辆。原本 50 辆车就能满足的线路，合作运营后会远远超出 50 辆，最终导致这条线路在恶性竞争中只能保本甚至亏损。好线路尚且如此，差的线路就更不言而喻。

"时间紧，任务重"，三年内完成改革

"上级领导给我的时间只有三年，要求我在三年之内必须建成西部一流的公交。"陈蛇曾这样描述当时的情况。成都公交属于国有企业，员工人数众多，情况错综复杂，九年都没有进行党委换届。制度设置和组织布局导致资源配置失效，很难从小规模的、渐进的人事改革和机制改革来彻底解决存在的问题。陈蛇认为：要在保证稳定的情况下进行制度完善和机制改革，很难行得通，只能冒风险，冲破国企干部员工"求稳怕乱"的共同心理防线，进行"伤筋动骨"的组织变革。

组织变革触及利益分配，必然遭遇员工阻力

成都公交属于老国企，15000多个职工，就是15000多个家庭。进行大规模的组织变革后，必然导致企业内部的利益分配格局发生变化。

典型事件1：原一公司工资特别高，例如经理可以拿到8800元；星辰公司经理可以拿到6000元；四公司与一公司规模相当却只有4000元。在这种不均情况下，组织变革难以推行，因此必须进行管理层人员调整。从好岗位调到差岗位，从高工资调到低工资，必然会引发争议和矛盾。

典型事件2：为提高服务质量、压缩成本，公交车实行无人售票制度，乘务员大多为临时合同工，在合同期满后，大量被解除劳动合同的员工曾多次出现围堵董事长办公室的行为。

典型事件3：通过薪酬制度的改革，一线驾驶员工资大幅提高，原本月工资仅1500元，现在的驾驶员最少能拿到2000元，最多的为4000元。而"后场"工作人员没有加薪，为此十分不满。

"空降兵"领导者，缺乏足够的威信和可信赖感

2004年领导大调整时，企业内部有董事长、党委书记、总经理。三个人之间经营思路不尽一致。陈蛇于2006年被国资委调任，代替原董事长和党委书记，随同指派的还有另一个总经理。这种情况下，国资委将一个在投资公司任职、不懂公交的领导调任接管一个大型国有公交企业，属于"空降"领导。由于没有本公司工作经验，在初期员工甚至不知道董事长是谁，员工大多对新来的领导持观望和怀疑态度；新任领导缺乏足够威信、信赖感和领导魅力。

作为成都公交集团的新任董事长，陈蛇应该如何进行变革？其中，有哪些可以遵循的理论和思路？

学员分享

2009年3月26日，案例主角陈蛇博士进入电子科技大学经济与管理学院"组织发展与变革"的课堂里与学员分享了他上任之初遇到的问题。之后，学员们热烈讨论并就接下来的变革献计献策。

@张文峰（东方汽轮机有限公司常务副总经理、党委副书记）：从群众不满意的地方入手。

@邓维平（泸州北方化学工业有限公司总经理）：内部改革。

@石春相（四川守民律师事务所主任律师）：管理制度如处罚太多，怎么去理顺？

@陈春（成都彩虹电器有限公司营销常务副总）：利益关系很重要，例如集团内部关系、合资集团利益分配等。

@杨永（东方汽轮机有限公司组织部副部长）：梳理战略和定位；进行同行对比，确定相应的目标；改进的策略需要找个标杆去进行比较，看看差距。

@欧阳鸿（成都德科软件园管理有限公司董事长）：组织结构的变化。

@李林（德阳矿产开发公司总经理、四川省地勘局化探队副队长）：剥离不良资产。

@卿松（四川省电力公司副主任）：改变外界对公交集团形象的评价，提高士气；企业整体发展，例如企业购并、重组，这个应该是高于薪酬制度和管理制度的改革，从战略层面上考虑得更多一些。

@石春相（四川守民律师事务所主任律师）：要改变传统的定位和价值观，运营模式也需要改变。

@谭国益（四川格兰德科技有限公司董事长）：调整线路，从最简单的入手；改革有风险，这样做更直接、更容易。

@矫劲松（泸州北方化学工业有限公司党委副书记）：我认为应该从最有代表性的事情入手，最先想到的是统一改革思路和明确改革目标，以典型事例为着眼点全面推行改革。

@朱琳琳（四川精工伟达科技有限公司总经理）：我们企业和公交有关联，以我对公交的了解，我认为职业的清晰化和分工问题最重要。公交是一个覆盖面很广的服务行业，既要面临经营问题，同时也要承担服务责任，管理者既要管经营又要管服务。国外的公交管理是分开的，但是经营对服务有一个导向的问题。如果是经营和服务产生冲突，谁服从谁？因此，职业的清晰化和分工问题是非常重要的。

管理者说

"的确，大家所讲的每一件事情都很重要，当时我的确陷于了一团乱麻之中。"听完学员的上述讨论，陈蛇开始了他的陈述。

面临这么多的问题，究竟如何行动？如果安排不好，很可能在解决一个问题的同时引发另一个问题，或者让另外的问题更加地难以解决。例如，薪酬调整和人员分流就是这样的关系，先进行薪酬调整往往就会使人员分流更加难以实施。因此，变革期领导者的统筹技能非常重要，一定要按照轻重缓急安排相应的工作计划。在翻来覆去仔细思量之后，他制订了以下的十步变革方略。

第一步：内外化缘。没有资金就没有底气，也没有变革的基础。于是，他撰写了一份公交扭亏为盈的研究报告，通过市政府出面协调从成都商业银行取得 1.2 亿元的信用贷款，并偿还了过去所有的抵押贷款。从此，公交集团就再也没有缺过钱。以往，企业内部的资金分散于下属各二级非法人单位，造成资金管理效率很低。于是，他组织召开了一次关于财务集中的专题会议，之后财务中心的效果开始涌现，银行信用评级逐步上升。

第二步：接管一、四公司。一公司的班子九年没有换届，四公司的班子七年没有换届，上下管理层观念相差甚远，变革难以贯彻；同时，集团 20 多个职能部门都是以上两个公司的主管部门，多头管理现象严重；公司资金周转困难，与物资、保修、场站等部门矛盾多。于是，他更换了两家公司的经理，由集团公司两名副总经理兼任分公司经理，提高了一、四公司的地位，同时有效稳定了内部情绪。

第三步：车票降价。价格是市场竞争的核心，他带领成都公交在全国率先启动了票价改革。这样的改革主要基于以下考虑：常住人口对票价敏感，公交的竞争对象是小汽车和电动自行车；降价有利于提高公交的吸引力，是公交的长远出路；而更重要的，也为下一步的市场整合创造条件。

第四步：外部收购。成都公交的率先降价导致同业竞争的其他公司必须同样降价，这也就意味着利润的下降，这样以往合资运营的星辰公司、运兴公司和巴士公司就撑不住了。在这样的形势下，成都公交全部回购了以往外部投资者的股份，使得公交系统变成了国有全资。

第五步：四大公司整合。收购之后，市区内的全部公交线路都可以被成都公交集团掌控，这样才具有了线路优化的条件。接下来，他通过线网优化调整了 100 条次，停开了 46 条线路，按区域规划线路归属、按场站规划车队，近万人、3866 辆车、175 条线路都根据既定原则进行重分。同时，他取消了运兴公司二、三、六公司组织层级。按照分区域经营的原则，将过去的七个营运公司归并为东南西北四个公司。与以上组织调整配合的是人员竞聘和人员分流。

第六步：无人售票制度。多一个服务点就意味着多了一个可能的投诉点。成都公交乘务员的待遇低，很难吸引到优秀人才，服务质量难以提高。

2007 年成都公交全面推行无人售票制度，分流的乘务员通过转岗到驾校培训或自谋职业。随之而来的是成本的大幅下降，公交车上的"跑冒滴漏"现象也得到有效遏制，乘客投诉少了一大半。

第七步：薪酬改革。公交服务好坏依赖于一线员工的投入和热情。为了改变员工观念和流向，向一线倾斜的薪酬制度调整势在必行。变革前，驾驶员的平均月收入是 1500 元，而且处罚制度严厉；变革后，驾驶员待遇提高到每月 2000~4000 元，而全集团员工的平均收入是 2600 元。很快驾驶员队伍稳定人数增长，人员紧缺问题得到解决。

第八步：人员轮岗。为了解决长期存在的一、四公司待遇差异大的问题，首先进行干部轮岗，进一步激化和显化待遇差异的问题，由基层干部自身提出改革呼声和变革方案，顺势统一了待遇水平。

第九步：进一步降价。至 2007 年，新的公交系统试运行时主业经营效果较变革前有明显的改善。因此尝试进一步降价，在全国率先启动 2 小时免费换乘的票价政策。经测算，在完备的公交线网下，允许乘客免费换乘可以提供 20 次换乘的机会，变乘客站下等车为上车后在前方站点寻求换乘机会。

第十步：考核与评价机制。针对行业特点，按照平衡计分卡设计关键绩效指标体系，全面实施"三定"工作，普通员工招聘受岗位限制，管理岗位必须进行公招。越是关键岗位，或工作不好做的岗位，就越要提拔新干部。同时，干部配备注意团队配合，有时强强联合并不见得能组成得力的管理班子。

事实证明，以上十步变革方略取得了明显成效。2008 年底，集团净资产达 10.9 亿元，而 2006 年仅 4.74 亿元，增长了 130％。2008 年营运收入 8.5 亿元，较 2006 年同比增加 5.3 亿元，增长 60.38％。同时，营运公交车辆 5171 辆，员工人数 14851 人，人车比 2.87：1，位居全国先进行列。表 1 是变革前后部分经营指标的比较情况。

表 1 成都公交组织变革前后部分经营指标对比

	2006 年 12 月	2009 年 2 月	淘汰量	自然增长	变动率
线路数（条）	202	175	46	19	−13.37％
车辆（辆）	3866	5171	261	1566	33.76％
里程（万公里）	2010	1996			−0.70％
收入（万元）	7498	7967			6.26％
人次（万人次）	6752	8592			27.25％
千车千米收入	3730	3991			7.00％

成都公交的社会形象也得到有效提升。2008年10月17日，一位重庆市民给市长的信里这样评价成都公交："成都公交车基本实现了无人售票、人人刷卡的氛围；公交车双语报站，体现城市国际化形象；公交车到站停车，市民前门上车，后门下车，秩序井然。老弱病残孕座位设置明显，倡导市民相互帮助，构建和谐社会，效果也较明显，良好风气逐渐形成；城市道路中设置公交优先道，用实际行动支持公交优先；市民出门成本较低，刷卡坐公交车5折，且2小时内换乘免费；站台公交线路标示明显，方便外来游客……"

专家点评

就像成都公交集团的变革案例一样，在高度不确定的组织环境中，管理者对组织变革决策的影响显著，这体现在：一方面，管理者的内在激励是触发其变革热情的心理条件。组织变革创造了管理者实现自我价值的机遇，但变革潜藏的巨大风险也阻碍着他们做出变革决策，失败后的管理者将丧失在企业内部已经获得的权利甚至遭到法律惩罚。另一方面领导能力是保证变革成功的基础。组织环境复杂多变，作为变革领导者他们认知和处理不确定性的能力对变革结果具有关键作用。不同经历和背景的管理者面临变革任务会做出不同的选择。陈蛇作为成都公交集团的领导者，具有变革的能力和智慧，其作用就像德鲁克所言，"重要的是管理者应该意识到他们必须考虑公司政策和公司行为对于社会的影响。他们必须考虑一定的行为是否有可能促进公众的利益，有利于社会基本信仰的进步，有利于社会的稳定、强盛与和谐"。

哈佛商学院约翰·科特教授将组织变革分为八个步骤：增强紧迫感，建立指挥团队，确立变革愿景，有效沟通愿景，授权行动，创造短期成效，不要放松，巩固变革成果。组织变革是具有高度不确定性的战略决策，其成功依赖于多方的权力平衡和利益调整，各方参与者在组织变革中承担着不同风险。此时，领导者的概念技能至关重要，要随时把握和调整变革的方向和力度。概念技能就是领导者对复杂情况进行抽象化和概念化的技能。运用这种技能，他们必须能够将组织视为一个整体，理解各部分之间的关系，想象组织如何适应所处的复杂环境。

"滴水知沧海，一叶知春秋。"中国的转型经济创造出许多类似成都公交集团的变革场景。在这样的场景下，国家并没有制定出明确的程序和规则，无论是在政策层面还是操作层面都有很多不明确的地方。就在这些环境不稳定和不明确、没定有类似的指导案例或手册的情况下，企业家必须直面变革的挑战。无论成功或失败，他们的尝试都将为其他企业的制度创新和政府的政策改进提供宝贵的经验，成为引导体制变迁和创新的动力。

——摘自《管理学家》2009 年第 11 期，第 85~91 页，井润田（文）

该文曾经入选《中国高级工商管理丛书：领导的科学与艺术》（北京大学出版社，2009 年）和畅销教材《环太平洋的组织行为学》（*Organizational Behavior on the Pacific Rim*，Steven L. McShane 教授主编，McGill 出版社，2009 年）

公交优先的"成都样本"

坐标

在改善民生和创新管理中加强社会建设，这是党的十八大发出的历史强音。对于成都公交而言，这意味着更高的要求与更广阔的发展空间。

"必须树立公共交通优先发展理念，将公共交通放在城市交通发展的首要位置！"2012 年 10 月 10 日，国务院常务会议研究部署优先发展城市公共交通有关工作，确定了优先发展公共交通的八项重点任务，直击事关公交事业发展的几大核心。

从 2005 年国务院办公厅转发六部委《关于优先发展城市公共交通的意见》，到 2010 年国务院法制办公室就《城市公共交通条例》公开征求意见，再到今年明确敲定公共交通发展"路线图"，其间的种种曲折与困难，可以想象。

然而，这种曲折与困难正在中国西部城市的成都得以解决。2006 年，成都公交日出行量仅 202 万人次，5 年后，这个数字迅速提高至目前的 420 万人次，出行分担率也由 14.7％提高至 25.1％，公交事业取得了长足发展。今年 6 月，中国质量协会将中国质量奖的最高荣誉——"中国用户满意鼎"授予成都公交。

加强公共交通用地综合开发、拓宽投资渠道、规范公共交通重大决策程序……站在国家战略的层面回头审视，一个又一个的"新词"令人振奋，公交发展模式的指向愈加明朗，而这些指向的背后，已在悄然间打下了深刻的"成都烙印"。

与来自北京的声音遥相呼应，成都，正在公共交通发展"路线图"上大笔着墨，成为探索中国城市公共交通发展模式的"急先锋"，竖起公共交通领域的"新坐标"。

"坐标"背后的民生情怀

面对一个中心城区拥有 500 多万常住人口的特大中心城市，成都公交的负重可想而知。然而，5年磨砺，成都公交已成为国内行业的标杆：日均载客量达到420万人次，IC卡发卡量突破600万张，年惠民金额高达11.5亿元。

比肩全国，成都公交所创造的这一组组数据凸显"标杆"的价值：随着我国经济社会的飞速发展，城市公共交通的发展却在悄然之间掉了队，交通拥堵、出行不便的大城市病，正在各地蔓延。

事实上，要解开成都公交创造奇迹的秘密，需要首先梳理成都坚持公交发展由政府主导的发展理念。

2005年9月，国务院办公厅转发建设部、发展改革委、科技部、公安部、财政部、国土资源部《关于优先发展城市公共交通的意见》，从此进一步确立了城市公交优先发展战略。

成都随即制定和颁布了《关于优先发展城市公共交通的实施意见》，明确提出了"财政安排优先、税费扶持优先、土地配置优先、路权使用优先"和"政府投入为主"的原则，搭建起全方位优先发展公共交通的战略框架。

2011年11月，成都市委、市政府召开城市公交专题工作汇报会，认为发展公交的出发点和落脚点，就是要体现它的民生性，突出它的公益性。

"公交优先，就是百姓优先；发展公交，就是发展民生。"2012年2月1日，成都市召开有效扩大公交覆盖面工作汇报会，专题研究缓堵保畅工作，并在随后多次研究这项主题。

一脉相承的民生情怀，铸就了成都公交马不停蹄跨越发展的赛道。

在这里，公交专用道从无到有，已累计开设近400公里；在这里，公交场站的用地面积从900多亩增加到1800亩以上；在这里，政府财政支持不断增加，今年的财政投入达到了12亿元。在这里，公交车辆总数折合标台10327台，中心城区居民万人拥有公交车辆20标台，较5年前增长了67%。

成都凭什么树立"坐标"？

"强化规划调控、加快基础设施建设、加强公共交通用地综合开发、加大政府投入、拓宽投资渠道、保障公共交通路权优先、健全安全管理制度、规范重大决策程序……"10月的国务院常务会议上，八项重点任务被一一解读。

有专家认为，加强公共交通用地综合开发、拓宽投资渠道、规范重大决策程序等几条，暗示了新一轮公交改革的方向。

就在这次会议召开前，一份关于城市公交优先发展"成都模式"的调研报告登上《经济要参》，意味着成都公交在保证城市公交公益属性的同时，实现集中集约良性发展的探索，已经成为中央决策者们研究的案例。

　　早在 2009 年，成都公交便一马当先，试水"融资租赁"。近几年，成都公交集团先后向交银金融租赁有限责任公司等 4 家公司融资 26.6 亿元，与 13 家银行建立了良好的信贷关系，累计筹集资金 32 亿元。

　　"对公交场站进行立体综合开发建设，一方面能反哺公交场站建设，提升公交服务的自我造血机能；另一方面可提高土地利用效率。"在成都市委、市政府的支持下，当国内同行还苦于征用划拨土地时，成都公交集团尝试"吃螃蟹"，着手建设既有停车楼又有商业配套的公交综合体。

　　"公交场站里就能逛商场？"一时间，颠覆式的理念引发全国关注。怀疑声中，成都公交场站综合体已陆续建成亮相。

　　成都公交集团有一本明账：加上成都市近期规划的公交场站供地，成都公交场站土地面积将在 1800 亩以上，按照立体综合开发的模式，总投资需 220 亿元左右。按目前的市场行情，配套的开发性商业建筑的价值可达 200 亿元。公交集团仅需投入 20 亿元就可建成 210 万平方米现代智能化的公交场站，形成场站滚动开发建设的新模式。

　　"人民公交人民办，一定要还权于乘客。"成都公交还领先全国，邀请乘客参与线路开行的决策过程，成立乘客代表委员会，听取最接"地气"的意见，并落实到线路开行、公交服务标准制定等方面。

"成都道路"可持续吗？

　　在全国城市公共交通压力越来越大的形势下，成都公交所走的道路能否具有可持续性，能否为公交行业和其他公共服务业的改革发展提供可靠的"样本"？

　　"成都公交的增长是质量效益型的，根基是多方面的改革创新，是科学发展之路。"有专家如是评价。

　　表面上看，票价连年降低，2008 年在全国首创刷公交卡 2 小时内免费换乘优惠，近期更是实施 44 条公交线路免费乘坐。实际上，2011 年，成都公交实现公交票款收入 14.21 亿元，较"十一五"初增长了 150%，今年将超过 15 亿元。

　　表面上看，将敏感资源和环节，如广告经营、洗车等进行业务外包，中间丢掉了利润赚取的环节。实际上，是引入了市场竞争机制，抓住成本管理的关键点，有效发挥了市场配置资源的基础作用。2011 年，成都公交媒体年收入首次突破亿元，较 2006 年增长近 5 倍。

　　表面上看，车辆采购过程中，按照"家装式"的采购流程对整车的主要部件直接向制造供应商公开招标优先集中批量采购，流程复杂。实际上，通过优化付款、整零结合等方式，在汽车制造的资源价格大幅攀升的情况下，公交车的采购单价却实现了逐年下降，甚至吸引了主要零部件厂商在成都投资。

最值得研究的，莫过于成都公交系统化的"内部革命"——"网运分离"的管理模式，这也是"成都模式"难以被复制的核心。

所谓"网运分离"，即公交线路特许经营权与营运生产经营权相分离。按照这一模式，成都公交集团在国内首次推行统一收银管理，统一制订发班计划、优化线网，同时优化成立若干运营公司，专注于根据集团公司营运计划和服务标准为市民提供更加安全便捷的出行服务。集团公司按照运营公司符合需求的 GPS 运行记载里程支付公里费用，同时借用物联技术有效监控收银环节，以此形成下属全资子公司之间良性有序的"赛快马式"竞合关系。

"这是实现公交线网资源最优化配置和营运生产成本最低化运作的有效途径。""网运分离"还将极大地推进城乡公交融通问题，"线网统一授权，按照市民的需求和相关的服务标准、票价标准开设线路运营"。

目前，成都公交正在尝试将"网运分离"的管理模式以连锁店的方式复制到成都市二圈层。其中，郫县已经完成了公交国有化整合，将对全境城乡客运进行公交化改造，实现镇镇、村村通公交。

——摘自《四川日报》2012 年 11 月 12 日第 20 版，刘莉（文）

成都公交集团：迸发当代国企"正能量"

"截至 2012 年，成都公交日出行量由 2006 年的 202 万人次迅速提高至目前的 447 万人次，出行分担率也由 14.70％提高至 26.46％。"这组数据是成都公交集团的工作报告，也是成都市委、市政府向市民交出的一份答卷。

这一年的 6 月，中国质量协会将中国质量奖的最高荣誉——"中国用户满意鼎"授予了成都公交，这对于秉持"公共服务提供者"核心价值理念的成都公交来说，是一种莫大的肯定。

与众多老字号国企一样，成都公交让世人看见了一个"不一样"的"新"国企。

"为什么要搞国有企业改革呢？因为传统国企难以摆脱劣质成本高、效率低下的问题。但体制改革也绝非一改而就，我们要避免走两个极端。一是改革后出现公共服务跟不上、市场失灵，二是不改革增加财政负担。"成都公交集团董事长陈蛇向《中国企业报》记者描述了他的思考："像成都公交这种提供准公共产品的国有企业，可以推广应用新公共管理理论，在公共服务领域里让国资高效地发挥作用。"

惠民让利：开拓公共服务"大市场"

2012 年 10 月，成都公交集团为配合小汽车尾号限行的交通管控措施，推出了 44 条免费公交线路，免费日期截至 2013 年 6 月 30 日。

成都公交集团数据显示：免费首日，共投入 381 辆公交车，环比增加 61.44％；投入 2754 班，环比增加 50％；运送乘客 20.52 万人次，环比增加 128.63％，日净增加近 12 万人次。

据了解，"免费公交"推行期间，惠民总金额预计将达到 9276 亿元。

有人质疑，"不刷卡、不投币"、免费提供产品，这与企业追求盈利的本性是相悖的。

成都公交集团总经理告诉《中国企业报》记者："公交免费不是'拍脑袋'的决定，我们在前期已经有了一系列的改革探路举措和调研，这是我们的底气。"

"免费公交线路是为配合市区二、三环内小汽车尾号限行，因此每条线路都必须符合'70％以上里程在二、三环限行区域内'这一条件；44 条免费线路的公交车，不到全市公交车总量的 5％，而尾号限行，能使全市公交车运营效率提高 10％。"成都公交集团副总经理曾彦表示。

正因为有了这一层对冲，免费公交在方便市民出行的同时，其实也节约了集团的运营成本。

"在国资现有框架下，既能保证国有资产的不浪费，又能完全契合老百姓的公益性需求，这是我们的任务。"总经理说。

2007 年 5 月，《成都市人民政府关于优先发展城市公共交通的实施意见》的颁布，将完善公交规划、加快公交场站建设、构建公交线网系统、建设公交智能系统等 9 项工作列为优先发展城市公交的主要任务，并从财政资金投入、税费、供地等 7 个方面制定了全方位优先发展公共交通的支持政策。

2007 年 6 月，成都公交 IC 卡票制开始首次调整。原公交普通卡和优惠卡将不再有区别，每张卡都可以既充月卡又充电子钱包；同时，电子钱包的充值额度调高到了 1000 元，学生优惠月卡调整为 2 折，成人优惠卡则增加 10 元、20 元小面值月卡。

2008 年，为配合市区公交线网优化，成都公交从 5 月 1 日起对乘坐市区公交车辆的 IC 卡次数消费者实施两小时内可任意次数免费换乘的优惠。

2010 年，成都公交集团将起充最低限额调整为 1 元。同时针对"两小时内免费换乘"优惠政策出台后出现的替人刷卡挣钱的"卡串串"，将"两小时内免费换乘"限定在 3 次，有效遏制了这一乱象。

此外，为了解决市民公交出行"最后一公里"的交通无缝接驳问题，成都公交在高新南区建立起 72 个公共自行车租借站点，设有 1500 个车位，公交 IC 卡刷卡取车，1 小时内免费。

从 2004 年开通从中心城区直达郫县、温江等 12 条公交线路，到 2006 年开通 8 条线路 IC 卡服务，再到 2007 年完成新都、华阳等 6 个相邻组团开往中心城区的客运线路的公交化改造，成都公交在"城乡一体化"的道路上步步为营，至此城区的公交线路全部实现一套票价体系。

2012 年 2 月，成都公交集团宣布：中心城区所有公交线路可全部实现刷卡次数消费。

截至 2012 年，成都公交共实施了 4 次惠民票制票价改革，每天惠及乘客近 300 万人次，惠民让利金额每年达到 10 亿元以上，这也悄然改变成都市民的出行习惯，不少人已经首选公交，也让成都公交一路前行的干劲更足。

"网运分离"：社会公益与国资保值的平衡

陈蛇执掌成都公交的立足点始终清晰，在采访过程中，他向记者反复强调一点：这个行业，不是用来赚钱的。

"公交这个行业一定是公益性的，老百姓要享受公益的公共财政服务，百姓不可能花高价去坐公交、地铁。国有公交能充分体现公益属性，但国有资产人格化主体的缺位所导致的低效率也难以避免。"在陈蛇看来，最"要命"的问题就在这里。作为国企的成都公交必须要克服一些"先天"因素去完成"本分"的任务，其棘手不言而喻。

他的方法是：把公共产品的属性和公共产品的生产分开。

2011 年，成都公交启动了公交"网运分离"模式改革。为了解决公交线路多家经营造成资源浪费、一家经营难免服务低下的两难问题，成都公交集团探索出"网运分离"管理模式。在成都市政府的扶持下，成都公交以回购股权或以出租车经营权置换公交线路经营权的方式，对成都市公交线网主体进行了统一优化整合，同时将公交线路特许经营权与营运生产经营权相分离，彻底改变了以往"两权合一"的传统运作管理模式。

而公益与市场泾渭分明的界限，是"网运分离"模式成功的关键。"这一模式的核心是：我们让公共产品既能国有生产也能混合生产甚至私人生产。"陈蛇向记者解释道，"在该模式的组织管理上，凡与城市形象、乘客需求密切相关的项目实行统一管理，需要公交集团自己认真去做。凡是通过企业能购买到的公共产品的生产，我就拿给市场的专业主体去做，术业有专攻，他们比我们更有效率。"

"公交集团本部负责统一收银管理，统一服务标准，统一调整优化线网，统一制订发班计划，统一支付 GPS 有效公里数费用。同时，我们组建了五个专营公司，其专门负责按计划安全运送乘客。我们将 269 条公交线路交由专业公司营运，公交集团公司不再拥有一辆公交车，均根据 GPS 公里数与专营进行核算。"

总经理表示："你跑的 GPS 有效公里数多但花的钱少，我就给你这个专营公司高奖励；要是公里数少但花钱多，就说明你管理不好，如果还有安全事故，投诉也很多的话，给你的钱就少。这么一排序，便形成了'赛快马'式的竞争格局，大家都争先恐后，这样公交的效率就能提高。"

"公共产品的私人生产是可以去探索的。"总经理向记者列举了他们的非核心业务外包的例子。"公司清洗车子的业务、夜晚看守车子都是外包出去的，事后发现比我们自做效果更好。"

同时，公交线网的广告经营也走向了业务外包。通过公开拍卖公交车身媒体使用权，2012 年成都公交单车出让均价近 4 万/年；2012 年成都公交媒体年收入突破 1.3 亿元，较 2006 年增长了近 5 倍。

"公共产品不管由谁来生产，保证其公共属性是前提。"总经理表示，"虽然成都的三百多条公交线路都是子公司在管，但线网是集团本部在管理，他们在购置新车时我们是绝对不让他们买 20 万~30 万元的便宜货，一定要买与成都市支付能力相匹配的车。如果单纯按照利益驱使的话，20 万元的车子一样能跑，但这样会影响城市形象，公益性质就没有体现。"

据了解，为了积极倡导节能减排，全力打造绿色、宜人的"公交城市"，成都公交在 2012 年开始大批量引进低入口、高配置、大容量、电子化新型环保公交车，淘汰了三级踏步、高能耗、高排放的老旧车型。全年减少二氧化碳排放 2.76 万吨。

另一个案例体现在发车密度的调整上。"发车到底是应该 3 分钟一趟、5 分钟一趟，还是 15 分钟一趟？客观来看，发车的间隔越长我们的成本就越低，经济效益就越高，但这满足不了百姓的要求。所以在这方面，我们是严格按照市民出行需求在调整发车量。"曾彦表示。

在陈蛇看来，"网运分离"厘清了公交各经营环节的市场化关系，可以对公交企业获取社会效益需要的经济投入进行有效的测度，从根本上解决了公交社会效益与经济效益难以兼顾的行业难题——让企业与大众形成了良性互动，既满足了社会效益，又因为生产效率的提高，让企业避免增加劣质成本，同时能够保证服务质量。"所以这几年公交公司虽然是今天给百姓免费，明天刷卡优惠，但整体都没有过多地增加企业亏损。"

构建现代公交的基石：智能化＋大数据

据记者了解，2008年起，成都公交集团启动了公交的智能化建设。经过四年的建设、完善，现已全面建成了基于物联网技术的智能公交管理系统，促进企业由传统经验型、粗放式管理，向现代科学型、精细化管理的转变。成都公交智能化建设在近三年间，先后吸引了国内20多个城市的"同行们"前来参观交流。

2009年4月，成都公交集团的智能公交营运调度系统开始试运行。9月，公交智能调度监控中心启用，至今成都市内所有公交车调度实现智能化管理。该系统能监控到所有公交车从出站到进站的运行情况，如果出现跨线、串车、严重超速、久候、路堵、首末班车不准点等状况，中心将一览无余。

曾彦向《中国企业报》记者表示，以"串车"为例，如果市民遇到这种情况——等了很久不见所乘线路车辆，一来就来数台，载有GPS的公交车驾驶员向中心发出串车警报，中心工作人员一点鼠标，即获得串车车辆的车牌、自编号、串车地点以及串车时间，同时再次点击鼠标，选择"慢行"发送给有关车辆，这样驾驶员就会收到提示信息来相互错开。只要发现运行车辆遇到情况，工作人员就可以通过短信或者专用频段的车载无线电通信系统与运营车辆取得及时联系。

这只是智能公交营运调度系统的"冰山一角"，从企业角度来讲，它最大的贡献来自"大数据"的积累。

在解释智能公交营运调度系统在大数据上的应用时，成都公交集团公司副总经理曾彦曾调出一张显示某天客流情况的波形图。

从图中可以清晰看见某个时段出现了曲线波峰，而其他时段客流则相对平稳——这些数据都是通过乘客使用的IC卡统计，调度中心可以根据客流统计数据，按客流调度车辆发班解决高峰期乘车紧张问题。

另一个典型案例是，成都公交在延时相关线路上做到了有的放矢。通过监测，成都公交发现一些热门线路末班车收班后仍有乘客滞留在车站，这就需要对相关线路进行延时。仅在2012年内，成都公交就延时了67条线路，每条线路平均延时40至50分钟，最长的达到80分钟。

精确的数据，最终带来了服务质量的大幅提升。成都公交高峰时段车辆投放率由2006年不足75％，提高到目前的90％以上；千车公里载客量由2006年的3800人次，提高到现在的5200人次；智能公交营运调度系统的投入使用，减少了无效重复投放，杜绝里程虚报，全年节约里程2400万公里，节约费用达到了上亿元。

智能公交营运调度系统的成功，也让成都公交在智能化的道路上有底气走得更远。2010年，成都公交推出全新的服务网站，并推出全国首家手机智能公交短信查询系统——只需输入站点公布的 GPS 编号及线路代码组合，就可以清楚地了解到下一班公交车目前距离查询人所在站点的站数，还能提供在线换乘信息、IC 卡余额查询等服务；新增 500 个智能电子站牌安装完成，新站牌增加了天气预报、停水停电、公交改道、末班车是否收车、公交政策、高速路是否封闭、城市道路拥挤状况等信息，成为一个发布居民生活信息的综合平台。

记者在成都市首个立体智能化公交场站——北门川陕路旁的"动物园公交站"看到，该场站通过在每条公交车行车道旁和乘客候车区设置电子语音广播系统以及乘客智能电子导乘系统，使乘客乘车更方便，场内公交车辆调度更加有序。

"新的公共管理理论支持我们走了一条创新的道路。"陈蛇向记者表示，"这几年搞的智能信息系统的建设、和百姓展开了互动就是明证。经过这么多年的建设，我认为成都公交取得了长足的进步，让国有资产在实现城市功能中发挥了重要作用。在财政可负担的情况下，我们带来了较大的社会福利，坐公交的人比原来更多了。"

据记者了解，近年来，成都公交已经大大改变了这座城市以及身在其中的人们的生活方式。从仅有的几条线路，到 269 条线路覆盖所有城区，形成三个圈层的城乡公共交通客运市场一体化网络体系；从普通公交车到清一色大容量高档公交车；从阶梯票价，到高档空调车票价刷卡只要 1 元、2 小时以内可以免费换乘 3 次、每次充值最低额度 1 元。甚至成都市民从未想到的——下了公交车，在站内就有餐馆可吃饭、有商场可逛、有 KTV 可娱乐——也随着成都首个现代化公交场站综合体项目"德源公交场站综合体"的开建而变成了可能。

香港《文汇报》曾在报道中写道："成都城市公交改革的示范根本意义不仅在于为这个城市增加了多少的公交线路，也不仅在于淘汰了多少陈旧的公交工具，它体现于在形成一个贯通城乡的网络体系后，不断提升对于民众的服务力，不断对这种服务力予以创新。"这一评价，总结了成都公交作为一个准公共产品提供者的应尽之责，也点明了它之后将奋进不息的方向。

截至 2012 年 12 月末，成都市公共交通集团公司营运收入 15.6 亿元，同比增长 9.84%；日均载客量 447 万人次，公交出行分担率达到 26.46%，超过目标任务 0.36 个百分点；全年营运里程 3.33 亿公里，同比增加

13.8%；客运总量 14.98 亿人次，同比增长 12.12%。

成都公交用实践证明：在"公共服务提供者"的核心价值理念引领下，以市场化、高效率、高效益配置资源为评价标准，公交企业可以实现连绵不断的自我"造血"，不断提升强大的社会服务能力，也才能在更大范围、更宽领域、更多层次服务大众，构建宜人城市的传输系统。这是国有企业所迸发出的"正能量"，也是中国民众所期望看到的、国资天性中的惠民光芒。

——摘自《中国企业报》2013 年 3 月 12 日第 36 版，龚友国、彭涵（文）

附录3　设施建设类

成都公交的"共生"法则
——成都公交集团党委书记、董事长陈蛇专访

气温不算高，会议室里气氛却有点闷，讨论一度陷入僵局。

"近段时间受国家宏观政策影响，房地产市场不景气，土地成交量小，区县财政有些困难，能否抓住房地产低迷的机遇，解决公交发展用地瓶颈呢？"

大力发展公共交通是解决一系列城市病的良药。而作为一项公益事业，要想公交优先发展，需要政府大力支持，首先要解决的是保障公交发展用地及资金。关于这点，已经取得越来越多的共识，但真正落实起来却困难重重，成都也面临着这样的考验。

"我们有个解决办法。"一直沉默不语的成都公交集团党委书记、董事长陈蛇打破了沉闷。"不如这样，由公交集团筹集资金购买区、县地块，用于开发公交场站综合体。"

公交公司出钱买地建场站，这在许多人看来无异于天方夜谭。首先不愿意。作为一项公益事业，公交场站用地多由政府划拨，公交公司出钱购买合算吗？其次没实力。作为一项民生工程，公交公司经营多是微利甚至是亏本，哪里有资金购买公交场站用地？

会场上的提议看似是陈蛇的灵机一动，其实是成都公交集团产业发展路上的又一步妙棋。这一切还得从公交场站综合体说起。

一、"衣食住行"一站式解决方案

公交场站综合体的概念源自城市综合体。所谓城市综合体是指将城市中的商业、办公、居住、旅店、展览、餐饮、会议、文娱和交通等城市生活空间的三项以上进行组合，并在各部分间建立一种相互依存、相互助益的能动关系，从而形成一个多功能、高效率的综合体。"成都公交场站综合体便是要一站式解决人们'衣食住行'问题，市民下了公交车，在站内就有地方吃

饭、娱乐、购物。"陈蛇介绍，未来成都公交新场站都将采用综合体的模式，打破传统公交场站的平面化布局，构建现代的立体三维空间结构体系。在这个体系中，公交场站商业文化中心、写字楼等组成有机整体，形成一个以公交场站为核心的小型城市综合体。

位于成都郫县德源镇红旗大道旁的"德源公交场站综合体"是成都首个现代化公交场站综合体项目，预计将于今年年底部分投用。德源公交场站综合体占地面积 38.24 亩，总建筑面积约 10 万平方米。项目建成后，最大停放公交车辆达 400 标台，P&R 项目停放社会换乘车辆 400 辆。作为一个智能化中心场站，德源公交场站综合体可支撑德源镇和周边厂区、郫筒镇、成都中心城区以及周边乡镇和村社最多 20 多条公交线路正常运营。通过人车分流设计，场站综合体二层空间以上建设商业文化中心，集购物、餐饮、影院、电玩、网吧、KTV 等业态为一体，能为周边居民和富士康员工提供丰富的商业、文化、娱乐生活服务。

二、公交与地产的绿色组合

德源公交场站综合体紧邻富士康厂区和富士康员工宿舍区，作为一个配套项目，公交场站周边地块较为成熟，这也使得公交场站进行商业开发变得可行。而公交场站在实际选址时并不都拥有这样得天独厚的地理优势。相反，在许多城市，原规划中的场站不是被挤到犄角旮旯，便是被压缩甚至干脆就被占用。在非中心城区开发商业地产会不会赔本呢？陈蛇没有这样的担心。"商业地产本来是高资金投入、高开发风险同时也是高收益回报。如果纯粹是建设商业区，要想体现它的价值，还得培养市民的生活习惯。但公交场站综合体不同于一般综合体，一方面，各公交线路为综合体带来了源源不断的客流；另一方面，公交的首末站和居民出行出发地和目的地无缝对接，市民在购物、休闲完后，又能轻轻松松在起点站搭上公交车返家，这是一种愉悦的体验，因此更受市民欢迎。这也是公交引领城市发展的一个体现。"

公共交通和地产开发最相得益彰的莫过于我国香港地区。香港公共交通场站和商业地产配套建设，出行目的地与公交首末站无缝对接，实现了便捷出行与地产升值有机统一。一般而言，楼底下设置了公交场站或地铁站的房子售价普遍比周边普通房子要高。但反观国内一些城市，公交公司在居民区附近设置公交场站时不但不会受到欢迎，反而会遭受抵制，为什么？"都是因为传统公交场站'脏乱差'。"陈蛇认为，传统公交场站因多种因素影响，多采用平面开发，甚至不开发，不但土地利用率不高，而且因管理松散、露天作业，难免产生噪音和尾气污染。成都未来公交场站综合体不仅是立体开发，还多数运用了节能减排技术。以建设低污染、低能耗、低排放、高效能的绿色公共交通系统为导向，在设计中，成都公交场站综合体融入生态田园城市建设的理念，多采用绿色环保材料，并增加雨水收集、污水处理、水循环利用等环保措施。"减少尾气和噪音，楼下是换乘中心，楼上是空中花园和购物中心，这样的公交场站会受到市民的欢迎。"

三、公交场站综合体是未来的发展方向

陈蛇认为，公交场站综合体是对既有公交运营、保修模式的突破，通过立体开发，不仅能在土地资源日益减少的中心城区有效增加公交场站的使用面积，还能使用综合开发获取的收益弥补场站建设的资金缺口。

"自营资产的长期稳定收益可以反哺城市公交事业，实现城市公共交通的可持续发展，应该说公交场站立体开发是未来的一个发展趋势。"陈蛇介绍，成都公交集团已完成新增 48 宗公交场站综合体建设用地的地块包装、周边规划、道路情况研究等，在保障中心城区运营、停车、保养、修理等功能的前提下，提出立体开发的可行性方案，为规划部门提供技术支持。

近三年，成都公交集团下属的场站建设发展有限公司已完成 48 宗土地征用，已建成动物园首末站一期工程、航空港大修场、顺江保养场三个项目并投入使用，总建筑规模 3.4 万平方米，另外还完成了 20 个临时公交场站共 17.55 万平方米的建设并投入使用。除了正在建设施工的德源公交场站综合体项目，场站建设发展有限公司还启动了金沙、万家湾、凤凰山、大面铺、金泉等十余个项目的前期工作，部分项目今年内开工建设。总建筑面积为 109.76 万平方米，届时可形成 63 条线路的运营能力，停放 1879 辆公交车，为公交车辆提供运营、停放、调度、保养、修理等硬件基础保障。预计到 2020 年，成都公交将建成数十个现代化的公交场站综合体。

四、多产业增加造血能力

公交场站综合体的开发建设只是成都公交集团产业集成发展，增加企业造血能力的一个侧面。从事投资领域工作多年的陈蛇笑言自己是公交领域"门外汉"，管理喜欢用的也是"散打"招式，但公交企业如何打通与周边产业之间纵向或横向联系，通过技术创新、产品创新和市场创新形成创新结合体却是他的拿手好戏。

2010 年接管的成都市蓉城出租汽车有限公司是成都公交集团横向发展的一个脚印。成都市蓉城出租汽车有限公司的前身是成都最大的出租汽车公司——成都蓉城出租车公司。自划拨成都公交集团管理后，公司逐步实行了公司制改革。出租车划拨公交企业管理，陈蛇看来，这不仅有利于成都公交集团的发展，更加有利于整个成都公共交通体系的健全和完善。"公交和出租车是一种互补的关系，这种互补首先体现在资源可以共享上。公交公司拥

有专业的停车场、维修厂，这是出租车行业没有的优势，利用这些资源，能有效地解决出租车停车、修车、洗车、驾驶员休整等难题，改善了出租车司机工作环境，也促进了服务质量提升。另外，公交集团掌握居民出行习惯和道路拥堵情况的一手数据，掌握了这些数据，出租车通过科学调度，在提升自身经营效率的同时，还能为市民提供更高质量的出行服务。"资产重组后，成都蓉城出租车公司年利润从 2007 年的 180 万元攀升至 2011 年的 2700 万元。

建设加气站是成都公交集团纵向拓展的另一种高度。今年年初，由成都公交压缩天然气股份有限公司入股建设、运营的成都首座 LNG 加气站——昭觉寺 LNG 站已经建成并投入使用。此举不仅可以使成都公交集团的 LNG 公交车可以就近"喝"上更加清洁、方便的液态天然气，在陈蛇看来，还有着更深的意义："作为全国 LNG 公交车辆示范推广试点城市，未来成都公交 LNG 公交的比例将大幅上升，这时候投资建设 LNG 加气站拥有稳定的市场，不仅是稳赚不赔，还能增加集团公司的议价能力。"

开发公交场站综合体，拓展出租车业务，投资加气站……成都公交集团产业集成路上处处开花，但陈蛇并不认同没有选择性和目的性的粗犷型发展。"公交是个产业链很长的行业，但并不是说所有的产业公交公司都应该试一试。"陈蛇认为，公交企业要集成发展，首先得把公交运营做好。"军事上说'不打无准备之仗'，公交企业首先要提供优秀的公交服务，才能获得政府、市民更大的支持。"其次要围绕公交相关产业，适应未来公交发展方向。"只有是公交最紧密相关联的产业，才能更好地利用原有的资源，甚至是社会关系。大而全的发展模式太浮夸，该放的业务还要舍得放，发挥市场配置资源的决定性作用，营造内部经营市场化的高效运作模式。但只关注公交主业运营，不注意创新发展，也难以发挥整合资源的聚合效益。"

很多人都听过这样一个故事。智者问众人，一只装满砾石的瓶子装满了吗？众人答是。这时智者在瓶中倒入了沙子，轻晃几下，沙子入瓶。智者再问，众人不语。随后，智者往瓶中倒入了小半杯的水。正如一千个读者眼中有一千个哈姆雷特，关于这个故事的理解有很多种，而成都公交集团的产业集成也是对这个故事的精彩诠释。得益于独创的"网运分离"模式，成都公交开创了公交运营史上的一个新局面。而今，因为一位熟悉资本运作的掌门人，一个具备"十八般武艺"的团队，成都公交集团将走上一条全新的发展道路。

——摘自《运输经理世界》2012 年第 24 期，第 44~46 页，罗玲（文）

附录 4 线网优化类

成都直面交通拥堵现实，公交优先就是百姓优先

初夏，"财富"席卷成都——2013《财富》全球论坛于 6 月落地于此。这是该商业盛会继 1999 年在上海、2001 年在香港和 2005 年在北京举办后第四次落户中国，也是该论坛首次落户中国中西部腹地城市。

与《财富》论坛同时亮相的，还有成都公交集团的新突破——四川省首个城市快速公交系统由图纸设计化为现实。全长 28.3 公里的二环快速路上，公交车将拥有独立的专用通道，没有红绿灯，没有小汽车，一路畅通，从而实现快速准点。

两相呼应，意味无穷——吸引《财富》落地，彰显的是经济快速发展的成都实力；快速公交上马，折射的是特大中心城市的民本情怀。

比肩全国，作为民生政府对接城市公众最密切的服务"管道"，成都公交不断树立"标杆"：从公交车数量以每年 2000 辆的速度增加，到 2 小时免费换乘 3 次的惠民举措；从免费公交的成功实施，到城乡公交一体化试验的破冰，再到快速公交的上马……

"标杆"背后，凝聚的是成都市委、市政府对于"公交优先"的深刻理解：公交优先，就是百姓优先；发展公交，就是发展民生。践行"五大兴市战略"，着力"交通先行"，成都正在加快构建"多形态、大容量、无缝化"的立体公交系统，探索特大城市的可持续发展之路。

快速公交将奔跑在成都的上空

"乘坐流程和地铁差不多，买票既可以自助也可以通过人工售票，用公交 IC 卡更方便。""平均 1 分多钟就过了一个站，比普通公交车快多了，就像地面上的地铁一样！"……

5 月 26 日，成都市缓堵保畅办公室与成都公交集团共同举办"我们的新二环"快速公交体验活动，120 名市民代表着实过了一把尝鲜瘾。

成都公交集团相关负责人称，快速公交系统于 5 月 31 日起开始对外试

运营，集团为此专门成立了 600 余人的服务团队，在站厅、站台为乘客服务。据悉，二环路快速公交利用二环路高架公交专用道专线运营，线路全长 28.3 公里，常规公交线路仍以底层道路为运营路网，不进入快速公交专用道运行。

二环路快速公交站点共 28 对，平均站距 1046 米，配备了 18 米大容量低地板高档车，双侧开门设计，左侧前、后门宽度均为 1.5 米，大于现有公交车 1.2 米车门宽度，方便乘客快速上下车。

这一系统的上马令人期待。

"初步测算，二环路快速公交在高架道路限速 45 公里/小时的标准下，行驶一圈约需 66 分钟，平均运营速度达 27 公里/小时，比普通公交快 1 倍。"这位负责人说，运营初期，高峰时段发车频率为 1.5 分钟，平峰时段发车频率为 4~6 分钟，全天总班次近 1000 班，是现有地面二环路环线公交线路总班次的两倍，初期运载能力可达 30 万人次/天。

快速公交的票价是否会上涨？面对市民疑虑，成都快速公交票价体系出炉：采用现有常规公交票价体系，一票制全程普票 2 元，刷卡 5 折并享受 2 小时免费换乘 3 次的优惠。

"我们将全力保障快速公交专用道的通行权，对于侵走公交专用车道的行为实施'零容忍'。"成都市交管局相关负责人表示，对侵走快速公交专用车道的行为，出现一次处理一次，每次罚款 100 元，记 3 分。

确保公交的路权——这是快速公交的核心意义，也是提升公交吸引力的重要砝码。成都的探索，归根到底要落脚到效果上。

除了跑得快，快速公交还将带来成都公交线网格局的再度优化。"与地铁的接驳，以步行距离不超过 150 米为原则；与长途客运站的接驳，确保有直达线路；与常规公交的接驳，将新开 18 条支线公交，将二环路周边的市民快速摆渡到快速公交上去。"

决策的底气

放眼全国，成都并非第一个打造快速公交系统的城市，却在快速路系统与快速公交同步建设、同步使用方面开了全国的先河。

有人质疑：成都的小汽车数量以每天上千辆的速度增加，二环快速路双向六车道中，有两条专用于公交车，是不是对道路资源的浪费？

"怎样占用道路资源才是最合理的？"让我们来算一笔账：二环路高架全长 28.3 公里，双向 6 车道，可以停放 4.2 万余辆小汽车，而成都目前每天小汽车上牌量约 1500 辆；此外，按城市道路设计通过能力以及成都市调查数据每辆小汽车平均载 1.2 个人计算，每天（按 16 小时测算）二环高架双向 4 个社会车道可通过的小汽车总载客量仅约 12.5 万人，而双向 2 车道的快速公交线路，每天则可载客近 30 万人次。

"必须坚持公交优先！"作为一个拥有 500 万常住人口的特大城市，成都直面交通拥堵的现实。

决策并非空穴来风。2011 年 6 月，上海交通专家组曾为成都交通拥堵开出药方，认为"公共交通系统竞争力不够"是突出矛盾，建议"尽快建成快速路网和快速公共交通系统等交通骨架设施"。

成都也曾派出考察组，赴上海、广州、厦门等地学习。"上海的快速公交客流量占整个公共交通的 50%，厦门 BRT（快速公交系统）高架用全市 1/3 的公交车承担了 7/10 的公交出行总量，这些城市已经让公交成为市民出行的首选。"成都市缓堵保畅办相关负责人说。

经过详细论证和测算，2012 年 1 月，"两快两射"（"两快"二环路快速路、二环路大容量快速公交，"两射"为红星路及成温路两条放射性快速通道）工程总体规划建设方案获得通过，二环路快速公交系统方案由此浮出水面。

事实上，发展公共交通，成都已经具备良好的基础：目前，成都公交日均载客量达到 475 万人次，IC 卡发卡量突破 600 万张，年惠民金额高达 11.5 亿元。

此外，成都的公交专用道已累计开设 740 余公里，公交场站的用地面积增加到 1800 亩以上，中心城区居民万人拥有公交车辆超出 20 标台，具备按需开行公交线路的软硬件条件。

最新的消息是，到 6 月，成都市公交车总量将首次突破 1 万辆，同时还将分批进一步缩短中心城区 87 条公交线路的发车间隔，要求快线（或准快线）高峰时段 1～3 分钟一班，干线公交高峰时段发车间隔不超过 5 分钟。

同时，成都还将积极探索高峰期多点发车和开行区间大站车（以群众的需求"定制"线路）等新的运输组织模式，确保高峰期车内拥挤度降低至 7 人/平方米以下。

今年，成都计划新开 30 条公交线路，优化调整 50 条公交线路；新增公交车 2000 辆，继续维持中心城区公交 500 米站点 100% 的覆盖率，确保 300 米站点覆盖率持续提高，三环至绕城公交线网密度由 1.8 公里/平方公里提高到 2.5 公里/平方公里。

创新让群众得实惠

从快速公交延伸开去，成都的创新与探索层出不穷。

2012 年 10 月 10 日，为配合成都市缓堵保畅工程建设，成都公交陆续开行了 44 条免费公交线路。彼时,人们关于免费公交是否能成功的疑虑重重——此前,广州开始实行亚运公共交通免费政策,然而,由于汹涌的人流超出了预期,这项"免费午餐"仅仅实行了 5 天就被紧急"叫停"。

有这样的前车之鉴,成都却仍勇于挑战。这背后,是公交系统内部改革成果的支撑。

"在成都,'免费'不是新鲜事,不会对市民心理形成过大的冲击。"成都公交集团相关负责人说,近年来,成都连续推出了老年人免费乘坐公交车、两小时免费换乘等惠民措施,"免费公交"对无效出行的吸引力是可控的。

免费会不会影响服务质量?"一段时间内,公交票款收入可能会减少,但这不会影响服务标准。"成都公交实行"网运分离"模式探索,即公交线路特许经营权统一授予公交集团公司,营运生产经营权则交由市场专业的营运生产企业承运,"让司乘人员没有经济考核压力"。

回头看,结果令人欣喜。

数据显示,免费线路开行半年多,日均载客量达 34.49 万人次,较免费前增长 261.2%;日均班次 3131 班,较免费前增加了 70.5%;配车由免费前 236 台增加至目前 536 台,81 台 18 米大容量公交车投放在这些线路上。

在成都的决策者看来,公交事业的创新,归根到底要落脚到人民得实惠上。

2013 年 2 月 10 日,四川省首个城乡公交一体化试点在位于成都市二圈层的郫县揭幕,成都市公交集团与该县共同组建新的国有企业,实施公交票制改革——所有公交线路实施"一票制",普通车 1 元,高档车 2 元,实现了与中心城区同城同价,单程票价比过去平均下降 65%,降幅最高的线路票价下降 75%。

如今,降价对需求的刺激作用初现,客流与去年同期相比增长 43%,营运班次增加 30%,服务投诉与去年同期相比下降 70%,安全事故下降 33%,服务质量明显好转。

在成都,现代公交场站综合体的开发建设正全面启动。

"对公交场站进行立体综合开发建设,一方面能反哺公交场站建设,提升公交服务的自我造血机能;另一方面可提高土地利用效率。"在成都市委、市政府的支持下,当国内同行都还苦于征用划拨土地时,成都公交集团尝试"吃螃蟹",着手建设既有停车楼又有商业配套的公交综合体。

据统计,加上成都市近期规划的公交场站供地,成都公交场站土地面积将在 1800 亩以上,按照立体综合开发的模式,总投资需 220 亿元左右。按目前的市场行情，配套的开发性商业建筑的价值可达 200 亿元。

成都的探索，仍在路上。

——摘自《环球人物》2013 年第 15 期，第 64～66 页，宋涛、刘莉（文）

成都 BRT：领跑城市快交通

"每个城市都要结合自身实际，规划公共交通运输体系，成都的二环路快速公交就是一个很好的尝试，有利于缓解交通拥堵问题。"6 月 2 日上午，交通运输部部长杨传堂来到成都，调研二环路 BRT 试运行情况。杨传堂要求成都公交要切实提高服务水平，为人民群众提供更加便捷的出行环境。

快速路与快速公交合二为一

"成都的快速公交很不错，起点高，在国内外都属高水平的。"杨传堂对陪同乘坐 BRT 公交车的成都公交集团董事长陈蛇说。

虽然此前，广州、杭州等城市已建立起快速公交系统，但成都开全国先河地将快速路与快速公交合二为一。这样，高架桥不仅为社会车辆提供便捷的交通选择，而且为市民提供准点、快速的公共交通服务，提高了道路资源利用率。

成都市二环路快速公交全长 28.3 公里，共设站点 28 对，平均站距 1046 米，基本和成都地铁车站的设置距离一致。全线配车 144 辆，均为 18 米长的大容量 CNG 高档车。由 K1（内环线）和 K2（外环线）两条快速公交线路组成。

在这 28 处车站里有 6 座特色车站，充分展现了成都元素。这 6 处车站分别是火车北站、建设路站、东大街站、科华北路站、红牌楼站和金沙站。除上述 6 处站点外，人民南路车站也与其余 27 处车站不同，其余 27 座车站是位于高架桥上，而人民南路车站则是唯一一个坐落在地面上的大容量快速公交车站。

5 月 31 日，成都市二环路快速公交正式对外试运营。快速公交采用城区既有公交票价体系，全程 2 元，刷卡五折、免费换乘，持卡乘客刷卡后通过车站匝机进站乘车，下车后再刷卡出站，进出站预计耗时 30 至 50 秒；无卡乘客需购买单程票（2 元/张）后再刷卡进出站，进出站预计耗时 100 秒至 120 秒（含购票时间）。

在运营方式上，为确保二环路快速公交闭线运行，成都公交以双桥子南、北站为临时调停点，采用"人休车不停、换人不换车"的方式进行闭合环线运行，高峰期最短发车间隔为 1 分半钟。每个车站均设置 LED 报站系统，可以准确地显示车辆与站点的距离、到站的时间，从而方便市民乘车。

交通接驳，便利换乘

"BRT确实好，周末回家坐BRT，跑起来的时候出租车都没它快。"有成都网友表示。

据成都市公交集团相关负责人测算，二环路快速公交在高架道路限速每小时45公里的标准下，行驶一圈约需66分钟。高峰时段发车频率为1.5分钟，平峰时段发车频率为4至6分钟，二环路上几乎每隔500米就有一辆快速公交车。

为方便市民乘坐快速公交，成都公交集团计划在一些主要居住区、快速公交较大站、高校区等客流量大、人口密集地开行部分区域支线公交。这些公交的特点是单循环、顺时针循环，规划上避免左转弯，且公里不长，一般不超过4公里，可实现快速到达。市民从大容量快速公交下车后，再乘坐这样的支线循环公交，能节约不少时间。而且，由于成都公交卡可免费转乘，也就意味着，不少市民从家到车站，不用再支出额外的钱。

按照无缝对接、方便换乘的原则，成都市制定了二环路快速公交与地铁站点、长途客运站、地面常规公交的接驳方案，并围绕二环路快速公交线路对原有公交线网进行了全面优化。

此外，为鼓励市民公交出行，成都二环路底层保留了公交专用道，按照"应设尽设"原则，形成了"上层快速公交＋底层常规公交"的公交专用道网络。

另据了解，为确保快速公交专用道的优先通行权，成都二环高架路上全天24小时禁止其他社会车辆驶入公交专用车道及公交专用匝道。

快速公交成为缓堵选择

"公交优先，就是百姓优先；发展公交，就是发展民生。"这一出现在成都市区多处的标语体现着成都市委、市政府对"公交优先"的深刻理解。

开通快速公交是成都践行"交通优先"理念，实现交通方便、缓堵的举措之一。

公开信息显示，近年来，成都机动车年均增幅约15％，而城市道路年均增幅约5％。机动车增长速度远高于道路基础设施供给增长速度，供需矛盾日益突出。2013年，成都成为全国汽车保有量第二大城市，每天汽车上牌量高达约1800辆。如果不修路，按现在车辆增长速度，不到三年，所有的车辆首尾相接，可以把成都中心城区道路全部排满。

2011年6月，上海交通专家组"把脉"成都交通拥堵的成因后认为：首要问题是"中心城区道路设施容量不足，其中快速路系统尚未建成"，突出矛盾是"公共交通系统竞争力不够",因此应"尽快建成快速路网和快速公共交通系统等交通骨架设施"。

借鉴人口密度大的东京、新加坡、香港等城市,成都选择建设高架桥形式的快速路系统。相较而言,这种快速路交通转换功能强,空间资源利用率高,建设速度较快,投资适中,具有综合技术优势。

于是,2012年1月,"两快两射"("两快"即二环路快速路、快速公交,"两射"即成温邛快速路、红星路快速路)工程总体规划建设方案获得通过。当年4月,二环路"双快"工程主体进场施工。2013年5月30日,二环路改造工程全面完工。

业内人士认为,大中城市出现交通拥堵的核心症结是公交分担率不足。在纽约、东京、香港等人口密集城市,公共交通分担率已经达到80%以上,而成都的公交分担率目前只有约25%。要解决城市拥堵问题,必须构建立体的公交方式,大力提倡采用公交出行的方式。而快速公交,正是体现公交优势的载体。

伴随着二环路改造工程的完成,四川省首个城市快速公交系统——二环路快速公交系统也由理论变成了现实。公交集团的统计数据显示,试运行期间,K1和K2载客量达到161.78万人次,平均每天23.11万人次。据预测,6月11日二环高架快速公交正式运营后,每天的乘客输送量将达25万人次,将有力缓解中心城区的交通拥堵状况。

BRT安全的多道保险

6月9日凌晨,成都消防在成都市二环路快速公交道双桥子南站开展BRT火灾疏散救援演练,采用官方说法,演练旨在检验消防、司乘人员的应急处置能力,提升高架路车祸、火灾等事故的快速处置效率。

据悉,成都首开全国先河,在二环高架路沿途设有数百个消防栓,这种在快速公交车道上设置消防栓的做法在全国尚属首例。这些消防栓大部分安装在两幅桥的中间,也就是最靠近BRT车道的地方。如果消防车储水用完,这些消防栓可以实现应急供水。

不仅如此,如果快速公交在高架路上出现故障,在限速每小时60公里的情况下,救急车20分钟内就可到达二环高架任意点位进行施救。值得一提的是,BRT车站的两端都设有应急掉头车道,用水马隔离。万一救援车辆在上桥后遇堵,可以将水马放水、挪开,让车辆通过,实现逆行救援。

值得关注的是,与普通公交车右侧开门不同,快速公交车辆到站后开启的是左侧两个车门。但为了安全,其右侧也设了3个应急门,一旦发生紧急情况，5 扇门可同时打开，为乘客快速疏散提供更多的路径。成都蜀都客车股份有限公司总设计师杨剑波说，为确保安全，公交车上还装有防火系统、防追尾系统，当前方 10 余米出现障碍物，系统自动刹车。

——摘自《运输经理世界》2013 年第 6 期，第 66~67 页，陆静（文）

附录 5　精细管理类

办好公交难不难　仔细算账看一看
——成都公交的三笔账

一算经济账

投资 4 亿元建公交场站，买 140 万元一辆的公交车，用米其林轮胎，刷卡乘车 5 折，2 小时内还可免费换乘 3 次……成都公交不可谓不大方。然而，成都公交集团党委书记、董事长陈蛇却说，这叫精打细算。

成都发展公交"不差钱"。早在 2009 年，成都市就出台了《关于进一步加强公交营运安全管理加快公交事业发展的通知》。仅其中提出的两年新增 2000 辆公交车就是一笔巨大投入。对此，成都市领导表示，财政向公共服务倾斜，为老百姓花钱，政府不心疼，成都继续实施公交优先发展战略，将发展公交作为缓堵保畅的重要措施。

近年来，政府给成都公交集团的补贴逐年上涨，可钱怎么花，成都公交仿佛有一把"金算盘"，每一笔钱的投入产出都算得明明白白。

在郫县德源镇，成都公交投资 4 亿元修建的立体场站正在紧张施工。场站包括了一座 4 层的停车场和一栋 10 层的综合楼，配套了商务酒店、餐饮、商场、电影院等。立体车场不仅将公交车停放量增加了 3 倍，私家车主、周边居民还可以把车停在楼下换乘公交车，这种驻车换乘的交通组织形式（P&R）减少市区交通压力。

集团大量定购的 18 米"大肚"公交车，造价约 140 万元，能够容纳 200 人，比普通 12 米公交车多一倍，在高峰时期能够极大缓解乘客拥挤情况。

米其林轮胎价格比一般轮胎贵 10％至 20％，但采用这种轮胎后，公交车的安全性能大幅提升、爆胎概率减小，综合维修、停运等成本下降，实际使用成本还不到普通轮胎的三分之一。

刷卡乘车 5 折，两小时内免费换乘 3 次，运营收入大降似乎难以避免。

但通过线网优化和车辆结构调整，车票收入反倒从 2006 年的 5.6 亿元"降"到了 2011 年的 14 亿元，售票员人力成本也随之减少。

对此，陈蛇说："公交是公益事业，但同样要算经济账。政府投的每一分钱，我们都要发挥它的最大效益，做到投入产出比最高。"

二算技术账

上午 10 点 25 分，细雨蒙蒙中，杨书枚安静地等着 79 路公交。"有啥子好着急的嘛！电子站牌上写起的，79 路车距本站还有 4 站。"她显得很有经验，"如果不堵车，再有七八分钟就到了。"

果然，10 点 27 分，站牌显示还有 3 站；10 点 31 分，还有 2 站；10 点 33 分，一辆 79 路公交车出现在不远的路口处，站牌也立即变为"车辆进站，欢迎乘坐"。

这种电子站牌是成都公交智能系统的一部分，它与集团总部监控平台连接，实时接收车辆信息，还能看到高速路是否封闭等信息。每个调度室还有智能调度系统，供调度员们掌握车辆运行状况，每台车上还有车载电话和小屏幕接收指令。

通过这一系统，79 路公交的状况，生产调度指挥官汪珏在总部监控平台上看得一清二楚。他打开监控窗口，在成都市电子地图上，一条红线由西北向东南延伸，上面排列着 20 多个绿色的小方块。每一个小方块就代表一辆运营中的 79 路车。有两个小绿块离得非常近，"这代表两车距离过近，可以让后车适当慢一点"。汪珏一边说着，一边给代号 11029 的车辆发送了一条短信，提醒他与前车保持车距，等候乘客。

利用这一系统，成都公交还为每一路车划定了精确到分钟的发车频率表，根据高峰、平峰合理配置车辆，高峰时段车辆投放率由 2006 年不足 75％提高到目前的 90％以上；对驾驶员出车班型进行调整，按每人每月工作 140 个小时计算，相当于增加了 2000 多名驾驶员；与系统相连的公交快信和公交网站也已经开放，乘客使用手机或登录网站，就能够查询公交车行驶状况、线路换乘等信息。

"成都公交集团的这套智能公交系统是目前全国最先进的。"四川大学工商管理学院副院长任佩瑜评价说，"过去都认为公交是劳动密集型行业，实际上公交也称得上资金密集型、技术密集型甚至知识密集型行业。应用最新的技术，不仅能满足乘客需求，改善乘车体验，也能够降低公司运营成本，增加收入。"

现在，隔三岔五就有其他省（区、市）的公交集团前来考察学习。但在陈蛇看来，还有更多的先进技术可以运用到公交行业。"我们和大唐电信正共同研发公交客流统计双频卡，统计、记录乘客上下车的时间、地点、转车等情况。"陈蛇说，以这些数据为支撑，可使公交车站点、线路的设置更为合理。

三算民生账

309 路驾驶员帅永辉永远也忘不了那一枚茶叶蛋。"热热的，比以前吃过的都香！"那是今年元旦，309 区间车的乘客谢小燕送来的。

故事还要从 2011 年说起。温江是成都著名的宜居绿色城区，近年来发展迅速。然而，温江区与市区之间只有一趟直达车——309 路，车少人多，经常挤得放不下脚。

谢小燕所在的西财学府尚郡小区，离最近的公交车站有 1 公里，出行很不方便。她试着向公交集团反映，没想到，隔天集团就派人前来研究线路，并结合小区及周边退休居民较多的情况，决定加开区间车，上下午各三趟。谢小燕感慨地说："谁也没想到，我一个普通教师，没花一分钱，没送一份礼，竟然办成了！"今年元旦，谢小燕和邻居们一起为 309 路的司乘人员送去了茶叶蛋、水杯、钥匙链等小礼物。这些礼物看似轻，却让帅永辉和他的同事们觉得重。"我们不过绕一点路，却让大家这么感激。"帅永辉说，"想到有这么多人在盼着我们，每天开车都有劲头！"

公交发展关系民生，牵动民心。来自群众的肯定，是成都公交集团最看重的一本账。

公交热线接待量超过 10 万人次。话务员们接完一个电话，还没来得及喝口水，电话又响了。话务员郭艳说，工作很辛苦，但每次听到乘客那一声声真诚的"谢谢"，心里可激动了。

70 岁以上老人乘车免费，刷卡乘车 5 折，两小时内免费换乘 3 次，惠民金额每年近 11 亿元。乘客唐丽娟女士表示，她现在每月车费约 80 元，较从前节省的车费估计超过 100 元。她说："免费换乘为我省了不少钱，也增加了我的出行选择！"

目前，成都中心城区公交营运线路 229 条，营运车辆超过 7800 辆，出行分担率达 24.1%，"全国先进、中西部一流"的公交体系已初步显现。面对成绩，成都市和公交集团并不满足。成都市政府领导表示，"群众满意不满意"才是公交发展的出发点和落脚点。但目前，公交发展区域不平衡、覆盖率偏低、便捷度不足、线网优化程度不高等情况仍然存在，距离群众满意的最终目标仍有不小差距。因此，还需加倍努力，提升服务，真正把成都公交建成"群众满意"的惠民公交。

——摘自《经济日报》2012 年 3 月 8 日第 20 版，佘颖、钟华林（文）

离百姓的要求越来越近

——记以人为本、高速发展的成都公交集团公司

四川优先发展城市公共交通的总体要求：统筹规划、分步实施，政府主导、政策扶持，有序竞争、协调发展。

用数字解读变化

一座城市公交事业的水平和发展速度，标志着这座城市的现代化水平和发展速度。

找到成都公交集团公司董事长陈蛇很不容易，我们的采访是在公交车上进行的。"从解决资金不足入手，招商引资；以扩大规模、优化线网、提高车辆档次为突破口，拉动成都公交的全面发展。"陈蛇告诉记者，这就是振兴公交的路子。说话间，陈蛇顺手捡起车上的小纸屑丢进垃圾桶。原来，他每周都要到公交车上去检查情况，了解第一手资料，这已成为他日常工作的一部分。

年长的成都市民或许还记得，1952 年 7 月成都公交总公司成立之初，仅有 31 辆车投入营运，设 3 条线路，总行驶长度仅 18.8 公里。56 年后的今天，成都公交的变化天翻地覆。

陈蛇向记者道出了如下数字：如今的成都公交已发展成为一个以城市公共交通汽车客运为主业，以出租、能源、房地产、广告媒体为辅业的现代企业集团。其城市客运主业如今拥有 215 条营运线路、4535 台营运车辆，车辆类型更是不断升级换代，高档空调车目前已经达到 1503 台，占车辆总数比例达到 33％。日均服务里程从 4.48 万公里增长到 64.90 万公里，增加了的 13 倍。日均载客量从 52 万人次增长到 320 万人次，增加了 5 倍。出行分担率快速提高，2001 年成都市民出行选择公交的比例为 10.82％，到 2006 年已经提高到 14.7％，目前已经达到 20.7％。在提倡环保的今天，乘坐公交车出行正在成为更多成都市民出行的第一选择。根据统计调查队随机入户问卷调查可知，对乘坐公交出行满意的市民达到了 94.47％。

问起他对公交优先政策的感受，陈蛇脱口而出："当然是政府对我们的支持力度更大了！"他说，公交智能化、公交服务水平、公交通行条件、公交线网建设、公交车辆结构，说到底，都离不开政府对公交公司的支持。"购车有补贴，税费有优惠，站点建设有支持，票价减免政府给补贴，连我们建设电子站牌政府都给补贴。"他掰着手指头数给记者听，"该想到的政府都替我们想到了，公交事业越来越重要了。"

蜕变源于思变

成都公交从挣脱国企"等、靠、要"的思想束缚到实现资本运作；从体制创新机构改革到全国首家推行两小时免费换乘，走过了一条改革、发展、创新的奋进之路。

尤为可贵的是，它在发展中始终坚持以人为本，切实实行让利于民的措施，最终做到了经济效益与社会效益的和谐统一。

1993年初，成都公交领导一班人在冷静分析局势、集思广益后提出，"解放思想的程度决定着公交改革的力度"。他们在广大职工中开展解放思想大讨论，引导公交人走出"等、靠、要"的认识误区，唱响公交深化改革主旋律，找到了一条在改革中振兴公交的路子。

他们以出让车身广告媒体发布权为条件与香港 MPI、通城等公司合作，引进资金，增加车辆。1994年，63辆双层巴士行驶在蓉城主干道上，不仅缓解了车辆不足的问题，还成为城市中一道亮丽的风景线。接着，无数个熠熠闪亮的不锈钢、彩钢站棚取代了往日一根水泥桩上挂块牌子的公交站点。同时，首批推出9条优质服务线路，具有时代特色的公交服务方式令人耳目一新。

1998年，他们又组建集团公司，按照现代企业制度加快了国有企业改革步伐。

从出让车身广告发布权引进车辆到与港商、外资合作组建股份制公司，近10年间，成都公交引资2.4亿元，近600台双层车、观光车、空调车先后投入了营运，几百处公交站棚得到改造，不仅从根本上改变着车辆结构，而且公交二、三、六公司与香港 MPI 公司合作组建了运兴公司，探索实现了优良资产、优势管理、先进理念的有机结合，迈出了公交改革、改制具有决定性的一步。

"改革是发展的动力，也是公司壮大与腾飞的基石。"陈蛇这样说道。从挑起成都公交集团发展的重担时他就下定决心，一定要做好集团的内部改革。

陈蛇带领成都公交人从公司的法人治理结构和领导班子建设入手，打开了轰轰烈烈的改革局面。2007年，成都公交实行了董事会和经营层分设，组建了战略发展委员会，风险管理委员会，薪酬与现代企业制度相适应的董事会、监事会和经营层。目前，集团内责权清晰、各司其职、运转协调、运行高效的领导体制正在逐步形成。

为进一步保证集团公司管理的规范化、有序化，集团还进一步加大了机构的改革力度，设立了营运管理部、安全管理部、董事会办公室、退休人员服务部、智能信息中心、项目开发部、党务工作部，撤销和整合了部分机构，实施了以整合运兴公司为重点的营运公司机构改革。

机构改革带来了一连串良好的连锁反应：员工积极性高了、工作更卖力了，抱怨声少了、肯定声多了；队伍凝聚力更强了……

精细化管理抠效益

搞经营当然要算账，在这方面成都公交的账算得很精，但他们的算账有一个特点：总是千方百计让利于乘客，让乘客得到更多的实惠。他们的"精"主要体现在成本的降低上。

"要经营管理好公交企业实际上是很困难的，我们要做到五个满意，很多时候，是顾此失彼的。"这是陈蛇在中国城市公交践行《郑州宣言》3周年大会上所说的话。他表示，如果公交企业让利于乘客，企业员工收入就会降低；硬性给员工涨工资，股东就没法满意了……因此，公交企业的管理是极其复杂的。

面对这样的管理环境，陈蛇主张通过精细化管理来降低企业费用，在股东利益不受损的情况下，让利于乘客的同时提高员工满意度，实现乘客、员工、服务、社会、政府五个满意。成都公交发展的事实证明，他的这一主张非常管用。

与此同时，成都公交根据上班时间和周末、节假日的客流规律安排调整发班次数，提高了车辆满载率也降低了成本。

"成本＝线路数×单条线路车辆配置数×每天趟数×往返系数×线路长度×单车公里成本×时间"，这是陈蛇计算成本的公式。围绕这一公式，成都公交展开了一场声势浩大的降成本攻坚战。

在采访中得知，在过去的两年里，成都公交停开了30条线路，单是这项举措就节约了上亿元成本。

在配车方面，成都公交已经成功开设了两条公交专用道，规划开行14条专用道，将形成280公里公交专用道网络，其具有投入小、柔性强的明显优势。目前，成都公交专用道路网络建设较为顺利，运行效果明显。与此同时，公司内部安排了50多名管理干部，组成了勤务大队，只在高峰期公交路线的堵点执勤，协助交警排堵，大大提高了公交车运行速度，专用道的配车仅是过去的30%，这对成本节约的贡献大。

陈蛇说，以前，成都公交是把每名驾驶员跑的"趟子"纳入任务管理，完成后才有奖。而现在是根据客流需要安排"趟子"，低峰期、平峰期，给调度员授予了调度的权力，大大节约了成本支出。

针对成都公交潮汐、单边线路多的特点，成都公交开行了高峰车，对于单边线路上的高峰车，最后一趟车不再安排返回，而是就地等待下一个高峰，大大节约了空驶里程。

为缩短线路长度，成都公交加大了线网优化调整的力度，在线网优化中，对于 30 公里以上的线路，只要具备在中途调度条件的，就尽可能地切断这些线路，这样一来，线网得到了明显优化。同时，对于一些长期堵塞的路段，加开了免费摆渡车，尽量缩短整条线路的长度，提高了车辆周转率。

除了把坚持降低成本作为重头戏来抓之外，陈蛇也非常重视抓住工作中的主要矛盾。他经常强调"二八"原理，即通常情况下，20%的资源往往能够发挥 80%的作用。他认为，一个人的精力是十分有限的，在复杂多变的各方面工作中，要抓住主要矛盾来解决问题。按照"二八"原理的指引，成都公交目前有 200 多条运营线路，陈蛇选出了其中 40 条作为重点线路来抓，这样就有效地利用了有限的资源，让成都公交既有重点发展，又能全面发展。

正是通过这些精细化管理，成都公交节约了上亿元成本。即使在采购车辆增加折旧、大幅度上浮职工待遇增加人工成本，导致单公里成本大幅增加的情况下，企业的总成本也没有增加，从而满足了公司自身发展、提高服务质量、让利于乘客、增加职工收入等各方面的要求，促进了社会和谐发展。

40 万元礼包让利于民

一位群众在接受记者采访时说：他走遍了大半个中国，感觉成都的公交最好，候车时间短不说，而且干净，尤其是还有两小时之内免费转乘的规矩，乘车费低得可以忽略不计。"有这么好的公交，我劝你都用不着再去考虑买什么私家车了。"群众说。

群众的话道出了陈蛇的心愿。

博士出身、温文尔雅的陈蛇董事长善于运用先进的理念管理公司，他熟知"哈定悲剧"、"二八"原理，也喜欢到公交一线体验生活。也许正是因为这样，才促成了成都公交的多项创举。

今年 5 月 1 日，成都公交在全国同行业中首家推行两小时之内免费转乘的举措。这是成都公交送给广大蓉城人民的又一份厚礼。它承载着成都公交人"便民""利民"的深情，演绎着成都公交人"服务""质量"的风采。也是成都公交坚持以人为本，真正为百姓谋实惠的重要举措。

然而这项措施的出台凝聚着陈蛇的无数心血。1999 年，成都公交将零票调整为普通车一元、空调车两元。后来，公司面临政府要求降价和运营成本高的压力；同时，陈蛇也通过实地调查发现，为了节省路费，很多乘客宁愿多花时间等直达车也不愿意转车。如何解决这些矛盾是他一直思索的问题。

有了两小时免费换乘的念头后，陈蛇就运用数学公式反复计算其合理性和可行性。按照"换乘模型"，他算出，乘客换乘 1 次，就有 20 次的机会换乘其他路线；换乘两次，就有 80 次的机会换乘其他路线。后来，新措施的顺利实施证明，这项措施不仅惠民，也给成都公交的发展带来了新的增长点。

数据显示，免费换乘制度实施后，市区公交车每天少收入约 40 万元，相当于每天送市民一个 40 万元的大礼包。该措施不仅减少了市民公交出行的总支出，还将乘客从依据线路直达性和票价高低来选择出行线路，转向依据车辆满载程度和出行时间长短来选择，既减少了线路运载不均的现象，又提高了乘客乘车舒适度和出行的效率，受到了社会大众的一致好评，并被全国同行视为"无法简单复制"的公交发展模式。

改革开放以来，公交事业的公益性定位已经成为全社会的共识，这也是成都公交一直奉行的基本理念。围绕这一理念，成都公交始终坚持为百姓算"节约账"，长期执行低票价政策，千方百计为乘客营造舒适、快捷的出行环境。

2004 年 1 月，成都公交推出 IC 卡刷卡乘车，其方便、清洁、快速的特点受到乘客的欢迎。短短 4 年间，发卡量已达到 226 万张，惠民金额每年高达 3 亿元。

2007 年底，成都公交又推出老年人免费乘车这一惠民政策，规定城区 70 周岁以上的老年人每月免费乘坐 50 次公交车，目前每月惠及老年人达 193 万人次。

近年来，成都公交针对市区交通拥堵日益加剧的现状，创造性地提出了分区域单一市场主体发展战略，通过有效整合公交市场主体，不断强化国有公交的主体地位和主导作用。自 2006 年起，成都公交在兼并整合中心城区的星辰、运兴和成都巴士 3 家公交公司的基础上，组建了东、南、西、北四大国有营运公司，并首创了由四大营运公司分区域就近集中管理公交线路的高效集约运作模式，在全国公交行业处于管理领先水平。

在"国有主导、规模经营"的公交市场格局形成后，成都公交全面实施了公交线网的优化调整，使成都市民出行更加方便和高效。同时，在政府财政资金的大力支持下，成都公交购置了 1000 余台大容量、节能环保的新型 CNG 空调公交车，将空调公交车占车辆总数的比例由 13% 迅速提高至 33%。新空调车的踏步从三级变为二级，车身内还首次配备了清风臭氧系统，可以不断释放臭氧改善车内空气质量，提高了乘客乘坐的舒适度。

此外，成都公交还大力配合政府部门推行公交优先战略，用实际行动践行《郑州宣言》。2005年的《郑州宣言》确定了优先发展城市公共交通的理念。温家宝也曾在对原建设部《关于优先发展城市公共交通意见的通知》的批示中指出：优先发展城市公共交通是符合中国国情的城市发展和交通发展的正确战略思想。

进入2000年以来，在政府"公交路权优先"政策的支持下，成都在各条城市干道先后开辟了公交优先道，在高峰时段供公交车辆专用，为公交进行了第一次提速。今年5月1日，成都公交又将一环路和蜀都大道两条公交优先道建设为公交专用道，第二次为公交提速。调查显示，所有在这两条大道上行驶的公交车平均车速提高了5公里，公交车比私家车跑得快成为现实。

"虽然我们的公交工作取得了长足的发展，但仍不能完全满足经济社会发展对公交提出的新要求。"面对时代的进步与发展，陈蛇坦言今后成都公交要以现代企业制度，崭新的管理模式、理念和经营机制为基准点，力争用3~5年时间，把成都公交办成一个既充分体现政府意志，又能适应市场经济的需求，经济效益不断提高，生产规模不断扩大，"全国一流、西南第一"，市民满意、政府放心的综合性城市公共交通企业。

改革、发展、创新……踏上一条汗水与心血凝成的奋进之路，成都公交人正坚持不懈地走下去；做大、做强、做富、做靓……成都公交离百姓的要求越来越近。

——摘自《中国企业报》2008年12月10日第11版，龚友国（文）

附录 6　发展成效类

"乘客至上，质量兴企"
——成都公交获"中国用户满意鼎"

6月29日，中国质量协会和成都市公共交通集团公司（以下简称"成都公交集团"）在成都市九里堤公交场站举行"中国用户满意鼎"授受活动，成都公交集团成为2012年全国唯一一家获此殊荣的公交企业。

1952年7月1日，成都市公共汽车公司正式开业，如今，成都公交集团从创业初期3条线路、31辆公交车的小企业，发展到233条线路、8151辆公交车、日均载客量416万人次，客运周转量跻身全国前列，发展规模和发展水平已跃居全国行业第一方阵。

截至目前，与"十一五"初相比，成都公交营运线路300条，增长67%。5年来，成都公交投资32亿元，购置了6047辆新型高档环保型公交车，车辆总数折合10327标台，中心城区居民万人拥有公交车辆20标台，增长67%。

1. 获中国质量最高荣誉

鼎是中国古代文明的象征和结晶，"质量鼎"是服务文化的体现，它的内涵极其深刻，它让人们更加重视质量，并且激励人们进一步去努力，把质量做得更好。

从2004年开始，中国质量协会在全国范围内开展了"中国质量鼎"和"中国用户满意鼎"授予活动。据中国质量协会会长陈邦柱介绍，开展此项活动的目的，是以授鼎的形式，突出用户满意理念和质量经营在企业发展中的重要地位和作用，促进企业切实加强用户满意服务和质量文化建设，全面提升综合经营管理水平，不断追求卓越绩效，从而进一步推进我国质量事业的发展。截至目前，在全国范围内已有70多家大中型优秀企业获此殊荣。

成都公交集团成为2012年全国公交行业唯一一家获得"中国用户满意鼎"荣誉称号的企业，这跟成都公交集团多年来坚持以乘客为中心的服务理念和以乘客满意为标准的质量观分不开。

陈邦柱表示，服务质量和用户满意是企业永无止境的追求，只有起点，没有终点。他希望成都公交集团在获得"中国用户满意鼎"的基础上，不断追求卓越，为成都市广大城乡群众提供更加便捷、优质的公交出行服务。

北京市人大常委、中国建设职工思想政治工作研究会城市公交行业分会会长郑树森对成都公交给予了高度评价，他认为成都公交让传统的公交企业由被动发展变为主动发展。中国城市公交协会副理事长朱滢也认为，成都公交改变了过去公交由粗放型发展向集约型发展转变的格局。

"'中国用户满意鼎'的授予，是对成都公交 60 年发展的褒奖，是送给成都公交 60 岁生日的最好礼物。"四川省公交协会执行理事长李树光表示。

"中国用户满意鼎"的背后，凝聚着成都公交 5 年多的先行先试和深刻变革。正如有媒体评价："成都公交用实践证明：在'公交服务提供者'的核心价值理念下，以市场化、高效率、高效益配置资源为评价标准，公交企业可以实现连绵不断的'自我造血'，不断提升强大的社会服务能力，也可能在更大范围、更宽领域、更多层次服务大众，构建宜人城市的传输系统。"

2012 年 5 月，成都公交再开全国公交之先河，面向市民公布公交车的发车频率，并确保发车准点率达到 95％以上。目前，在高峰时段，成都公交的平均发车频率缩短至 3 分 15 秒。

2. 成都公交的创新

作为同行，重庆市公共交通控股（集团）有限公司副总经理唐炽认为，一个好的企业离不开一个好的领导，实际上企业文化就是领导文化。成都公交就是"一群非常有意思的人，跟着一个有意思的领导干一些有意思的事"。唐炽认为，成都公交能有今天的发展，离不开公司董事长陈蛇的努力。"一个很有思想的人，一个有作为的人、有理想追求的人，通过资源的配置和整合就显示出他个人的能力和魅力来。"

成都公交集团副总经理曾彦用"爱折腾"来形容陈蛇，因为陈蛇"要求创新的理念非常强"。且不说他上任之后把公司所有的线路全部打乱，让部门整合，使生产变得精细化，单就"网运分离"这一点，就在业内引起了不小的轰动。

所谓"网运分离"，即公交线路特许经营权与营运生产经营权相分离，成都将公交线路特许经营权统一授予成都公交集团，营运生产经营权则交给市场专业的营运生产企业。这正是被业界认为"成都模式"难以被复制的核心所在。

按照这一模式，成都公交集团在国内首次推行统一收银管理，统一制订发班计划、优化线网，同时优化成立若干运营公司，专注于根据集团公司营运计划和服务标准为市民提供更加安全便捷的出行服务。集团公司按照运营公司符合需求的 GPS 运行记载里程支付公里费用，同时借用物联网技术有效监控收银环节，以此形成下属全资子公司之间良性有序的"赛马式"竞合关系。

陈蛇认为，以牺牲老百姓的利益来减少亏损的做法不可取。在确保公交公益性定位的前提下，陈蛇选择了市场化改革的路子。目前，成都公交正在尝试将"网运分离"的管理模式以连锁店的方式复制到成都市二圈层，积极推进与周边区县政府按照各占 50％股份利益共享原则组建这些国有公交公司。

据了解，成都公交集团现有 8000 多台车辆，近 300 条线路，但是员工却只有 2 万多人，这跟成都公交的市场化改革有极大的关系。在成都，与公交线网关联的敏感资源和环节，如广告经营、洗车、物业管理等都走向了业务外包。通过公开拍卖公交车身媒体使用权，成都公交集团 2010 年实现单车出让均价 31067 元/年。2011 年成都公交集团媒体年收入首次突破亿元，较 2006 年增长近 5 倍；而得益于近年政府补贴和公交用地配置，成都公交集团通过多种方式从外部贷款融资 24.32 亿元，尤其是在全国首创融资租赁方式，大大促进了购车进度，有效解决了公交发展资金需求。

据曾彦介绍，成都公交将车辆 8 至 10 年使用寿命期间的维修保修业务整体外包给生产厂家，目前已吸引了上海瑞华特、上海申沃、日本电装空调、上海松芝空调、米其林轮胎公司等在成都投资兴建相关项目。

可以说，陈蛇用经济的方法解决了公益的要求。最终他做到了 100 条线路的准时发班，95％以上准点，这在全国走在前列。2011 年，成都公交实现公交票款收入 14.21 亿元，较"十一五"初增长了 150％，今年将超过 15 亿元，日均载客将达到 460 万人次，公交出行分担率超出 26.1％。

3. 成都公交未来承诺

公交优先，就是百姓优先；发展公交，就是发展民生。这是记者在成都公交集团采访时看到的出现频次最高的一句话。

据成都市有关领导介绍，当前，成都市正在深入实施"五大兴市战略"，并将"交通先行"作为"五大兴市战略"之首，明确要求构建西部经济核心增长极的传输体系。对此，陈蛇认为，成都公交仍然任重而道远。

"公交优先，公交必须优秀。"陈蛇代表成都公交集团向社会各界郑重承诺：

（1）实践公益定位不动摇，是成都公交为民服务的核心价值。成都公交将以更加紧迫的使命感，加快城乡公交一体化进程，通过创新惠民票制，培育公交出行文化，承载起政府便民、惠民的重托。

（2）落实以人为本不偏离，是成都公交为民服务的总体取向。成都公交将以更加饱满的热情，把为民服务的理念进一步落到实处，做到车容整洁、标准服务，让乘客乐于选择公交出行。

（3）遵循科学发展不懈怠，是成都公交为民服务的行动指南。成都公交将以更加科学的态度，合理优化线网，扩大线网覆盖面，提高发车频率，延长服务时间，使每一位乘客能够更加方便快捷地到达目的地。

（4）狠抓安全管理不松懈，是成都公交为民服务的根本保障。成都公交将以更加强烈的责任感，健全安全成都公交的未来承诺管理体制，强化安全预防管理，完善应急救援体系，把乘客的生命财产安全放在第一位，使每一位出行的乘客都能安全到达目的地。

（5）坚持改革创新不停步，是成都公交为民服务的动力引擎。成都公交将本着"人民公交人民建，建好公交为人民"的宗旨，深化内部市场化改革，创新运行机制，优化资源配置，加快技术进步，实现优质、高效、安全、低耗发展，推动公益性服务业向现代服务业迈进。

——摘自《运输经理世界》2012 年第 21 期，第 43～45 页，陆静（文）

托起明天的希望
——访成都市公交集团党委书记、董事长陈蛇

滔滔岷江水，巍巍青城山。素有"天府之国"美称的成都平原，物华天宝，人杰地灵，孕育着数千年灿烂的中华文明，哺育出无数光照乾坤的杰出人物。

陈蛇——成都市公交集团公司党委书记、董事长、全国城市公交企业唯一经历过博士后教育的集团公司领导、成都市优秀创业企业家，是在当今改革开放的大潮中涌现出的风云人物，是在这片热土上锻炼成长起来的杰出代表。他以锐意进取的改革精神、睿智深邃的经营理念、坚韧不拔的顽强意志、严谨精细的工作作风，胸怀着为了成都公交明天更美好的希望，带领着成都市公交集团一步一个脚印，一步一个台阶，朝着建设"安全便捷、全国一流、群众满意"城市公交的宏伟目标阔步前进。

历经半个多世纪几代公交人的艰苦奋斗，如今成都公交的面貌发生了改天换地的变化：从 1952 年创业初期的 3 条线路、31 辆老式客车和 209 名职工的单一型城市小型客运企业，发展壮大为拥有资产 35.4 亿，职工 1.79 万

人，线路 256 条，营运车辆 6841 辆，日均载客量 340 万人次，集城乡公交客运、出租车、能源、房地产、广告媒体五大产业为一体，下辖 38 家企业的现代大型多元化公交企业集团，成为该市公交客运交通行业的龙头企业。

近日，记者专程前往成都公交集团，采访了陈蛇董事长。

人民公交：陈总，您好！非常感谢您在百忙之中接受本刊的采访。我是第一次来成都，首先我看到的是宽阔的城市道路，设计美观的港湾式站台，还有崭新的公交车辆。在这美好印象的背后，映射出成都市对发展城市公共交通的重视，您能谈一下这方面的情况吗？

陈蛇：好的，自国务院颁发了国办发〔2005〕46 号文，成都市委、市政府十分重视城市公共交通发展，于 2007 年 5 月 21 日签发了《成都市人民政府关于优先发展城市公共交通的实施意见》。

该文件明确了城市公交行业的公益性定位，确立了公交在城市交通中的主体地位。同时文件规定：从 2007 年起，对公交的投入纳入市财政预算；对从公交企业征收的城市公用事业附加费实行先缴后返，专项用于发展公交事业；对城市公交场站建设用地，按公益事业用地政策给予支持；公交线路车辆和新型车辆购置给予政府性财政资金补贴；对公交企业因实行低票价政策造成的政策性亏损，由政府按年度给予政策补贴；在城市道路中开辟公交专用道。这些政策和措施的制定，极大地促进了成都市公交事业的发展。

人民公交：我知道，2009 年底，成都市委、市政府审时度势提出了"建设世界现代田园城市"的历史定位和长远目标，作为经济社会发展先导性行业的城市公共交通将如何为实现这一目标做出应有的贡献？

陈蛇：我认为成都市委、市政府提出的"建设世界现代田园城市"的宏伟目标对于成都公交的未来发展而言，无疑是一次挑战，同时也蕴含着重大的历史发展机遇。我们将压力变为动力，因势利导，力促成都公交的发展再迈上一个新台阶，达到一个新水平。

我们在"公交优先，公交优秀"的原则指导下，以服务城乡群众出行和城市经济社会发展需要为己任，努力构建与世界现代田园城市目标相适应的城市低碳公共交通体系。根据成都市的定位和长远目标，我们着手制定了城市公交发展战略。具体可概括为"两高五低一适应"。"两高"就是建设高通达、高覆盖率的城市交通运输网络，建设高品质、高效率的城市公共交通运输服务系统。"五低"就是大力发展低能耗、低污染、低资源占用、低事故率、低财政负担的城市公共交通运输方式。"一适应"就是构建与城市交通可持续发展相适应的综合立体交通管理体制。当前，成都市及成都市公共交通未来发展目标和战略都已明确，关键是要通过我们的不懈努力，一步步地将蓝图变为现实。

人民公交：据了解，您是 2006 年来到集团公司的。您上任不久，就大刀阔斧地对企业内部进行改革，这其中的原因是什么？

陈蛇：我认为，改革是发展的动力，也是成都公交壮大与腾飞的基石。我们是一家成立于 1952 年的老国有企业，其主要弊病是：管理体制和经营机制落后，机构责权不清，办事效率低下，人浮于事现象普遍，"吃大锅饭"的"等、靠、要"思想根深蒂固。这样的企业完全不能适应时代和社会发展的要求，必须通过深化企业内部改革，走制度创新、管理创新、科技创新之路，才能彻底清除企业发展的种种障碍。

人民公交：您能谈一下深化企业改革都采取了哪些具体措施吗？

陈蛇：其一，我们以管理体制改革为突破口，按照建立现代企业制度的要求，破除了旧的管理体制，建立了董事会领导下的总经理负责制，将所有权和经营权相分离。同时，又引入两名外部独立董事，组建了战略、风险和薪酬三个专业委员会，建立起产权清晰、责任明确、运转高效、与现代企业制度相适应的管理机制。

其二，按照"分类合并、归口管理、专业运作、集约经营"的改革思路，对企业内部 7 类 47 家单位进行了资源重组整合，成功构建了专业化、集约化的现代企业管理架构。

其三，深化劳动用工、人事聘用和工资分配三项制度改革。在劳动用工上，打破终身制，实行聘用制，公开向社会招聘人才，选聘集团公司中层领导干部；企业内部实行管理人员公开选拔和竞争上岗，建立起"要我做"到"我要做"的竞争机制；在工资分配上，大幅度地向生产一线职工及苦、脏、累岗位倾斜，保护员工的生产积极性，激发他们爱岗敬业的责任心和工作热情。

通过这一系列的企业内部改革，企业的面貌发生了根本性的转变，企业的活力增加了，领导班子能力增强了，员工的工作热情高涨了，工作效率提高了，上级领导批评少了，人民群众表扬多了。

人民公交：陈总，在我们公司的奋斗目标中，有一项内容就是让"群众满意"，成都公交在这方面是如何开展工作的？

陈蛇：城市公交行业最鲜明的特点就是具有十分突出的公益性和服务性。为市民提供优质服务，让群众满意是我们公交企业的责任和追求的目标。为了做到这一点，我们秉承"以人为本、以客为尊"的服务理念，加强职工技能培训和职业道德教育，严格推行规范化服务，将"群众满意"落到实处。比如：保持车容车貌整洁，为乘客提供洁净的乘车环境；在车内配备语音报站设备、垃圾箱和便民箱；开设公交服务热线；维持站点乘车秩序；定期进行民意调查；等等。公司通过大力开展优质服务活动，打造出硬件设施达标、服务水平一流的精品线路91条，其中16路、4路、81路、901路先后获得国家、省、市级优秀线路光荣称号。

另外，作为公益性行业，公司长期执行低票价政策，力求减轻市民的出行负担。2004年1月，公司推出IC卡，实行学生3折、成人5折、电子钱包9折的优惠票价政策。2007年6月，公司实行优惠卡多面值票制改革，首创将成人优惠卡由以前单一的每月50元100次，改革为1元2次的整数倍多面值票制，学生卡由每月30元100次调整为1元5次。2007年底，实施城区70周岁以上老年人每月免费乘坐50次公交车，发放老年卡20万余张，每月惠及老年人达240万人次。2008年5月，公司又组织实施了全国首例公交IC卡次数消费者2小时免费换乘的票价优惠政策。目前，公司实现了日均载客量和IC卡发行量的双增长，日均载客量突破330万人次，IC卡发行量达470万张。

此外，为了方便市民出行，自2006年起，集团公司通过整合公交资源，组建了东、南、西、北四大国有营运公司，率先实行了分区域就近集中管理公交线路的高效集约运作模式。除此之外，我们还全面实施了公交线网的优化调整，实现了中心城区的无缝衔接，市民的出行更加方便和高效。

通过以上措施，市民对公交的满意度达到了近95%。

人民公交： 大部制改革之后，城市公交客运一体化进程明显加快，目前在全国已出现北京、上海、深圳模式，同时还有成都、西安模式，请您介绍一下成都市是如何推进城乡公交客运一体化的？

陈蛇： 近年来，成都公交集团打破城乡公交二元结构壁垒，以互利双赢为原则，着力统筹资本、人力、技术等资源，积极与周边区（市）县合作，拓宽公交服务领域，让广大农村乡镇居民享受到与城市居民一样的公交优质服务。

自2001年以来，集团公司以市场为基础，以资产为纽带，通过与当地民营交通企业采取合资合作等方式，组建了郫县巴士公司、龙泉驿巴士公司、温江光华巴士公司，实现了这些地区公交线路零的突破。尤其是郫县巴士公司的发展模式堪称成都市城乡公交一体化的典范。郫县巴士公司由集团公司控股，对合资后遗留下的人员、车辆以及"黄巴车"退出等问题，由集团公司与郫县当地政府投入资金妥善解决。新成立的郫县巴士公司完全按照国家有关规定，实行规范化、制度化运营方式。2004年，郫县率先在全国实现了镇镇通公交，郫县连接成都中心区的线路已增加到9条，车辆220

辆，线路总长 232 公里，日运营班次达 813 班，日载客达 10.4 万人次。

到 2007 年底，龙泉、新都、郫县、温江、双流、华阳六个相邻区县至中心城区的客运线路全部完成公交化改造，全市三个圈层的城乡公交客运市场一体化网络体系初步形成。目前，集团公司共开通城乡公交线路 38 条，车辆 1001 辆，日运营班次 4210 班次。

人民公交：陈总，不好意思，问您一个敏感问题，2009 年"六·五"公交车纵火事件发生之后，公交车的安全问题引起全社会包括全国各公交企业的高度重视。事件已经过去一年多了，成都公交在保障安全运营方面都有哪些改善和提高？

陈蛇：在回答你的问题之前，我首先告诉你一个信息，11 月 21 日，成都公交集团首批 9 辆 12 米长的防火公交车已投入 3 路公交线正式运行。本月底还将再投入 3 辆，而且不久 38 辆防火公交车也将在 9 路公交线上投入使用。今后将逐步推广到全市公交线路上。在公交车内安装消防系统，这在国内尚属首次，也是一种大胆的尝试与创新。

"六·五"公交车纵火事件给我们的震动是巨大的，教训也是非常深刻的。本着对生命的尊重和关爱，集团公司主要从五个方面构建安全管理的长效运行机制。

（1）健全体系、创新机制。实行集团公司、子公司、车队安全目标三级管理模式。明确各级职责、层层分解、逐级落实。同时，分设了安全预防中心和事故处置中心，推行专业化管理。另外，将驾驶员的安全行驶里程与其收入直接挂钩。

（2）加强两个防范，实施科学管理。一是思想防范，树立"安全第一、我要安全"的理念；二是行为防范，把好驾驶员准入关，制定操作规范，加强上岗培训和岗中轮训，实施安全生产全过程的实时监控，把安全防范措施落实到运输生产的每一个环节。

（3）严格安全隐患排查整治。制定隐患排查治理规范，以明察暗访相结合的方式进行监督管理。特别是对重点时段、重点路段、重点人群开展有针对性的安全防范工作。

（4）构建规范的车辆保障体系。严格执行车辆的强制维护制度，制定完备的技术标准，严格过程检查和竣工检验工序，健全车辆检查和抽查制度，杜绝车辆带病运行。

（5）完善应急救援体系。建立并完善应急救援体系和应急联动方案，以最快的速度、最短的时间赶到现场，实施应急救援，力求减少事故损失和影响。

人民公交：2009 年 9 月，成都公交智能调度系统正式投入使用，取得了令人可喜的效果，在全行业引起了不小的反响，许多兄弟公交单位纷纷派人到成都参观、考察和学习，请您介绍一下该系统的功能和使用情况。

陈蛇：城市公共交通要走"科技公交"之路，要加大城市公交的科技含量，要运用先进的科学技术和手段提高城市公交的管理水平和服务水平，向科学技术要效益。

成都公交集团投资 7600 万元建设智能管理系统，该系统主要实现以下目标：实现以监管为主的集中化现场分布式两级调度管理，提高调度管理效率；通过可视化调度，实现车辆均匀运营，缩短乘客候车时间；实现实时的车辆安全监管；实现可视化营运指挥，自动提取异常车次；实现驾驶员和调度员的远程沟通；实现根据车辆运行轨迹和状态采集车次和里程（GPS 里程）；实现自动汇总统计；提供科学有效的行车准晚点考核；通过数据分析量化投入产出比例，提供决策支持；通过电子站牌发布车辆实时运行信息；为乘客提供最佳换乘线路。

目前，市区线路全部启用智能调度管理，完成了 5454 辆公交车 GPS 车载终端的安装，车辆调度更合理，行车间距更均衡，乘客候车时间由 9 分钟缩短到 5 分钟。另外，安装车载视频监控设备 3618 套，用于车内犯罪报警、录像及服务监督，并对客流分析、运力调配提供参考，增强了车内安全、服务保障功能。此外，我们还建立了公交网站，及时发布动态公交信息，并在全国公交行业率先推出手机智能公交快速查询系统，提供换乘信息、IC 卡余额查询等服务。

今年，成都公交将安装 500 个电子站牌。电子站牌不仅能及时发布动态的公交信息，而且还能发布生活信息。

公交智能调度系统的应用，加快了公交信息化、现代化的步伐，促进了公司综合管理和服务水平的全面提高，取得了较好的经济效益和社会效益，受到了社会各界的好评。

人民公交：在深入开展节能减排，大力倡导低碳生活的今天，成都公交是如何坚持走"绿色公交"之路的？

陈蛇：成都公交在节能减排、走低碳公交发展之路方面，主要做了以下几项工作：一是加快车辆的更新换代，淘汰车况差、油耗高、污染大的老旧车辆。集团公司从 1995 年开始进行汽油车改装为 CNG/汽油双燃料汽车的研发与试验。目前，在全集团的 6841 辆公交车中，低排放的 CNG 公交车6235 辆，占 91％以上。二是完善科学管理。在集团公司、分公司、车队分别设立专职节能管理员，负责落实节能减排管理措施；科学制订能源指标体系、统计分析制度和综合考核评价体系。通过以上措施，2008 年成都公交节约天然气 480 万方，柴油 73 万升，折合人民币 1670 万元。2009 年节约天然气 877 万方，柴油 88 万升，折合人民币 2913 万元，经济效益十分明显。三是提升技术水平。如：对普通 CNG 公交车车用减压阀进行升级换代，车辆轮胎使用真空胎，采用 LED 灯具，散热器使用电磁风扇离合器，整车采用二级踏步设计，安装尾气加热水暖装置等。四是开辟公交专用道，设置移动电子眼抓拍系统，提高行车速度。2008 年 5 月 1 日，公司正式开通了公交专用道，目前，共有 32 条公交专用道，总长度达 192.72 公里。公交车运营速度达到 18 公里/小时，运营效率的提高大大节约了能源。

人民公交：2009 年 5 月 12 日，四川省汶川突发大地震，在特大自然灾害面前，成都公交人在抗震救灾中都为灾区人民做了哪些工作？

陈蛇：一方有难，八方支援。"5·12"大地震之后，集团公司立即启动紧急预案，要求各级干部全体到岗，实行 24 小时值班，要求每位职工坚守岗位，确保公交正常运营。集团公司成立了抗震救灾应急指挥中心，开展抗震救灾工作。在第一时间派出 300 余辆出租车深夜紧急驰援都江堰，74 辆公交车火速赶往彭州支援。抗震救灾期间，成都公交累计出动公交车 2990 台次，出租车 557 台次，专业人员 4144 人次，运送各类人员 11.39 万人次。同时，公交员工积极献血、捐款，共捐款 128.69 万元。

人民公交：陈总，多年来，成都公交始终将企业文化建设当作事关企业发展的大事来抓，做出了突出成绩，形成了"四个要素""五个结合"和"五个文化"的鲜明特色，您能详细地介绍一下吗？

陈蛇：好的。所谓"四个要素"是指精神、制度、行为和物质等四要素。"五个结合"是指企业文化建设与践行社会主义核心价值观相结合、与企业改革发展相结合、与生产经营工作相结合、与党风廉政建设相结合、与精神文明建设相结合。在此基础上，我们努力建设"五个文化"：一是服务型文化，树立"以人为本，公交优秀"理念，为市民提供方便、快捷、经济、舒适的乘车环境和人性化的高质量服务；二是制度文化，建立和健全企业各项管理制度，用制度管理企业和人员，确保企业健康有序发展；三是安全文化，加强安全文化宣传教育，建立体制科学、机制灵活、考核严格、运转高效、行为规范的安全文化体系；四是和谐文化，开展民主管理，厂务公开，切实维护员工利益，关心员工生活，形成上下和谐关系；五是学习型文化，鼓励员工学习科学文化知识和操作技能，营造学习氛围，提高员工整体素质。

荣誉称号：成都公交集团公司先后荣获四川省五一劳动奖状、抗震救灾重建家园全国工人先锋号、四川省交通行业抗震救灾先进集体、成都市创建全国文明城市工作先进集体、中国城市公交科技创新先进企业、中国城市公交科技进步企业、中国城市公交节能减排优秀企业、四川省信息化样板工程等称号。

后记："十一五"即将结束，我们将迎来"十二五"。面对未来五年，陈蛇董事长充满了信心和憧憬。他告诉我们，"十二五"是成都公交发展的关键时期，也是深化改革和转变城市公交发展方式的攻坚时期。在这一时期，成都公交将会实现跨越式发展，产生质的变化，步入全国一流城市公共交通水平的先进行列。

陈蛇董事长为我们具体描绘了未来五年城市公交发展蓝图：我们将进一步加大城市公共交通的投入，加强城乡公交基础设施建设，特别要加快推进轨道交通建设，构筑起中心城区轨道交通骨干网，实现"县县通快铁"。同时，建立起全市范围内的快速公交体系，形成"全域成都1小时公交网"。预计到2015年，中心城区的公交日均载客量将达到500万人次左右，公交分担率达到30％以上，公交车辆达到12000标台，建成210万平方米的公交场站用房。

另外，我们还将进一步加快城市公交发展方式的转变，积极探索城市公交市场化改革之路，实行"网运分离"和"特定区域公交单一市场主体"改革，积极扩大"业务外包"范畴，深入推进"集约专业"管理，不断开创城市公交发展新思路、新途径，为打造创业环境最优、人居环境最佳、综合竞争力最强的世界现代田园城市做出应有的贡献。

成都公交人用双手托起明天的希望，并用自己宝贵的青春年华、无私的奉献精神、辛勤的劳动汗水，将美好的希望变为明天的现实！

——摘自《人民公交》2010年第12期，第32～36页，杨青山、原亦明（文）

后　记

在阈值范围内实现城市公交准点服务，是城市治理者、公交服务者永恒的事业追求。轨道交通、快速公交的发展给出了准点公交示范。公交专用道建设助推了普通公交走向准点公交，也是极其有效的举措。然而，基于城市公交的复杂性，很有必要多法并举使准点服务的阈值范围变窄，避免准点公交的提法成为公交行业的企慕情境。

近年来，中国道路运输协会城市客运分会持续推进全国公共交通准点服务联盟工作，主要倡导者北京公共交通控股（集团）有限公司董事长王春杰敏锐地把准了公交行业发展的关键特征，选择以"准点"为字号，发起全国公交行业广泛参与的平台机构——准点投资集团公司。本书名正是在参与研究论证过程中受到启发而得来。

多年来，初心未改，始终盯住公交行业运转情况加以观察思考，与城市公交结下如此深厚的不解之缘，要归功于公交前辈们给予的指导和鼓励。全国公交协会原理事长郑树森有关摆脱公交"丐帮宿命"的委托和信任，时常激励我去思索，并让我在困难和危机面前选择勇往直前。成都公交老前辈李祥生公交管理的启蒙和四处举荐，使我很快融入公交、热爱公交，他是名副其实的公交引路人。

2006年8月至2013年8月，我在成都公交工作的7年间，以李树光为代表的成都公交同事们给予了有力的支持和帮助。他们的勇敢实践为本书提供了丰富的研究素材。在成都公交经历的数次变革和危机处理中，大家心往一处想，劲往一处使，成功应对了诸多挑战，在化危为机中赢得发展主动权。本书正是以这7年成都公交发展为背景，进行多方面探索并加以总结提炼，希望读者从中能够有所得。

本书是国家社科基金资助项目的研究成果，由我和曾鹦负责整体策划工作，具体包括项目论证申请、设计研究思路、搭建研究框架、组织调查研讨、拟定篇章结构、内容撰写、书稿审定等相关工作。课题组成员陈嘉璐负责公交数据挖掘、数据分析和部分内容的撰写，崔红卫负责数理模型构建和数据分析，周灵负责经济原理阐述和书稿校对修改工作，蔡晓丽负责文献整理和部分报告的撰写。课题在研究过程中得到博士后合作导师任佩瑜教授、博士生导师史本山教授的精心指导和帮助。两位导师治学严谨，受人尊敬，无论是"授业"还是"解惑"都使我终身受益。

在成都公交工作期间以及后续的跟踪研究过程中，我与井润田教授保持密切交流，交流中所提炼的管理理念很好地指导了实践。井教授亲自领衔编撰的成都公交组织变革的系列资料，形成了极具行业发展指导价值的成果，影响着我和周边的公交同仁们。

在准点公交的研究和实践过程中，始终得到国务院发展研究中心《经济要参》编辑部副主任申耘以及媒体界朋友们的鼎力支持，宋涛、刘莉、杨青山、袁仲尼、龚友国、罗玲、陆静、孟宪秋等朋友，他们深入基层、深入群众，以媒体人敏锐的洞察力，在支持鼓励我们实践的同时，也发现诸多需要改进服务的方面，按照当年秉持的"投诉点就是利润增长点"的服务理念，督促成都公交在整改中不断前行。他们的报道成果与本书研究成为不可分割的一体，为此，摘录一些成果以附录的形式加以展现。

感谢四川大学出版社蒋姗姗编辑在出版过程中给予的指导和帮助，在此致以诚挚的谢意。

准点公交的实践在城市现代治理的指引下不断探索前行。由于研究的视角、范围、理论和方法所限，本书可能难以精准提炼准点公交实践的特征和价值，我们会在后续的研究中尽量弥补本书的疏漏和遗憾，同时，期待读者的批评指正。

最后，谨以本书向城市公交的同行们致敬！

陈 蛇

2021 年 10 月